岩波現代文庫
学術 17

宮崎市定

現代語訳

論　語

岩波書店

前　書

論語を研究する目的は、まず全文の翻訳を完成するにある。ところで論語を研究し、その本文を読んで理解し得たことと、これを自分の言葉に直して他人に伝えることとは、自ら性質を異にした二種類の作業である。

翻訳という作業の困難であることは、古くから既に指摘され、言い古された事実である。それは古典たると現代語たるとを問わず、また縦書きと横書きとの間たると否とを問わない。更にまた多くの単語を共有する日本と中国との間たるをもまた問わない。

原文が漢文古典語である場合、日本に古来、訓読という読み方があった。この訓読は実は一種の逐語訳であり、そのいわゆる読み方にも厳密な方法があって、ある程度分析的な文法解釈を含んでいる。しかしこの訓読をそのまま書きとった、いわゆる読み下し文は、まだ本当の日本語になっていないので、相当熟達した上でなければ、それを読んで聞かせられても理解できないのが普通である。そこで口語訳、あるいは現代語訳と称する翻訳が要求される。

ところがこの現代語訳にも問題がある。これはいずれの翻訳にもつきまとう宿命であるが、いわゆる直訳体をとり、原文に忠実であろうと努めれば努めるほど、出来上った訳文は理解しにくいものになる。漢文古典の場合、訓読の読み下しに従って、一語一語を現代日本語におきかえれば、最も忠実な翻訳になるであろうが、しかしそれを読んだり、聞いたりしただけでは大ていの人には理解できない。理解するためには更に説明がいる。それでは実は翻訳と言えない。

そこで意訳という方法が現われる。意訳とは意味を取るから出た名でなく、大意を伝えるという目的から出た言葉であろう。すなわち原文との間に多少のズレが生ずることは、初めから覚悟の上で、現代人の読者の耳目にぴたりとした言葉で、大意だけを伝えようとするのである。私の翻訳はどちらかと言えば意訳に従う。しかしそれだけでは原文とのズレが余りに大きくなることを恐れ、幸い伝統的な訓読というものが既に存在しているのであるから、それを併記することとした。これによって読者が原文に遡ってその語勢を知り、また私の新訳文が持ちこんだズレを知ってもらう便宜があると思ったからである。

自ら意訳をもって任ずる私の訳文に、敢て新訳と名付けた理由は、私なりに新工夫を考案した点があると思うからである。まず第一に一字一訳の主義を採らない。論語には徳目として仁、信、礼、また人格として君子、仁者などの言葉が頻繁に繰返される。そこで例えば仁を人道主義、君子を紳士という風に現代語でおきかえれば、全篇を通じてそれで押し通せそうな気がするが、実際にやってみると、それでは仲々すっきり意味の通らぬ場合の方が多いのである。これは同じ言葉でも時と場合によって重さに軽重があり、ニュアンスが違い、言葉の意味の幅にも広狭があるからである。更に同一語で善悪両様の響きをもつもの、例えば泰・諒のような字さえある。泰は泰然とした君子の形容になるかと思えば、奢泰の意味にもなる。諒《まこと》は友人として頼みになる美徳かと思えば、君子は諒《かたくな》ならず、ともある。そこで一字に数訳が生ずる一方、原文では異った文字を訳語の方は同じ言葉で訳すという場合も生ずることを免れない。

次には説明のため、あるいは訳文の語調のため、余計な言葉を添加する必要があれば、敢て辞さなかった。特にその際に本来ならば誤用であるべき措辞をも厭わなかった。それは例えば、円い円陣といった使用法である。旧軍隊で初年兵などには種々雑多の出身があるので、教官はしばしば、円い円陣を造れ、などいう言葉で指示した上、更に身振りで現わして見せるから、この上もなく分りやすい。私もこの方式を採用し、例えば君子という言葉を訳す時に、原語を留めたいと思えば、教養ある君子、という風な訳し方を用いることがしばしばある。それが行きすぎると、丸い丸顔、になってしまうが、あるいは私もそんな言葉を訳文中に用いていないとも限らない。日本文としては落第かも知れないが、翻訳の目的たる、分りやすいことを第一とした結果である。

あるいは更に進んで、翻訳の範囲を逸脱した結果になりはせぬかと、自ら危ぶむ程度まで自由訳した点があるかも知れない。日本文を英語訳する時に、和英辞書を引いただけでは不十分で、もう一度英和辞書を引いてみないと駄目なことは、我々未熟者にとっては常識であるが、私は論語なる古典を、現代の日本語に訳す際に、この原則がある程度通用するのではないかと考えた。つまり現代の日本人が斯く斯く言いたいことを、論語の文章に翻訳したらばどうなるであろうか、と考えたのである。論語の文章は相当豊富な表現力をもっていることは事実であるが、何といっても何千年も前の言葉である。単語の数もまだ少ない。少数の言葉をもって、千差万別の具体的な事柄を言い表わそうとする時には、どうしても抽象的な言葉を使い、一様化された文体を用いることを余儀なくされる。しかしその言葉の奥には何かもっと具体的な事実があったに違いないと思われて仕方がない。論語は多く、子曰く、で始まっているが、これは決して孔子が教壇に立って、用意してきたノートを読みあげたのでなく、弟子たちに対して礼の作法を教え、詩を歌い、人物を評論し、弟子たちの質問を受けなどして、色々な場面の進行中に孔子が発した言葉を、弟子たちが其処だけ抽出して記録したのである。その前奏曲がなければ分らない所だけ、論語の中に書きこまれて残っているが、本来は、子曰く、の前にその場その場の情景が書き残さるべきであった。論語は決して孔子の一方的な教訓集ではなく、弟子たちと合作の対話篇であったはずである。そこで論語を理解するためには、それが具体的な事実としては如何なることを言おうとしているのかを一応考えてみるべきである。それには弟子たちに囲まれた孔子のその時の情況を復原できればよいわけであるが、それはほとんど望まれない。そこで孔子の立言から連想して、たとえば現代の言葉でこのように言いたいことを孔子の論語の言葉で何と言ったであろうか、という想像をめぐらした時に、案外孔子の真意を言いあてた訳語を発見できるのではなかろうか。もちろんこれには大きな危険が伴うが、これも訳文を真の現代語とするためには避けられぬ場合ができてくる。要するに古代から一方的に流れてくる思想をそのまま受けとめるだけでなく、現代の思想を過去に投影するのである。古代の言葉を現代語で解釈するばかりでなく、現代語を古代の言葉に翻訳する気持ちで現代語訳を行おうというのである。

篇　名	章数	累計
学而第一	16	16
為政第二	24	40
八佾第三	26	66
里仁第四	26	92
公冶長第五	27	119
雍也第六	28	147
述而第七	37	184
泰伯第八	21	205
子罕第九	30	235
郷党第十	18	253
先進第十一	25	278
顔淵第十二	24	302
子路第十三	30	332
憲問第十四	47	379
衛霊公第十五	41	420
季氏第十六	14	434
陽貨第十七	26	460
微子第十八	11	471
子張第十九	25	496
堯曰第二十	3	499

翻訳に当り、便宜のため全二十篇を章に細分した。この章の区分は全く朱子の論語集註に拠った。従ってそれはレッグの英訳『華英四書』中の論語の章分けとも一致する。別に朱子の分け方が最良と認めたためではない。そもそも章の分ち方は本来二次的な問題であって、大した意義をもたないと考える。とすれば全く便宜的な問題であるから、現在最も広く行われている方法によるのがよく、そのためには集註に従うのが最も適当だと思う。もっとも朱註には章に番号がなく、レッグのは各篇ごとに章の番号を附するが、全体の通し番号はない。しかし本書では各篇の番号を省いて、通し番号によった。これもその方が便利だと思ったからである。そしてこの通し番号は必然的に、同じ立場に立つ魚返善雄氏

の『論語新訳』のそれと一致する。各篇の章数は次のごとくである。読者はこれによって、通し番号を知れば、それが何篇の何章に当るかを容易に計算することができるであろう。

各章において、最初に原文を掲げ、句読点のみを付する。私見によって文字を改めた際には符号を附する。

〔 〕は削除を示す。内の・は誤字の符号。

◦は誤字を改め、あるいは新たに添加したる符号。

次に伝統的な訓読を掲げる。主として漢文大系本『論語集説』に拠ったが、また簡野道明『論語解義』その他の諸書を参考し、私見をも加えて加減改訂する所がある。

〔——〕は削除の符号。

‖は改訂の符号。

第三に私見による新訳文を掲げる。

（ ）の中は補足的説明、但しそれが短文である時は符号を省略することもある。旁点、は注意すべき字句。

最後に解釈を加えて訳文の足らざる所を補う。但し毎章に必ず存在するとは限らず、また前述した所のものは再び繰返さないことを原則とする。

目　次

学而第一（1〜16）

1　**子曰。学而時習之。不亦説乎。有朋自遠方来。不亦楽乎。人不知。而不慍。不亦君子乎。**

㊟訓子曰く、学んで時に之を習う。亦《ま》た悦《よろこ》ばしからずや。朋あり、遠方より来る。亦た楽しからずや。人知らずして慍《いきど》おらず。亦た君子《くんし》ならずや。

㊟新子曰く、（礼を）学んで、時をきめて（弟子たちが集まり）温習会《おさらい》をひらくのは、こんなたのしいことはない。朋《とも》が（珍しくも）遠方からたずねて来てくれるのは、こんなうれしいことはない。人が（自分を）知らないでもうっぷんを抱かない。そういう人に私はなりたい。

学はここでは礼を学ぶこと。孔子は礼の師であり、弟子に礼を教えて諸侯や貴族の求めに応じて就職させた。当時はまだ祭政一致の傾向の強い時代であったから、伝統的な礼を知っている者が要求されたのである。習うとは復習の意味であるが、ここでは今日の学校における学芸会のように、皆で集って実演することを言う。孔子の家は学校であった。集会であるから常に行うわけに行かないで時をきめて挙行する。漢の司馬遷が曲阜《きょくふ》へ行き、孔子の廟堂を観たが、数百年を経た当時においても、諸生はあたかも孔子の時のように、時をきめてその家で礼を習っていることを聞き、史記孔子世家に、

諸生は時を以て、礼を其家に習う。

と記している。論語に之を習うとあるのを、ここではっきり礼を習うと言っているが、これと同じ用法は外にもあって、左伝荘公二十三年の条に、

王、巡狩して以て大いに之を習うこと有り。

という句があり、これを杜預《どよ》の注は、

大いに会朝の礼を習うなり。

と解釈している。そしてこの場合の習も、机に向っての勉強ではなく、大ぜいの人を集め、本番に備えてのリハーサルであったことは言うまでもない。

有朋の二字を友朋とする方がよいという説がある。唐の陸徳明の経典釈文にそのように作った一本があることを注意しているのを根拠とする。しかし論語の中で朋友と二字続けた用例は八回出てくるが、何故に此処だけ上下をひっくりかえして友朋とせねばならなか

ったか疑問に思われる。やはりこれは朋有りで、有という字に、突発性をもたせて解釈した方が文章が生きてくる。当然来るはずの友人が来たのでなく、意外にも、思いがけなくも、遠い見知らぬ方から友人が訪ねてきてくれたから、その嬉しさもまた格別なのである。

人不知の三字の解釈には、孔子が弟子に教えても容易に理解してくれぬ、という風に説こうとする案があるが、やはり人が自分を理解してくれぬ、と解するのが最も自然である。孔子は聖人であるから、他人の思惑など始めから問題外のはずで、人に知られないでも怒らぬなど読むのは聖人を冒瀆するものだ、と解するのは思い過ごしであろう。

君子は身分のある男子が原義であるが、そこから立派な人格者を意味するようになった。但し君子は努力すれば何人も到達しうる境地で、孔子の教育において一応の目標となっている。そこで孔子が弟子たちに何事かを要求する時にしばしばこの君子の語を用い、時には第二人称の諸君の意に用いることもある（『宮崎市定全集』第四巻、以下『全集四』と略す、一五七頁参照）。諸君という言葉がそもそもこの用法から出たので、諸君子の略である。そこで、亦た君子ならずやは、諸君はそうあってほしい、と訳した方が、文章そのものには近いが、但しこの場合は前から孔子自身の心境を語ってきた続きとして、あえて、私もそうありたい、という意味に訳したのである。

2　有子曰。其為人也孝弟。而好犯上者。鮮矣。不好犯上。而好作乱者。未之有也。君子務本。本立而道生。孝弟也者。其為仁之本与。

（訓）有子《ゆうし》曰く、其の人となりや孝悌《こうてい》にして、上《かみ》を犯すを好む者は鮮《すくな》し。上を犯すを好まずして、乱を作《な》すを好む者は未だ之れ有らざるなり。君子は本《もと》を務む。本立ちて道生ず。孝悌なる者は、其れ仁《じん》の本《もと》たるか。

（新）有子曰く、その人柄が親思い、兄弟思いで、社会へ出ていつも目上の者に楯つくことは先ずあるまい。目上の者に楯つくことを好まない者が、君主に向って軽々しく乱を起すことは、決して考えられない。諸君は根本に向って努力してほしい。根本が立てばそれから先は自然に進行するものだ。親思い、兄弟思いということが、人倫道徳の根本だと見てよかろう。

為仁之本の四字を、ここでは、仁の本たるか、と読んだが、これを仁を為すの本か、と読むべきだという説がある。仁とは最高の道徳であるから、更にその根本に孝悌という別物があってはならない、それは単に順序の上で仁を為す第一歩にすぎない、という考え方である。しかし仁之本というように三字を続けた用法は古典に多く見られる所であって、

例えば墨子尚同下に、

尚同為政之本而治(之)要也。　尚同は政の本にして治の要たるなり。（治の下に之字を脱す。）

の如き使い方がある。

本は根本、また土台、基盤という意味がある。老子に、

故貴以賤為本。　故に貴は賤を以て本と為す。

のような用例があって、貴人の地位は大衆を土台としてその上に成立するものだという意味である。有子の考えでは、仁すなわちヒューマニズムは、孝悌という家庭道徳を基礎として成立つというのである。

原始儒教は実践の教であるから、この所を仁之本と読んでも、仁を為すの本と読んでも実際には大した変りはない。仁は実践して為すべき徳であって、為さない仁などはなかったはずである。だから問題はむしろ文章としてどちらの読み方が自然かを考えるのが我々の立場である。ところが中国では宋学の頃から、観念論が盛んになってきて、仁とか、孝とか、悌とか言うときに、何か霊魂のような存在が観念的に考えられて、みな独立して別々に自己を主張するかの如く思われた。そこで最高の徳である仁は最初から仁であって

別のものでなく、これとカテゴリーを異にする孝がその根本だと言われると理解しにくくなったのである。その実、仁も孝も空な存在ではなく実際の行為の総名なのであって、仁の中の重要な部分を孝が占めてもおかしくない。ある場合には孝がそのまま仁でありうる。陽貨第十七455に宰我が親の喪を三年とするのは長すぎると言ったのに対し、孔子はこれを不孝と言わずに不仁と言っている。

3　**子曰。巧言令色。鮮矣仁。**

㊟子曰く、巧言令色には、鮮《すくな》いかな仁。

㊍子曰く、ねこなで声でお世辞笑いする人間に最高道徳の仁は求められぬ。

これと全くの同文が、陽貨第十七451に出ている。このことは論語が由来を異にする幾つかの部分をそのまま寄せ集めて出来たものであり、編集者が最後に点検して重複した章を削除する操作を余り厳格にはしなかった証拠である。

4　**曾子曰。吾日三省吾身。為人謀。而不忠乎。与朋友交。而不信乎。伝不習乎。**

㊟曾子曰く、吾は日に三たび吾が身を省みる。人の為に謀りて忠ならざるか。朋友と交

わりて信ならざるか。習わざるを伝うるか。

(新)曾子曰く、自分は毎日三度、自分のしたことを反省する。人の相談にのってあげて十分誠意をつくしたか。友人と談話する間にいい加減なことを言わなかったか。（弟子たちに）未熟な知識を教えなかったか。

ある種のテキストには、交の下に言の字があり、この場合は、交わり言いて信ならざるか、と訓読する。しかし言の字がなくても意味はほとんど変らない。何となれば下文の信とは言ったことを守るのが原義だからである。

伝不習の三字は、伝えて習わざるか、と訓ずる説もある。師より教を受けながらこれを復習せぬ意味にとる。しかし論語ではこのような意味を表わす場合ならば、伝而不習のように、不の上に而字を入れるのが普通である。

5　**子曰。道千乗之国。敬事而信。節用而愛人。使民以時。**

(訓)子曰く、千乗《せんじょう》の国を道《おさ》むるには、事を敬《つつし》みて信あり、用を節して人を愛し、民を使うに時を以てす。

(新)子曰く、諸侯の国を治めるには、できるだけ事業をひかえめにして公約を守り、経費を節約して租税を安くし、人民を力役に使うには農時を避けるのが大切だ。千乗の国とは戦車千台の軍備ある国。天子は万乗あり、その下の大諸侯は千乗を原則とする。事はここでは政府の行う事業で、戦争も、演習も、土木工事も、国の祭祀も、諸侯の遊猟もみな事であり、その凡ては人民の負担でないものはない。人を愛するに最も具体的なのは租税を安くすることである。やむをえずして土木工事を起すには、農閑期である冬に行うのが原則である。

6　**子曰。弟子入則孝。出則弟。謹而信。汎愛衆而親仁。行有余力。則以学文。**

㊟子曰く、弟子《ていし》、入りては則ち孝、出でては則ち悌《てい》、謹みて信あり、汎《ひろ》く衆を愛して仁に親しみ、行って余力あれば則ち以て文を学べ。

㊎子曰く、(修業中の)若者は、家庭では孝行、社会に出ては奉仕につとめ、注意深くして約束を守り、多くの人々と親睦する中でも誠実な人を選んで昵懇《じっこん》にし、実践した上の余力をもって、教養を高めるがよい。

7　**子夏曰。賢賢易色。事父母能竭其力。事君能致其身。与朋友交。言而有信。雖曰未**

学。吾必謂之学矣。

(訓)子夏《しか》曰く、〔賢を賢として色に易えよ。〕賢賢たるかな易の色や、とあり。父母に事《つか》えては能《よ》く其の力を竭《つく》し、君に事えては能く其の身を致し、朋友と交わり、言いて信あらば、未だ学ばずと曰うと雖も、吾は必ず之を学びたりと謂《い》わん。

(新)易《とかげ》の色は賢々として周囲に応じて変るもの、という古語がある。これは人間が、父母に仕える時には(孝子となって)その力のある限りを尽くし、君に仕える時には(忠臣となって)その身命すらも捧げ、朋友と交わる時には(親友となって)言ったことには責任をもつことの譬えである。このような人は、もし学問したことがないと世間から見なされていても、私ならば、そういう実践こそが学問で、この古語の意味を真にわきまえた人だと断言して憚らない。

これは子夏の言であるが、世間の一般通念として学問をしたと言えない人でも、その行為が道に叶っていれば、それこそ学問したと言えるという、この発想は極めて論語的な発想である。まことにこれは孔子思想の最も鮮やかな特色であって、論語の中で随処にそれが見られる。実はこのような伝統的な、何気ない言葉に新しい解釈を吹きこんで教え、同じように人生の目的、人間の生きかたにも、この新しい言葉の概念によって指標を示したところに儒教が誕生したのであった（『全集四』一四一頁参照）。私はこの点に着目して、今から三十年前、「東洋史上に於ける孔子の位置」という論文を発表したが、これが私と論語との親密な交渉の始まりであった（『東洋史研究』第四巻第二号、昭和十三年『宮崎市定全集』第三巻所収）。

8　**子曰。君子不重則不威。学則不固。主忠信。無友不如己者。過則勿憚改。**

(訓)子曰く、君子重からざれば威あらず。学べば固《こ》ならず。忠信を主とし、己《おのれ》に如かざる者を友とするなかれ。過ちては改むるに憚《はば》かること勿《なか》れ。

(新)子曰く、諸君は態度がおっちょこちょいであってはならない。人に軽侮されるからだ。学問をして、片意地にならぬことを身につけるがよい。友達には誠心誠意で付きあい、そうすることに相応しくない者は友達にならぬがよい。過失はあっさりあやまるべきだ。

9　**曾子曰。慎終追遠。民徳帰厚矣。**

(訓)曾子《そうし》曰く、終りを慎しみ、遠きを追〔えば、〕うとあり、民の徳、厚きに帰〔す。〕せしかな。

㊎曾子曰く、親の老後をよく看とりし、遠い祖先の恩を忘れぬ、という古語がある。（その時代は）さても人気が醇厚であったものだ。

これは恐らく曾子が、詩経か、もしくは書経などの古典の中の語を、弟子たちに向って解釈した言葉であろう。もちろんそれは折にふれての雑談の中でなされたものであって、後世のように机を前にして本を読みあげたものではない。

後世になるとこのような言葉を凡て説教の形にしてしまう。前の句を原因とし、後の句をそこから生ずる結果とするので、いかにも人為的な押しつけがましさが目立って、自然さが失われる。そして儒教というもののイメージを、いわゆる道学風の非理非情な頑迷さに造り上げる。もちろん儒教には確かにそういう一面もあるが、原始儒教は決してそれほどかたくななものではなかった。救い難いかたくなさは、訓詁学から始まったようである。

10　**子禽問於子貢曰。夫子至於是邦也。必聞其政。求之与。抑与之与。子貢曰。夫子温良恭倹譲以得之。夫子之求之也。其諸異乎人之求之与。**

㊙子禽《しきん》、子貢に問うて曰く、夫子《ふうし》の是の邦《くに》に至るや、必ずその政を聞く。之を求めたる

か、抑《そもそ》も之を与えられしか。子貢曰く、夫子は温良恭倹譲にして以て之を得たり。夫子の之を求めしや、其れこれ、人の之を求むると異なるか。

㊟子禽が子貢に尋ねた。孔先生はある国へ行くと、必ずその国政に参与される。いったい先生の方から求めたのだろうか、それとも他人の方から頼んだのだろうか。子貢曰く、先生は温厚で善良で恭順で倹素で謙譲な人柄であるから、自然にその地位を得たのだ。もし先生の方から求めたとしても、その求め方は他人のやり方とは全く異っていると言うべきだろうね。

子貢の言葉の中の温良恭倹譲、以得之の句は、もし後世の文章ならば、「温良恭倹にして、譲りて以て之を得たり」と四字句ずつに読むのが普通であろう。すなわち前の四字を孔子の人柄とし、後の譲をその行為、ないしは態度とし、次元を異にして読むのである。しかし論語成立当時にはまだ後世のような四字句法が完成しておらず、また徳目を温良、恭倹という風に二字ずつ続けて熟語とする風も固定していなかったので、この所も五字をそのまま、五種の美徳と解釈するのが最も自然であろう。同じ論語の中に例えば440に、恭寛信敏恵を五者と数え、498に五美という言葉が出てくる。

11　**子曰。父在観其志。父没観其行。三年無改於父之道。可謂孝矣。**

㊟子曰く、父在《いま》すときは其の志を観、父没すれば其の行を観る。三年父の道を改むることなし。孝と謂うべきなり。

㊞子曰く、父の在世中はその意向を尊重し、父がなくなった後は生前の行為を思い出す。三年間は父が行ってきたレールを守って改めない。それができたら孝といってよい。

中国ではこの時代から既に子は、父の存在中には行動の自由を持たなかったと見える。ただ父から命ぜられたままに動くのであるが、孔子は更に一つの注文を出した。それはただ外形に忠実なばかりでなく、父の命令の意味をよく察して、その意向にそうように努めなければならぬ、というのである。父が死ねばもう命令を出す者がなくなるから、始めて自己の意志で行動するが、その時にも、父はこういう場合にどう行動したかを思い出しながら実行する。喪に服する三年の間は父の方針を改めない。これらのことが出来たら、孝行として及第である。

12　**有子曰。礼之用。和為貴。先王之道斯為美。小大由之。有所不行。知和而和。不以礼節之。亦不可行也。**

㊓有子《ゆうし》曰く、礼をこれ用うるには、和を貴しと為《な》す。先王の道も斯《これ》を美と為せり。小大に之に由《よ》らば行われざる所あればなり。和を知りて和するも、礼を以て之を節せざれば、亦《また》行うべからざるなり。

㊍有子曰く、礼を実行するには妥協性が大切だ。三代の政治が立派だというのも、こういう点で最高であったからだ。物事を一から十まで礼の規則ずくめでやろうとすれば、行きづまることが出てくるためだ。(これに反し)妥協が大事なことだけ知って、もし融通無礙に流れて、礼の規則でけじめをつけることがなければ、これもまたきっと行きづまるものだ。

古典の解釈は、言葉の意味から始めなければならぬのは勿論であるが、但し、斯とか、之とかいう文字は文法の外なので、その意味を考えるには前と後とから、文章全体の構想を考えながら初めて内容が決定される。その際には全く自由な立場から出発すべきで、訓詁学者はもとより、宋学、考証学の型に拘われてはならない。ここでは主題が礼であるだけ、一層その心構えが必要である。何となれば漢以後の儒教は、荀子の系統を引く礼万能論の影響を深く受けているからである。いま私が訳したように、礼の効用に限界を設けることは、定めし漢以後の学者には妄誕の極としか見えぬであろう。しかしこの場合は全体の構成から見て、礼と和とを対立させ、その一方に偏してはならぬと解釈しなければ、筋道が通らなくなる。

孔子にあっては、礼が大切なのはその外形よりもむしろその意味するところのもの、内容にあった。礼の精神においては和が大なる位置を占めている。いま礼の外形を従来のまま礼なる言葉を用い、礼の意味するものの代表者として和なる言葉を用いて両者を対立させ、礼を実際に運用する場合の教訓を述べたものとすれば、この章はすらすらと理解することができる。

斯為美の斯は上の二句、礼之用、和為貴を受けている。小大由之の之は礼をさし、以礼節之の之は和をさしている。

13　**有子曰。信近於義。言可復也。恭近於礼。遠恥辱也。因不失其親。亦可宗也。**

㊟有子曰く、信は義に近ければ、言うこと復すべきなり。恭は礼に近ければ、恥辱に遠ざかるなり。因にて其の親を失わざれば、亦た崇《たっと》ぶべきなり。

㊎有子曰く、朋友との付合いにおいては、正義を外れなければ、その言葉は信用できる。目上の者に対しては、礼義を外れなければ、恥辱を与えられることがない。因循と見

られようとも、古くからの交際を絶たないでいるのは、また賞められる価値がある。信は平等な立場での交際の道、恭は目上の権力者に仕える道をさす。復の字は恐らく履の字の尸が落ちたものと思われる。もちろん現今の履という形は本来はなかったものであるが、履の原初の字は字形があまりにも複雑であるために色々に誤られ易かったものと思われる。

因の解釈は古来さまざまなものがあった。因ること、すなわちたよりにするの意にとるもの、姻と同じと見て、新しい親戚ができても、古くからの親類を袖にするな、という教訓などなどである。ここでは因循の因と見て解釈した。

14　**子曰。君子食無求飽。居無求安。敏於事而慎於言。就有道而正焉。可謂好学也已。**

㊞子曰く、君子は食に飽くを求むるなく、居に安きを求むるなし。事に敏にして言に慎しみ、有道に就いて正す。学を好むと謂うべきのみ。

㊪子曰く、諸君は、食事なら是非満腹まで、暇さえあれば安佚《あんいつ》を貪るというのではなく、仕事にはまっ先に手を出し、口に言うことはなるべく控え目にし、徳のある経験者に意見を求めて反省の材料にするがよい。それができたら学問好きだと言ってやろう。

居、居には仕事をせずにくつろいでいる、という意味がある。孔子の学園は一種の徒弟制度で内弟子等が交替で雑役の当番に当ったであろうから、為すことのない時もあるが、そんな時でもごろ寝などしてはならない。時に宰我のような横着者があって、昼寝をきめこんで、ひどく孔子に叱られたことが、101に見えている。敏は骨おしみせず、こまめに働くこと。仕事には精出すが、口数を少なくするのが、孔子の一貫した教訓であった。有道は有徳に同じ。先輩の功労を経た者に聞くのが一番効果的である（『全集四』一六九頁参照）。

15　**子貢曰。貧而無諂。富而無驕。何如。子曰。可也。未若貧而楽道。富而好礼者也。子貢曰。詩云。如切如磋。如琢如磨。其斯之謂与。子曰。賜也。始可与言詩已矣。告諸往而知来者。**

㊙訓 子貢《しこう》曰く、貧にして諂《へつら》うなく、富みて驕るなきは何如《いかん》。子曰く、可なり。未だ貧にして道を楽しみ、富みて礼を好む者に若かざるなり。子貢曰く、詩に云う、切するが如く磋《さ》するが如く、琢《たく》するが如く磨するが如し、と。其れ斯れの謂《い》いか。子曰く、賜《し》や、始めて与に詩を言うべきのみ。これに往くを告げて、来るを知る者なればなり。

㊙新 子貢曰く、貧乏だからといって金持に諂うことなく、金持になったからといって貧乏

人に驕ることがないならば如何でしょうか。子曰く、それはそれでよい。しかし貧乏人が貧乏を意識せずに人間の生き方を求めて満足し、金持が金のことを忘れて謙遜な暮しに心がける方が、もっと望ましい。子貢曰く、詩経の中に、(人生勉強は)玉や象牙をば切断したあと金剛砂でみがきだす如く、彫刻したあと砥《と》草《くさ》で滑かにする如く、という句がありますが、いま仰《おっしゃ》ったことでこの詩の意味が分りました。子曰く、賜《し》や、お前はどうやら詩経を勉強する資格があるらしいぞ。一度つれて往ってやっただけで、その道筋をすっかり覚えこんでしまう才能がある。

中国系の諸本には貧而楽、の下に道という字がないが、これは日本に伝わる写本によって道の字を補った方が宜しい。切磋と琢磨とはいずれも荒削りしたあと、美しく仕上げをする意味と思われる。子貢の言ったことは、いわば荒削りに類し、それが孔子の手によって磨きをかけられたわけで、勉強の道は奥深いものだと子貢が感心したのである。

16　**子曰。不患人之不己知。患不知人也。**

(訓)子曰く、人の己を知らざるを患えず、人を知らざるを患うるなり。

(新)子曰く、人が自分を知らないことは困ったことではない。自分が人を知らないことこそ困ったことなのだ。

為政第二（17～40）

17　子曰。為政以徳。譬如北辰居其所。而衆星共之。

(訓)子曰く、政を為すに徳を以てす。譬《たと》えば北辰《ほくしん》の其所に居りて、衆星《しゅうせい》の之に共《むか》うが如きなり。

(新)子曰く、政を為すには徳を以てす、という語がある。これは北極星がその位置を少しも変えずして、衆星がこれを中心に指向しながら回転するが如きを譬えたのである。為政以徳の四字は恐らく古語で、有徳の君主の政治のあり方を言ったものであろう。そのような君主は別にあくせくと動きまわる必要がなく、百官や人民が君主の意を体してそれぞれの業務に励むものなのである。そのさまは宇宙の星が北極星を中心として回転するような状態さながらである。

18　子曰。詩三百。一言以蔽之。曰思無邪。

(訓)子曰く、詩は三百、一言にして以て之を蔽《おお》えば、曰く、思い邪《よこしま》なし。

(新)子曰く、詩経は三百篇あるが、一言で要約すれば、心に邪念がない、と言えよう。

思無邪の三字は、現存の詩経でも、魯頌《ろしょう》の駉《けい》の篇の中の一句として存在する。あるいは思という字は単なる助辞で、意味がない字だとする。

19　**子曰。道之以政。斉之以刑。民免而無恥。道之以徳。斉之以礼。有恥且格。**

(訓)子曰く、之を道《みちび》くに政を以てし、之を斉《ととの》うるに刑を以てすれば、民免れて恥なし。之を道くに徳を以てし、之を斉うるに礼を以てすれば、恥ありて且つ格《ただ》し。

(新)子曰く、人民を動かすのに政治権力を用い、人民を鎮めるのに刑罰を用いれば、人民は抜け道を考えるにせいいっぱいで罪の意識をもたなくなる。人民を動かすのに正義を用い、人民を鎮めるのに礼儀を用いれば、人民は廉恥を重んじて心底から正しくなる。

20　**子曰。吾十有五而志于学。三十而立。四十而不惑。五十而知天命。六十而耳順。七十而従心所欲。不踰矩。**

㊙子曰く、吾れ十有五にして学に志し、三十にして立ち、四十にして惑《まど》わず。五十にして天命を知り、六十にして耳順《みみしたが》う。七十にして心の欲する所に従って矩《のり》を踰《こ》えず。

㊗子曰く、私は十五歳で学問の道に入る決心をし、三十歳で自信を得、四十歳でこわいものがなくなり、五十歳で人間の力の限界を知った。六十歳になると何を聞いても本気で腹をたてることがなくなり、七十歳になると何をやっても努めずして度を過ごすことがなくなった。

孔子自身が晩年にその一生を回顧して述べた簡単な自叙伝ともいうべきこの一章は、あまりにも有名である。しかし従来の解釈は孔子を教祖として尊崇する立場からの解釈であって、果してそれが歴史的な真実であったかどうか、私には疑わしく思える。すなわち従来は孔子の心境が、その絶えざる修養によって、年と共に成熟し、完成して行ったと見るのである。ところが実際の人生にはリズムがあって、直線的に無限にのびるものではない。当時の七十歳といえば、稀に見る長寿であって、これを平均寿命ののびた現在にあてはめれば、恐らく九十歳、百歳にも相当するであろう。言いかえればこれは円満に人生が完結したことを意味する。そのような場合には、人生は多く抛物線《ほうぶつせん》を描くものである。稀に年齢の衰えを知らぬ芸術家や学者があるように言われるが私は大ていそれを信じない。多くは阿諛《あゆ》の言であるからだ。

孔子の一生を表わす拋物線の頂点は五十歳の天命を知る時であろう。この天命であるが、孔子における天はまだ正義を執行する神にはなっていない。それは全く未知の、しかも恐るべき力をもった存在であった。どんなに人事を尽しても何か不可知の理由で思う通りに事が運ばぬことがある。それが天命、天の作用であった。さればと言って努力をやめるわけに行かぬ、成敗を度外視しての奮闘が、孔子の最後に到達した覚悟であって、実際にこれ以上の人生観は考えられないのではあるまいか。

耳順、不踰矩は、私の考えでは孔子が体力、気力の衰えを自覚した歎声と思われる。何よりも孔子自身が晩年にその衰えを歎じて、152我また夢に周公を見ず、と言っているではないか。腹を立てぬことは決して美徳ではないはずだ。もちろん、だからと言って、何でも腹を立てさえすればいいと言うのではない。腹のたてかたにも色々あるからだ。度を過ごさないのも同様、意志の力で自制する点にこそ美徳がある。自然に度をすごさないならば、それは血の通わぬ機械のようなものだ。これは本当でない、と自覚したところに、苦労人の孔子の値打ちがある、と見たい。

天の意義については拙稿「中国古代における天と命と天命の思想」(『史林』第四十六巻第

一号)〔『宮崎市定全集』第三巻所収〕を参照。

21　孟懿子問孝。子曰。無違。樊遅御。子告之曰。孟孫問孝於我。我対曰。無違。樊遅曰。何謂也。子曰。生事之以礼。死葬之以礼。祭之以礼。

㊀孟懿子《もういし》、孝を問う。子曰く、違《たが》うこと無かれ、と。樊遅《はんち》御《ぎょ》たり。子これに告げて曰く、孟孫《もうそん》、孝を我に問いしに、我対えて、違うこと無かれと曰えり。樊遅曰く、何の謂《いい》ぞや。子曰く、生きては之に事うるに礼を以てし、死しては之を葬むるに礼を以てし、之を祭るに礼を以てせよとなり。

㊁孟懿子が孝行のしかたを尋ねた。子は、違うことなかれ、と答えた。樊遅が車の駆者となっての帰道に、孔子の方から話しかけた。孟孫が私に孝行のしかたを尋ねたから、違うことなかれ、と教えてやった。樊遅が聞きかえした。何に違うことなくするのですか。孔子が答えていった。親が生きている間はこれに仕えて礼に違うなく、死んだ後は、これを葬むるに礼に違うことなく、これを祭るに礼に違うことなかれ、と言ったのだ。

22　**孟武伯問孝。子曰。父母唯其疾之憂。**

㊙孟武伯《もうぶはく》、孝を問う。子曰く、父母は唯だ其の疾《やまい》をこれ憂う。

㊟孟武伯が何が孝行かと聞いた。子曰く、達者でいるのが何よりの孝行だ。

この所について、父母をして唯だ其の疾をのみこれ憂えしむ、病気にかかった時はやむをえないが、その外のことで心配をかけてはならぬ、という解釈の仕方があるが、どうも素直な発想ではないように思われる。

23　**子游問孝。子曰。今之孝者。是謂能養。至於犬馬。皆能有養。不敬。何以別乎。**

㊙子游《しゆう》、孝を問う。子曰く、今の孝なる者は是れ能《よ》く養うを謂《い》う。犬馬に至るまで、皆な能く養うことあり。敬せずんば何を以て別《わか》たんや。

㊟子游が孝行について尋ねた。子曰く、この頃の考えで孝行といっているのは、飼育することらしいな。考えてみれば犬や馬でも大事に飼育されているものがある。尊敬しつつ奉養するのでなければ孝行とはいえない。

右のような解釈では、父母を動物と比較することになって不倫だという説があり、犬や馬でもその父母を養うことがあるが、ただ尊敬を払うことを知らない点が人間と違うのだ、と訳そうとする。しかし犬や馬がその親を養うことは絶無とは言えまいが、いささか神怪めいているので採ることができぬ。父母と犬馬を比較するような形になっても、同じ待遇をせよというのでなく、区別すべきだというのであるから構わないと思う。

24 **子夏問孝。子曰。色難。有事。弟子服其労。有酒食。先生饌。曾是以為孝乎。**

㊟子夏《しか》、孝を問う。子曰く、色難し。事あれば弟子その労に服し、酒食《しゅし》あれば先生に饌《せん》す。曾《すな》わちこれを以て孝と為すか。

㊗子夏が孝行の仕方を尋ねた。子曰く、雰囲気が問題なのだ。二人の人が仕事をする時には、若者のほうが骨の折れる方に従事し、食事には旨いものを年寄りの方にあげる。それと同じことをただ親に対してやったというだけで、それが孝行になると思うかね。

25 **子曰。吾与回言。終日不違如愚。退而省其私。亦足以発。回也不愚。**

㊟子曰く、吾、回《かい》と言う。終日違わず、愚なるが如し。退いて其の私を省すれば、亦《また》以て発するに足る。回や愚ならず。

㊗子曰く、自分は顔回と会って話すが、一日中はいはいとばかり言っているから馬鹿か

なと思う。しかし退出してから独りでいる時の様子を見ていると、ちゃんと此方の言ったことを理解していたことがわかる。どうしてあれは馬鹿どころではない。

26　**子曰。視其所以。観其所由。察其所安。人焉廋哉。人焉廋哉。**

㊟子曰く、其の以てする所を視《み》、其の由る所を観《み》、其の安んずる所を察すれば、人焉《いずく》んぞ廋《かく》さんや。人焉んぞ廋さんや。

㊎子曰く、人間はその行っていることを注視し、その由来するところを観取し、その安心している所を察知すれば、その性質は匿そうたって匿しおおせるものではない。心の底まで見抜けるものだ。

27　**子曰。温故而知新。可以為師矣。**

㊟子曰く、故《ふる》きを温《たず》ねて新しきを知れば、以て師と為るべし。

㊎子曰く、古いことを研究してそこから新しい知識をひきだすくらいでなければ、先生にはなれない。

28　**子曰。君子不器。**

(訓)子曰く、君子は器ならず。

(新)子曰く、諸君は器械になってもらっては困る。

29　**子貢問君子。子曰。先行。其言而後従之。**

(訓)子貢、君子を問う。子曰く、先ず行え。其の言は而《しか》る後にこれに従う。

(新)子貢が、私どもは何を努めたらよいか、と聞いた。子曰く、先ず行うことだ。言葉はそれから後にしてよい。

30　**子曰。君子周而不比。小人比而不周。**

(訓)子曰く、君子は周して比せず。小人《しょうじん》は比して周せず。

(新)子曰く、諸君は誰彼となく付合ってほしい。閥をつくってせりあってもらっては困る。

31　**子曰。学而不思則罔。思而不学則殆。**

(訓)子曰く、学んで思わざれば罔《くら》し。思って学ばざれば殆《あや》うし。

㊎子曰く、教わるばかりで自ら思索しなければ独創がない。自分で考案するだけで教えを仰ぐことをしなければ大きな陥し穴にはまる。

この言葉は教育、研究の妙諦《みょうてい》を言いあてたもので、千古に通ずる真理である。教育とは要するに全人類が進化してきた現在の水準まで、後生を引上げてやる手伝いをすることである。言いかえれば個体が系統発生を繰返すに助力することである。もしこういう助手の存在意義を軽視して、全く独自の力でやろうとすれば、大きな時間と精力のロスに陥る危険がある。

むかしある農村の青年が非常に数学が好きで、小学校を終えたあと、農業に従事しながら十年かかって数学上の大発見をしたと、町の中学の教諭に報告してきた。何とそれは二次方程式の解き方であった。中学へ入って習えば一時間ですむことなのだ。独力でそれを発明する力をもっと有効に他に使えば本当に有益な研究ができたかも知れない。

32　**子曰。攻乎異端。斯害也已。**

㊒子曰く、異端を攻《おさ》むるは、斯《こ》れ害なるのみ。

㊎子曰く、新しい流行の真似をするのは、害になるばかりだ。

異端の異は、常態に対する異状の異、端は、根本に対する末端の端であろう。これを流行と訳したのは、根本の大きな道は永久不変であり、そこからはみ出たものが時と共に浮沈するというのが儒家の思想だからである。475に小道という語が見えるが、異端はそれよりも更に瑣末なものであろう。

33　**子曰。由。誨女知之乎。知之為知之。不知為不知。是知也。**

㊀子曰く、由《ゆう》や、女《なんじ》に之を知るを誨《おし》えんか。之を知るをば之を知ると為《な》し、知らざるを知らずと為す。これ知れるなり。

㊁孔子が子路《しろ》に向って言った。由や、お前に知るということを教えようか。知っていることを知っているとし、知らぬことを知らぬとする。それが知っていることだ。知っている是知也、の一句はその上の二句全体にかかる。知っていることと、知らないこととの限界をはっきり知ることが、凡てを知ったことになる。これも千古不変の真理である。あらゆる学問の分野で、どこまで分っているかが分っている人があったなら、その人が第一人者なのだ。

34　**子張学干禄。子曰。多聞闕疑。慎言其余。則寡尤。多見闕殆。慎行其余。則寡悔。言寡尤。行寡悔。禄在其中矣。**

㊂子張《しちょう》、禄を干《もと》むるを学ばんとす。子曰く、多く聞きて疑わしきを闕《か》き、慎んで其の余を言えば尤《とが》め寡《すく》なし。多く見て殆《あや》うきを闕き、慎んで其の余を行えば悔い寡なし。言って尤め寡なく、行って悔い寡なければ、禄その中に在り。

㊎子張が俸給生活の秘訣を尋ねた。子曰く、広く聞いてまわり、疑問の点をあとまわしにして、確かなことだけ言って口数を少なくすれば、非難をうけることが少ない。広く見てあるき、不審な点をあとまわしにし、自信のあることだけに限って実行すれば、しまったと思うことが少ない。言葉について非難が少なく、実行したことに後悔が少なければ、俸給は向うの方から歩いてくる。

35　**哀公問曰。何為則民服。孔子対曰。挙直錯諸枉。則民服。挙枉錯諸直。則民不服。**

㊂哀公《あいこう》問うて曰く、いかにすれば則ち民服せん。孔子対《こた》えて曰く、直《なお》きを挙げて、これを枉《まが》れるに錯《お》けば民服せん。枉れるを挙げて、これを直きに錯けば、民服せざらん。

㊎哀公が尋ねて曰く、どのようにしたらば国民を心服させることができますか。孔子対

えて曰く、まっすぐな人を登用して、それにあわせて枉った人を直せば、国民が心服しましょう。枉った人を登用して、それにあわせるために真直ぐな人を枉げてしまえば、国民は決して心服しますまい。

36 **季康子問使民敬忠以勧。如之何。子曰。臨之以荘則敬。孝慈則忠。挙善而教不能則勧。**

㊟季《き》康《こう》子《し》、民をして敬忠にして、以て勧《すす》めしめんにはこれを如何《いかん》せんかと問う。子曰く、之に臨むに荘を以てすれば敬し、孝慈《こうじ》ならしむれば忠なり。善を挙げて不能を教えしむれば勧まん。

㊕季康子が、どうすれば人民が君主を敬愛し、進んで勤勉に働くようになるだろうか、と尋ねた。子曰く、君主が自信たっぷりで臨めば人民から敬われる。人民の家庭生活が円満ならば君主を愛するようになる。善人を登用して、まだ力の及ばない者を教化させれば自然に勤労を好むようになる。

敬忠以勧の四字は、恐らく古典の中の一句であろう。季康子がそのような古代の理想的な世相を復活する方法を問うたのである。孝慈は子が親に孝、親が子に慈、双方から愛情をもって相手に尽す状態、もちろんそのような状態を可能ならしめるためには人民の経済生活の安定を計る政治でなければならぬ。勧はこの場合は、互いに励ましあうこと。

37　**或謂孔子曰。子奚不為政。子曰。書云孝乎惟孝。友于兄弟。施於有政。是亦為政。奚其為不為政。**

㊎或るひと孔子に謂いて曰く、子は奚《なん》すれぞ政を為さざるや。子曰く、書に云う、孝なるか惟《こ》れ孝、兄弟に友なり、有政《ゆうせい》に施す、と。是れ亦《ま》た政を為すなり。奚すれぞ其れ政を為〔すを〕さずと為さんや。

㊍あるひとが孔子に言った。先生はなぜ政治に携わらないのですか。孔子曰く、書経に、孝行の点ではこの上なく孝行、兄弟に向っては友愛、これは政治の上に大いに役立つ、とある。政治家になるばかりが政治をするのではないことを言っているのです。してみれば私も政治に携わらないことはないわけです。

有政の有は意味のない助詞、ここでは四字句を作る役目をつとめる。奚其為為政の二字の為の字の中間に、明かに不という字が落ちているのでいま補った。もしこの字がなければ、奚すれぞ其れ政を為すことを為さん、つまり政を為さぬことになって、上文の政を為すなり、と矛盾してくる。ここは、いわゆる政治ばかりが政治ではない、いわゆる政治家ばかりが政治を行うのではないという意味である（『全集四』一〇五、一二八、一三四、二三〇頁参照）。

38　**子曰。人而無信。不知其可也。大車無輗。小車無軏。其何以行之哉。**

（訓）子曰く、人にして信なくんば、其の可なるを知らざるなり。大車に輗《げい》なく、小車に軏《げつ》なくんば、それ何を以て之を行《や》らんや。

（新）子曰く、人間がもし信用をなくせば、どこにも使いみちがなくなる。馬車に轅《ながえ》がなく、大八車に梶棒がないようなもので、ひっぱって行きようがない。

不知其可の可は、万能な人のことをよく、往くとして可ならざるなし、という時の可である。中国では古来、車は牛馬に牽《ひ》かせるので、輗も軏もいずれも轅の端のことで、大車につくのと小車につくのとの差があるだけだという。いま分りやすいように小車を大八車と訳したが、人力で引っぱる車は実は中国ではほとんど見うけない。ただ押す車には江州車という一輪車がある。

39　**子張問。十世可知也。子曰。殷因於夏礼。所損益。可知也。周因於殷礼。所損益。可知也。其或継周者。雖百世。可知也。**

㊟子張《しちょう》問う、十世知るべきか。子曰く、殷《いん》は夏《か》の礼に因る、損益する所知るべきなり。周は殷の礼に因る、損益する所知るべきなり。其れ周を継ぐ者あらんに、百世《ひゃくせい》と雖《いえど》も知るべきなり。

㊥子張が聞いた、十代後のことが分りますか。子曰く、殷は夏の制度を受けついだので、増減したのは重要でない部分だから知れたものだ。次の周は殷の制度を受け継いだので、増減した所は重要でない部分だから、知れたものだ。周の後を受け継ぐ者があるであろうが、百代後までも、重要部分が変らないことは分りきっている。

40　**子曰。非其鬼而祭之。諂也。見義不為。無勇也。**

㊟子曰く、其の鬼《き》に非ずして之を祭るは諂《へつら》いなり。義を見て為さざるは勇なきなり。

㊥子曰く、自分の家の仏《ほとけ》でもないものを祭るのは、御利益めあてにちがいない。当然着手すべき時にひっこんでいるのは卑怯者だ。

鬼は霊魂であるが、日本語のほとけに最も近い。時代錯誤の点は御免こうむる。自分の家の仏でないものでも、一度祭ったなら、それを追い出すことはよほど勇気のいることであるに違いない。

八佾第三（41〜66）

41　**孔子謂季氏。八佾舞於庭。是可忍也。孰不可忍也。**

(訓)孔子、季氏《きし》を謂《い》う、八佾《はちいつ》を庭《てい》に舞す。是れにして忍ぶ可《べ》くんば、孰《いず》れをか忍ぶべからざらんや。

(新)孔子が季氏についていった。大名の家臣の分際で、天子一家の徳をたたえるべき八佾の舞楽を、公然と庭中で奏させた。これを黙っていられるなら、外に非難すべきどんな僭越な行為があるものか。

八佾とは縦横とも八列になる、六十四人の舞者が組んで行う舞楽をいう。大名は六列三十六人、その家老たる季氏は本来ならば四列十六人の舞しか許されていなかったという。

42　**三家者以雍徹。子曰。相維辟公。天子穆穆。奚取於三家之堂。**

(訓)三家《さんか》者《しゃ》、雍《よう》を以て徹《てつ》す。子曰く、相《たす》くるは維《こ》れ辟公《へきこう》、天子は穆穆《ぼくぼく》たり、とあり。奚《いずく》んぞ三家の堂に取らん。

㊎魯の家老の三家が、天子の音楽たる雍で祭を閉じた。孔子曰く、雍の詩に、並みいる辟公《きんだち》には周公召公、天子は盛徳の成王がおわしたとある。三家の堂にはいったい誰がいたと思うか。

雍は現存の詩経にも周頌の中に収められている。奚取は、どんな取柄があるか、猿の物真似で大笑いだ、の意(『全集四』一三五頁参照)。

43 **子曰。人而不仁。如礼何。人而不仁。如楽何。**

㊖子曰く、人にして不仁《ふじん》ならば、礼を如何《いかん》。人にして不仁ならば、楽を如何。

㊎子曰く、非人情な人間が礼式を習って何になる。ろくでなしの人間が音楽を習って何になる。

44 **林放問礼之本。子曰。大哉問。礼与其奢也寧倹。喪与其易也寧戚。**

㊖林放《りんぼう》、礼の本《もと》を問う。子曰く、大なるかな問いや。礼は其の奢らんよりは寧《むし》ろ倹なれ。喪は其の易《ととの》わんよりは寧ろ戚《いた》め。

㊖林放が礼なるものの本質は何かと聞いた。子曰く、むつかしい問題だね。ただ言えることは、礼式はとかく派手に流れやすいから倹約に心掛けるがよい。特に喪の場合、世間ていを飾るよりも、喪主の気持ちを尊重しなければならぬ。

45　**子曰。夷狄之有君。不如諸夏之亡也。**

㊙子曰く、夷狄《いてき》だも君あり、諸夏《しょか》の亡きが如くならず。

㊖子曰く、文化の未発達な夷狄の国にも主権が確立しているそうだ。かえって今は中国が無政府状態に陥っている。

この章は、夷狄の君あるは、諸夏の亡きに如かず、と訓じ、たとえ君がなくても諸夏、中国は夷狄に勝る、とする解釈も有力である。事実、不如の二字は、論語では多くの場合、しかずと読ませている。しかし一箇所ではあるが(491)はっきりと、如くならずの意に用いているから、この場合も如くならずと訓じて差支えない。218において孔子が九夷に居らんと欲した、と同一の歎と解した方がよく分る。

46　**季氏旅於泰山。子謂冉有曰。女弗能救与。対曰。不能。子曰。嗚呼。曾謂泰山不如**

林放乎。

(訓)季氏《きし》、泰山《たいざん》に旅す。子、冉有《ぜんゆう》に謂いて曰く、女《なんじ》救う能わざるか。対《こた》えて曰く、能わず。子曰く、嗚呼《ああ》、〔曾〔すな〕わち泰山は林放に如かずと謂えるか。〕曾て泰山を謂うこと、林放の如くならざりしか。

(新)魯の家老季氏が、魯公の真似をして泰山で旅の祭を行った。孔子が冉有に向って曰く、季氏の執事たる汝はこれを中止させることは出来ぬか。対えて曰く、できません。孔子曰く、ああ、お前も昔は泰山の礼について話しあうこと、林放《りんぼう》と全く同一意見ではなかったか。

普通に泰山不如林放の六字を続けて、泰山は林放に如かず、泰山の神は林放よりも軽い、と訓ずるが、泰山と孔子の弟子林放とを比較して軽重することは、何と考えても釣合いがとれない。冉有も林放も孔子の弟子で、かつては気軽るに泰山を祭る礼のことなどを話しあったのを孔子が思い出し、林放を引合いに出して冉有を責めたと見る方が自然である。

泰山の神と林放とを比較するような不自然な読み方が生じたのは、儒教の官僚化を物語るものである。儒教が官学となり朝廷の御用学問となると、孔子も王爵、公爵を贈られ、その弟子たちの中にも階級が生じて、亜聖、十哲、七十二弟子など、孔子の周囲を固める聖徒のハィエラルキーが成立して、その階級を犯すことが許されなくなってくる。ところで冉有は十哲の中でも有力者であるが、林放は論語のこのあたりに名が出るだけで、史記の仲尼弟子列伝にも載せられない。そこで十哲の冉有が無名の林放以下に見做されては困ると思ったのであろうが、しかしそれを避けるために、泰山が林放に比較されることになっては猶更困ることに気付かないのである（『全集四』一五〇頁参照）。

47　**子曰。君子無所争。必也射乎。揖譲而升。下而飲。其争也君子。**

㊙子曰く、君子は争う所なし。必ずや射《しゃ》か。揖譲《ゆうじょう》して升《のぼ》り、下《くだ》りて飲む。其の争いや君子なり。

㊗子曰く、諸君は勝負事をせぬがよい。もしするならば弓術だ。場に上る時には丁寧に礼儀をつくし、終ってから敗けた方が酒を飲まされる。勝っても負けても公明正大な競争だ。

48　**子夏問曰。巧笑倩兮。美目盼兮。素以為絢兮。何謂也。子曰。絵事後素。曰。礼後乎。子曰。起予者商也。始可与言詩已矣。**

㊟子夏《しか》、問うて曰く、巧笑倩《こうしようせん》たり、美目盼《はん》たり。素以《そもつ》て絢《あや》と為す、と。何の謂《い》いぞや。子曰く、絵事《かいじ》は素の後にす。曰く、礼は後なるか。子曰く、予を起す者は商なり。始めて与《とも》に詩を言うべきのみ。

㊎子夏が尋ねた。詩に、笑う口もとの愛らしさ、ウィンクする目の美しさ、白粉ぬって紅つけて、とあるのは何を言おうとしているのですか。子曰く、絹の上に絵を描こうとするには、まずこれを漂白してから後にしなければならぬのだ。子夏曰く、すると礼式というものは最後の仕上げになるのですね。子曰く、よく言ってくれた。お前がこんなにうまく詩を理解するとはこれまで思っていなかった。

49 **子曰。夏礼。吾能言之。杞不足徴也。殷礼。吾能言之。宋不足徴也。文献不足故也。足則吾能徴之矣。**

㊟子曰く、夏《か》の礼は吾能《よ》く之を言わんとするも、杞《き》は徴するに足らざるなり。殷《いん》の礼は吾能く之を言わんとするも、宋は徴するに足らざるなり。文献の足らざるが故なり。足らば吾能くこれを徴せん。

㊎子曰く、夏の時代の制度は自分ももう少し詳しく語りたいのだが、その後裔の杞の国

の今の制度は拠りどころにならぬ。殷の時代の制度も、もう少し詳しく知りたいのだが、その後裔の宋の国の今の制度は拠りどころにならぬ。文献が残っていないからだ。もし残っていたなら、自分はそれで確めたいのだが。

50　**子曰。禘自既灌而往者。吾不欲観之矣。**

㊂子曰く、禘《てい》は既に灌《かん》してより而往《のち》は、吾、之を観るを欲せず。

㊍子曰く、禘の祭は、灌の儀式がすんでから後は、私は見る気がしない。

禘は魯の先祖、周の王室までを含めて祭る大がかりな礼式であるが、灌はその終に近い段階で香りをつけた酒をまいて祖先の霊魂をよびおろす。恐らくその後に続くものは多くの祭礼に伴いがちな無礼講だったのであろう。

51　**或問禘之説。子曰。不知也。知其説者之於天下也。其如示諸斯乎。指其掌。**

㊂あるひと禘《てい》の説を問う。子曰く、知らざるなり。其の説を知る者の天下に於けるや、其れこれを斯《ここ》に示すが如きか、と。其の掌《たなごころ》を指せり。

㊍あるひとが禘の祭の説明を求めた。子曰く、私は知らない。もしそれを知る人があっ

たなら、天下をばこの処にのせて見せてくれるだろう、と言って自分の掌を指さした。文字の解釈としてはこれで分らない所はないが、そもそもこれは何を言おうとしているのであろうか。いったい天下を掌の上に運んで来て人に説明して見せるというのは、考えてみるとそれは天子の外にないはずである。そこで臆測の説になるのだが、禘は本来天子の祭で、そのいちばん大切な所は、天子が深夜に凡ての従者を退けてただひとり、極秘に執行する密儀であったのではなかろうか。恐らくそれは天の神と交わり、それが正統の天子たる特権を示すといった種類のものであったと思われる。孔子はわざと天子という言葉を避けて遠まわしに言ったのであろう。

52　**祭如在〔。〕祭。神如神在。子曰。吾不与。祭〔。〕如不祭。**

㊞〔祭ること在すが如く、神を祭ること神在すが如くす。子曰く、吾祭に与からざれば、祭らざるが如し。〕祭ること祭に在るが如くすれば、神は神在すが如し、とあり。子曰く、吾与からざれば、祭るも祭らざるが如きなり。

㊢古語に、祭りを行うには、心をこめて祭りに臨む気持でやれば、神も本当にそこに実在するようだ、とある。これについて孔子が一句つけ加えた。自ら祭りに参与しない

祭りは祭らないも同じだ。

祭如在祭神如神在の八字を、従来は上三字、下五字に分けて読んだが、論語における古語の引用は、最も多くの場合、四字句であることを考えると、ここでも四字の二句に分けた方が自然である。更に従来の読み方では、下五字に独立性がなく、単に上句に神という字を添加しただけで、これでは上句は意味曖昧、下句は冗長にすぎる。それよりも四字句に読めば、敬虔な気持で祭れば本当に神がそこへ出てきたように思われて祭りの目的が達せられる、となって極めて自然である。孔子が上文の祭如在祭に語呂を合わせるように、祭如不祭と附け加えたのである（『全集四』一二七、二三〇頁参照）。

53　**王孫賈問曰。与其媚於奥。寧媚於竈。何謂也。子曰。不然。獲罪於天。無所禱也。**

㊟王孫賈《おうそんか》、問いて曰く、其れ奥に媚《こ》びんよりは、寧ろ竈《かまど》に媚びよ、とは何の謂いぞや。子曰、然らず、罪を天に獲《う》れば、禱《いの》る所なきなり。

㊥王孫賈が質問した。奥座敷へご機嫌伺いに罷り出るよりは、台所でおべんちゃらを言っている方が貰いが多い、という諺をどうお考えになりますか。子曰く、私が信じているのは別の諺です。最高神の天のご機嫌を損じたら最後、どこへ禱りに行っても利

き目がない。

54　**子曰。周監於二代。郁郁乎文哉。吾従周。**
㊋子曰く、周は二代に監《かんが》みて、郁郁《いくいく》として文なる哉《かな》。吾は周に従わん。

㊎子曰く、周の制度は、夏、殷二代の伝統を受けついだ上に、郁々として文化的だ。私は周を最上と思う。

55　**子入太廟。毎事問。或曰。孰謂鄹人之子知礼乎。入太廟。毎事問。子聞之曰。是礼也。**
㊋子、太廟《たいびょう》に入り、事ごとに問う。或るひと曰く、孰《た》れか謂う、鄹人《すうひと》の子《こ》礼を知ると。太廟に入りて事ごとに問えり。子これを聞きて曰く、これ礼なり。

㊎孔子が魯の祖先を祭る太廟に入って祭りを助けた折、いちいち先輩に尋ねては行なった。或る人がこれを見て、あの鄹生れのこわっぱは、礼の先生だという評判であったが、それどころか。太廟で片はしから人に聞いては行なったぞよ。孔子がこれを聞いて言った。それが取りも直さず礼なのだ。

孔子は魯国に属する鄹なる邑に生れた。これを鄹人の子というのは賤しめていう言葉。孔子の最後の言で、これ礼なり、とあるのは、そういう礼式がちゃんと定められた型になっていた、という意味に普通解せられるが、そうではあるまい。恐らく孔子は初めてこの祭りに参加したので、一事の粗忽もないように先輩に尋ねた上で行った。礼に型はない。慎重にも慎重を期して手落ちないようにする。これこそ礼の精神だという意味であろう。礼は型の伝統でなく、その中に含まれている精神だという、極めて孔子的な発想なのである。

56　**子曰。射不主皮。為力不同科。古之道也。**

㊀子曰く、射《しゃ》は皮《ひ》を主とせず。力を為すに科を同じくせず。古の道なり。

㊁子曰く、射猟には獲物の大小多寡を争わない。力だめしをするには等級を分けておく。これが昔からの奥ゆかしいしきたりだ。

従来の解釈が射を射礼とし、皮を的とし、的にあてるのを重んじない、と解するのはおかしい。古の猟の主目的は毛皮にあったが、それにもこだわってはならぬのである。為力とは相撲、競走、跳躍の類のスポーツであろう。

57　**子貢欲去告朔之餼羊。子曰。賜也。爾愛其羊。我愛其礼。**

㊗子貢《しこう》、告朔《こくさく》の餼羊《きよう》を去らんと欲す。子曰く、賜《し》や、爾《なんじ》は其の羊を愛《おし》む。我はその礼を愛む。

㊖子貢が新月を迎える祭りに用いる羊の犠牲をやめようと言い出した。子曰く、賜や、お前は羊を大事にしたいようだが、私は昔から続いた礼の伝統を大事にしたい。

58　**子曰。事君尽礼。人以為諂也。**

㊗子曰く、君に事《つか》うるに礼を尽せば、人は以て諂《へつら》いとなすなり。

㊖子曰く、君主の前へ出て礼儀どおりにすると、今の人はそれを卑屈にすぎると言う。

59　**定公問。君使臣。臣事君。如之何。孔子対曰。君使臣以礼。臣事君以忠。**

㊗定公問う。君、臣を使い、臣、君に事うるには、之を如何《いかん》せん。孔子対《こた》えて曰く、君、臣を使うに礼を以てし、臣、君に事うるには忠を以てす。

㊖魯の定公が尋ねた。君主が臣下を使い、臣下が君主に仕えるには、どうするのがよい

でしょうか。孔子が対えて曰く、君主が臣下を使う時には丁重に扱い、臣下が君主に仕えるには誠心をもってすることが大切です。

60　**子曰。関雎楽而不淫。哀而不傷。**

(訓)子曰く、関雎《かんしょ》は楽しんで淫せず、哀《かな》しんで傷《やぶ》らず。

(新)子曰く、詩経の関雎の章は夫婦和合の歌であるが、その教えるところは、楽しくても淫《みだ》りに流れず、哀しんでもやけになるな、ということだ。

61　**哀公問社於宰我。宰我対曰。夏后氏以松。殷人以柏。周人以栗。曰使民戦栗。子聞之曰。成事不説。遂事不諫。既往不咎。**

(訓)哀公《あいこう》、社《しゃ》を宰我《さいが》に問う。宰我、対えて曰く、夏后氏《かこうし》は松を以《もち》い、殷人《いんひと》は柏《はく》を以い、周人は栗《りつ》を以う。民をして戦栗《せんりつ》せしむるを曰うなり、と。子これを聞いて曰く、成事《せいじ》は説かず、遂事《すいじ》は諫《いさ》めず、既往《きおう》は咎《とが》めず。

(新)魯の哀公が土地神の社について尋ねた。宰我が対えて曰く、夏の時代には松を植え、殷の時代には柏を植えましたが、周の時代から栗を植えるようになりました。それは人民をして戦栗させるのが目的だとかいうことです。この話を聞いて孔子が言った。すんでしまったことは言いたてない。とりかえしのつかぬことは諫めない。昔のことは咎めない。

社は土地神であるが、これを象徴するために神木を植え、それが時代と共に変遷したという。この社は時に人身御供を要求する恐るべき神であり、左伝、僖公十九年の条に、宋の襄公が鄫の君を犠牲に供して社を祀ったという記事がある。論語のこの所は下文から察すると、魯の哀公が社の祭に人身御供を用いた後、素知らぬ顔をして宰我に社の意味を尋ねたのであろう。そこで宰我は、周代以後、栗を神木とするのは、その音リツが示すように、人民を戦栗させるのが狙いだということです、と答えた。今も魯君はその目的どおり人民を戦栗させました、いやはや民間の受けた衝撃は譬えようもありませんでした、という意味である。それを聞いて孔子が心配した。遂事は諫めず。普通の場合ならこれはおかしい。既成事実を認めてばかりいては反省も前進もないはずだ。しかし孔子は宰我が深入りしすぎて危険な立場に立つことを恐れてこう言ったのであろう。同じような言葉を三回重ねたのは話の主題が並々ならぬ重大なものであることを示す。しかしそのままでは修身の教科書には不向きなので、訓詁学者が種々工夫したが、どれも成功していない。

62　子曰。管仲之器小哉。或曰。管仲倹乎。曰。管氏有三帰。官事不摂。焉得倹。然則管仲知礼乎。曰。邦君樹塞門。管氏亦樹塞門。邦君為両君之好。有反坫。管氏亦有反坫。管氏而知礼。孰不知礼。

㊟子曰く、管仲《かんちゅう》の器は小なるかな。或るひと曰く、管仲は倹なるか。曰く、管氏に三帰《さんき》あり、官事は摂せず、焉《いず》くんぞ倹なるを得ん。然らば則ち管仲は礼を知るか。曰く、邦《ほう》君《くん》は樹もて門を塞ぐ、管氏も亦た樹もて門を塞ぐ。邦君が両君の好みを為すには反坫《はんてん》あり、管氏も亦《ま》た反坫あり。管氏にして礼を知らば、孰《たれ》か礼を知らざらんや。

㊟子曰く、管仲は器量が小さすぎる。或ひと曰く、管仲は倹約すぎるという意味ですか。子曰く、管仲は三人の妻を同時にもち、召使いには各人一種類の仕事しかさせなかった。倹約どころではない。曰く、すると管仲は礼式を知って、万事礼式どおりにやったのですか。子曰く、大名の門には樹《ついたて》をたてて内側が覗かれぬようにするが、家老にすぎない管仲も樹をたてた。大名同士が会見する時、盃の台として反坫なるものを設けると、管仲も真似をして反坫を設けた。管仲が礼を知っているというなら、この世に礼を知らぬ者はいない。

三帰の帰は結婚の意味、結婚であるから正妻であり、正妻であるからには身分相当の待遇が必要であり、妾とは違うのである。官事不摂の官は、もともと臣と同じ意味であり、臣は家内奴隷であった。摂は兼摂の意味で、かけもちのこと。現今でもインドでは上流階級の家庭で召使いが各人、ただ一種類の仕事にしか従事しないから、非常に多くの人数が要るということである。もっともインドではこれがカースト制に結合し、同時にそれが貧民の失業救済に役立っている。しかしどの社会にもインドのようなカースト制に進むべき素因が存在していたのである。

63　**子語魯大師楽曰。楽其可知也。始作翕如也。従之純如也。皦如也。繹如也以成。**

㊀子、魯《ろ》の大師《たいし》に楽《がく》を語りて曰く、楽は其れ知るべきなり。始め作《おこ》すや翕如《きゅうじょ》たり。之に従うこと純如《じゅんじょ》たり。皦如《きょうじょ》たり。繹如《えきじょ》たり、以て成る。

㊅孔子が魯の指揮者たる大師に音楽の話をした。私にも音楽は分る。最初の出だしは翕如、それを受けて純如、今度は急転して皦如、おしまいに繹如としてそれで終りですね。

翕如、純如、皦如、繹如という四種の形容は、今からそれがどんなものであったかを復原することは困難である。ただ言えることは、これが中国に普遍的な四段階で進行する波の形を現わすものであろうという推察である。たとえば絵画に現われる春夏秋冬、詩の絶句に現われる起承転結のリズムである。今の場合、三番目の皦如には何の説明の言葉もついていないのは、それが突然の出現で、絶句の転に当るからだと考えても不当ではあるまい。

なお大師は後世では政府最高級の大官であるが、此処では君主内庭の楽団長にすぎない。孔子の大司寇というのも似たりよったりの存在であったであろう。

64　**儀封人請見曰。君子之至於斯也。吾未嘗不得見也。従者見之。出曰。二三子。何患於喪乎。天下之無道也久矣。天将以夫子為木鐸。**

㊢儀《ぎ》の封人《ほうじん》、見《まみ》えんことを請うて曰く、君子の斯《ここ》に至るや、吾れ未だ嘗《かつ》て得て見えずんばあらず、と。従者、之を見えしむ。出でて曰く、二三子、何ぞ喪《うしな》うを患《うれ》えんや。天下の道なきや久し。天、将に夫子を以て木鐸《ぼくたく》となさんとするなり。

㊟孔子が儀の邑を過《よ》ぎったとき、土地の見まわり役人が面会を求めにきて言った。どなた様でもこの地へおいでになった時は、私の役目がらとして必ずお目にかかることに

しております。そこで従者がとりついで面会させた。役人が退出すると門人たちに言った。各々方は決して不遇をなげくには及びません。天下に道のすたれたことは久しいものでした。しかし天道さまは今やこれを昔に返そうとして、先生を送って警世の鐘をつかそうとしておいでになるのですぞ。

儀は衛に属する邑であるという。当時交通の大道は邑の中を貫いて通っていたので、長い旅をするには必ず、多くの邑の中を通りぬけなければならなかった。封人は国境警備の役人であって、職務として異邦人の身元調査にやってきたのである。君子云云はその際の切り口上で非常に丁寧な言い方。喪は家や位を失うこと。木鐸の鐸は手にもって振りながら歩く鈴で、木鐸はその舌が木で造られているので、穏やかな音を出す。

65　**子謂韶。尽美矣。又尽善也。謂武。尽美矣。未尽善也。**

㊟子、韶《しょう》を謂う。美を尽し、また善を尽せり。武を謂う。美を尽せり、未だ善を尽さず。

㊗孔子が韶の音楽をほめた。美しさも満点、教育的効果も満点だ。武の音楽は、美しさは満点だが、内容の方はもうひとつという所だ。

韶は舜《しゅん》が造ったとされ文の徳をそなえたもの、武は周の武王の作とされ、武の徳を現わしたものとされる。

66　**子曰。居上不寛。為礼不敬。臨喪不哀。吾何以観之哉。**

㊙子曰く、上《かみ》に居りて寛《かん》ならず、礼を為して敬《つつし》まず、喪に臨んで哀《かな》しまずんば、吾れ何を以て之を観んや。

㊗子曰く、最高の責任者、委員長がつっけんどんで、その下の進行係りが失敗だらけ、会葬者がよそよそしいといったんでは、そんな場所にはいたたまれない。

これは葬式の場合について言ったものらしい。現在の日本にだってこういう場合がないとは限らない。

里仁第四（67〜92）

67　**子曰。里仁為美。択不処仁。焉得知。**

㊫子曰く、里は仁《じん》なるを美と為す。択《えら》んで仁に処らずんば、焉《いずく》んぞ知なるを得ん。

㊪子曰く、家を求めるには人気のよい里がいちばんだ、という古語がある。どんなに骨を折って探しても、人気の悪い場所に当ったら、それは選択を誤ったと言うべきだ。

里は邑《むら》の内部の一区画で、周囲に牆壁《しょうへき》をめぐらし、閭門《りょもん》なる門によって出入する。里仁為美は恐らく詩経、または書経に類した古典の中の句であろう。次の二句はこれに対する孔子の解釈であって、必然的に内容が重複している。同じ意味のことを言葉をかえて繰返してある所は、その一方が古語の引用であると見てよい。

68　**子曰。不仁者。不可以久処約。不可以長処楽。仁者安仁。知者利仁。**

㊫子曰く、不仁者《ふじんしゃ》は以て久しく約に処《お》るべからず、以て長く楽しみに処るべからず。仁

者は仁に安《やす》んじ、知者は仁を利とす。

（新）子曰く、慾ばりの不仁者は長く倹約な生活を我慢することができないし、ずうっと平和な生活を続けることもできない。最高の仁者とは仁の境地に達し安心している者のことを言い、次に位する知者とは仁の長所を知ってそれに追及したいと工夫する者のことを言う。

69　**子曰。惟仁者。能好人。能悪人。**

（訓）子曰く、惟《た》だ仁者のみ、能《よ》く人を好み、能く人を悪《にく》む。

（新）子曰く、好むべき人を好み、悪むべき人を悪むことができたなら、それは最高の人格者と言える。

70　**子曰。苟志於仁矣。無悪也。**

（訓）子曰く、苟《いやし》くも仁に志さば、悪むなきなり。

（新）子曰く、いったん修養しようと決心した以上、人を毛嫌いしてはならぬ。

71　**子曰。富与貴。是人之所欲也。不以其道得之。不処也。貧与賤。是人之所悪也。不以其道得之。不去也。君子去仁。悪乎成名。君子無終食之間違仁。造次必於是。顚沛必於是。**

㊟子曰く、富と貴《たっと》きとは是れ人の欲する所なり。其の道を以て之を得しにあらざれば処《お》らざるなり。貧と賤《いや》しきとは是れ人の悪む所なり。其の道を以て之を得しにあらざれば去らざるなり。君子は仁を去りて、悪《いず》くにか名を成さん。君子は終食の間も仁に違うなく、造次《ぞうじ》にも必ず是においてし、顚沛《てんぱい》にも必ず是においてす。

㊪子曰く、財産と地位とは誰しも人の欲しがるものだ。しかし当然の結果としてころがりこんだものでなければ、守る価値がない。貧乏と下賤とは誰しも人の嫌うものだ。しかし当然の結果として落ちこんだのでないと思えるなら、無理にはい上ろうとしないでもよい。諸君は仁に志す修養の実をすてて、何の名誉だけを求められようか。諸君はふとした食事の間も修養を忘れないでいてほしい。咄嗟《とっさ》の場合にも、まさかの際においてもですぞ。

72　**子曰。我未見好仁者。悪不仁者。好仁者。無以尚之。悪不仁者。其為仁矣。不使不**

仁者。加乎其身。有能一日用其力於仁矣乎。我未見力不足者。蓋有之矣。我未之見也。

㊟子曰く、我は未だ仁を好む者、不仁を悪む者を見ず。仁を好む者は以て之に尚《くわ》うるなし。不仁を悪む者は、其れ仁たるなり。不仁者をして其の身に加えしめざればなり。能く一日も其の力を仁に用うるあらんか。我は未だ力の足らざる者を見ず。蓋《けだ》しこれあらんか、我は未だこれを見ざるなり。

㊮子曰く、善行を好み、不道徳を憎むことのできる人間はいたって少ないものだ。善行を好む者はそれだけで申し分がない。不道徳を憎むのは、そのまま一種の善行といえる。少くも不道徳者から影響を蒙ることがないからだ。一日でもいいから思いたって善行に心がけてもらいたいものだ。やって見たが自分の力が足りませんでしたなどとは言わせない。そういう人間がないとは限るまいが、私の目で見た限りは一人もなかった。

73　**子曰。人之過也。各於其党。観過斯知仁矣。**

㊟子曰く、人の過《あやま》ちや、各々其の党《たぐい》においてす。過ちを観て、斯《ここ》に仁《ひと》を知る。

㊮子曰く、人の過失にはそれぞれ癖がある。過失のありようでその人物がわかる。

仁はこの場合は人である。古注の説は仁の字をあくまで仁義の仁に読もうとして、この所を、小人はそれぞれの職業の分野において過失を犯すので、上に立つ君子がそれを判断して宥恕《ゆうじょ》するのが仁である、と解釈する。従来の注釈は論語中の仁字にあまりにも拘泥しすぎる傾向が強い。孔子の教義の中心が仁にあることは間違いないが、さりとて孔子の口から出た凡ての仁は、孔子が常に意識して最高の徳である仁の意味に用いたとするならば、それは行きすぎであろう。仁は時によっては単なる温情であったり、人情であったり、あるいは仁に向っての修養であったり、色々の場合があったと考えるほうが自然である。この場合には新註が古注の無理なのに気付き、あっさり仁を人と読み直しているのがよい。

74　**子曰。朝聞道。夕死可矣。**
㊟子曰く、朝《あした》に道を聞けば、夕《ゆうべ》に死すとも可なり。

㊖子曰く、朝、真理を聞いて満足したなら、夕方に死んでも思い残すことはない(『全集四』四九頁参照)。

75　**子曰。士志於道。而恥悪衣悪食者。未足与議也。**

㊟子曰く、士、道に志して、悪衣悪食を恥ずる者は、与に議《はか》るに足らざるなり。

㊎子曰く、学徒たる身が、いい恰好をしたり、見栄をはったりしたい気が起るようでは、まだ我々の仲間ではない。

76　**子曰。君子之於天下也。無適也。無莫也。義之与比。**
㊟子曰く、君子の天下におけるや、適《てき》なきなり、莫《ばく》なきなり、義をこれ与《とも》に比す。

㊎子曰く、諸君は天下に立って、古語にあるように、平平淡淡、ただ正義に味方する、という風にやってくれ。


無適以下は何か古語の引用と思われる。但し、無適也無莫也の二つの也は、孔子が言葉の調子で添加したものであろう。詩経、書経はもちろん、左伝や礼記にまで、無大無小とか、無反無側とか、無怨無徳とか、無別無義とかのように、無字を二回繰返した例が、数多く見受けられる。この場合は恐らく、無適無莫とあったものが引きのばして引用されたと思われる。このような場合、無の下におかれる字は、互いに相反する意味であることが多い。適莫も、好と悪の意に解される。初めから好む所もなく、悪む所もなく、淡々たる気持が、無適無莫である。与比の比は朋比の比で、味方になって親しむの意。

77　子曰。君子懐徳。小人懐土。君子懐刑。小人懐恵。

㊙子曰く、君子、徳を懐《おも》えば、小人は土を懐い、君子、刑を懐えば、小人は恵を懐う。

㊊子曰く、為政者が徳義に基づき善政に心がければ、人民は土地に安んじて動かぬ。為政者が刑罰を万能にたよれば、人民は欲求不満をおこして逃亡しかねない。

懐恵とは、政府からの恩恵をねだること。為政者側から見れば恩恵であるが、人民側から見れば要求である。その結果がどうなるかと言えば、政府が法律ずくめならば当然要求は通らない。そして最後には人民が土地から逃亡することが考えられる。善政の場合には人民が土地に安んじ、悪政の場合には逃亡するというのが、中国の歴史を通じて普遍な政治観である。懐恵の二字をそこまで訳すのは、もし原文が近世の文章であったなら、明かに訳しすぎである。しかし二千数百年前の古文の場合、まだ表現力の不十分な時代の文章を、現在の人に分るように訳すためにはこの位の言葉を附加することがかえって必要であろう。もちろん多少は原義からはみ出す危険はあるが、何よりもはっきりした意味を伝えたいのが私の立場である（『全集四』一〇三頁参照）。

78　**子曰。放於利而行。多怨。**

(訓)子曰く、利を放《ほし》いままにして行えば、怨みを多くす。

(新)子曰く、見さかいもなく利益を追求すれば、方々から怨まれる。

昔からこういうことがあった。そしてそれが支配階層の顛覆、社会変遷の原動力になった。

79　**子曰。能以礼譲。於為国乎。何有。不能以礼譲為国。如礼何。**

(訓)子曰く、能《よ》く礼譲を以て〔国を為〔おさ〕めんに〕すれば、国を為むるに於いて、何かあらん。能く礼譲を以て国を為めずんば、礼を如何せん。

(新)子曰く、能く礼の精神を用いたなら、一国の政治はいとたやすい。もし礼の精神をもってしても国が治まらないとしたなら、そんな礼が何の役に立つ、と言われても仕方ない。

原文は最初の礼譲の下に於の一字を脱する。もし於の字がなくても句読はここで切り、今読んだように読むことが、苦しいながらも可能であろう（『全集四』一〇六頁参照）。礼譲はいわゆる連文で、同意語を二字重ねて、その共通部分を汲み取る。この場合、礼の意味するところは非常に広いので、その中の譲の意に近い部分、すなわち礼の精神的な面を取り出したものと解せられる。外形的な制度の意味の礼ではないことを、譲の字を加えることによって表わしたかったのであろう。

80　**子曰。不患無位。患〔所〕無以立。不患莫己知。〔求為〕患無可知也。**

(訓)子曰く、位《くらい》無きを患えず、以て立つ〔所以を〕無きを患う。己を知るもの莫《な》きを患えず、知らるべき〔を為すを求む〕無きを患うるなり。

(新)子曰く、地位の無いことは患うるに足らぬ。地位につく能力が無かったらそれこそ問題だ。自分を知るものが無いのは患うるに足らぬ。人に知られる価値が無かったら大へんだ（『全集四』九九頁参照）。

81　**子曰。参乎。吾道一以貫之。曾子曰。唯。子出。門人問曰。何謂也。曾子曰。夫子之道。忠恕而已矣。**

(訓)子曰く、参《しん》や、吾が道は一以て之を貫く。曾子《そうし》曰く、唯《い》。子出《い》づ。門人、問うて曰く、何の謂いぞや。曾子曰く、夫子《ふうし》の道は忠恕《ちゅうじょ》のみ。

㊗孔子曰く、参よ、私の道はただ一筋の道だ。曾子曰く、わかりました。孔子が去ったあと、門人が曾子に尋ねた。どういう意味だったのでしょうか。曾子曰く、孔先生の道は真心の一本道なのだ。

孔子が特に曾子の名だけをよんで、参よ、と言っている所から考えて、次に出てくる門人は、曾子の門人であったと思われる。忠恕は前の礼譲と同じように連文であり、二字をもって一つの意味を表わす。普通にこれを忠と恕の二者と解するが、それでは一以貫之、という言葉と矛盾する。忠の中の恕的な部分、恕、おもいやりの中の忠的な部分、すなわち両語を重ねあわせたとき、共通する部分が忠恕である。もちろん幾何学の作図のようにはいかぬので、訳字は一方にかたよるが、此処では真心と訳した。

82　**子曰。君子喩於義。小人喩於利。**

㊞子曰く、君子は義に喩《さと》り、小人は利に喩る。

㊗子曰く、諸君は正義に敏感であってほしい。利益には鈍感な方がよい（『全集四』一五六頁参照）。

83　**子曰。見賢思斉焉。見不賢而内自省也。**
㊟子曰く、賢を見ては斉しからんことを思い、不賢を見ては内に自ら省みるなり。

㊗子曰く、えらい人間を見たなら、付きあって見習うがよい。悪いやつを見た時は、わがふりを正せ。

84　**子曰。事父母幾諫。見志不従。又敬不違。労而不怨。**
㊟子曰く、父母に事うるには幾諫《きかん》す。志の従わざるを見ては、また敬して違わず。労して怨みず。

㊗子曰く、父母に意見するには遠まわしに言うものだ。言うことが聞きいれられなくても、そっとしておいて反抗するな。そのためいやな用事ができても不服そうな顔をするな。

85　**子曰。父母在。不遠遊。遊必有方。**
㊟子曰く、父母在《いま》せば、遠くに遊ばず。遊ぶには必ず方あり。

㊗子曰く、父母の存命中は、用もないのに遠出はしない。出歩く時にはいつも行先をつ

げる。

論語の中に遊という字は三、四回しか出てこないが、いずれも佚遊《いつゆう》の遊の意味に用いられている。この場合の遠遊の遊も恐らく遊山に出かける位の意味で、大旅行の意味ではあるまい。だからもし用事があれば、どんなに遠くへ旅に出ても構わない。民国初年の思想革命時期に、孔子思想の封建性が攻撃の的となり、父母在不遠遊では外国へ留学も出来ない、などと非難されたが、これは恐らくあまりに考えすぎたのであろう。現に孔子に従って諸国を彷徨《さまよ》った弟子たちの中には、なおその父母が在世中であった者もいたに違いない。

86　**子曰。三年無改於父之道。可謂孝矣。**

㊟子曰く、三年、父の道を改むるなきは、孝と謂うべし。

㊕子曰く、(喪に服する)三年間は父が行ってきたレールを守って改めない。それができたら孝といってよい。

87　**子曰。父母之年。不可不知也。一則以喜。一則以懼。**

㊟子曰く、父母の年は知らざるべからざるなり。一には以て喜び、一には以て懼《おそ》る。

㊪子曰く、父母の年はいつも念頭になければならぬ。一にはその長寿を喜び、一にはその老衰を懸念する。

88　**子曰。古者。言之不出。恥躬之不逮也。**
㊫子曰く、古は、之を言わんとして出ださず。躬《みずから》の逮《およ》ばざるを恥ずればなり。

㊪子曰く、古語に、之を言わんとして出ださず、とあるのは、実行が言葉に及ばぬことを恥ずるという意味だ。

89　**子曰。以約失之者鮮矣。**
㊫子曰く、約を以て之を失う者は鮮《すく》なし。
㊪子曰く、逆境におかれたために大失敗することは滅多にない。

90　**子曰。君子欲訥於言。而敏於行。**
㊫子曰く、君子は言に訥《とつ》にして、行いに敏ならんことを欲す。
㊪子曰く、諸君は口数を少なくし、実行は人に先がけてやってほしい。

91　**子曰。徳不孤。必有鄰。**

㊙子曰く、徳は孤《こ》ならず、必ず鄰《となり》あり。

㊜子曰く、修養に心がければ、匿れてやっていても、必ず仲間ができてくる。

92　**子游曰。事君数。斯辱矣。朋友数。斯疏矣。**

㊙子游曰く、君に事《つか》えて数《しばしば》すれば、斯《ここ》に辱められ、朋友に数すれば、斯に疏《うと》んぜらる。

㊜子游曰く、君に仕えてしつこくしすぎると、腹を立てられる。朋友に対してしつこくしすぎると、嫌われる。

公冶長第五（93～119）

93 子謂公冶長。可妻也。雖在縲紲之中。非其罪也。以其子妻之。子謂南容。邦有道不廢。邦無道免於刑戮。以其兄之子妻之。

(訓)子、公冶長《こうやちょう》を謂う。妻《め》あわすべきなり。縲紲《るいせつ》の中に在りと雖《いえど》も其の罪に非ざるなり、と。其の子《こ》を以て之に妻あわす。子、南容《なんよう》を謂《い》う。邦に道あれば廃せられず、邦に道なきも、刑戮《けいりく》より免かる、と。其の兄の子を以て之に妻あわせたり。

(新)孔子が公冶長について言った。彼は婿にしていい青年だ。いま未決監に収容されているが、無実の罪で嫌疑を受けただけだ、と。自分の娘と結婚させた。孔子がまた南容について言った。世の中が治まっている時には重く用いられ、世の中が乱れた時でも、刑罰にひっかからない人物だ、と。自分の兄の娘と結婚させた（『全集四』五八頁参照）。

94 子謂子賤。君子哉若人。魯無君子者。斯焉取斯。

(訓)子、子賤《しせん》を謂《い》う。君子なるかな、若《かくのごと》きの人。魯《ろ》に君子者なくんば、斯《こ》れ焉《いずく》にか斯れを取らんや。

(新)孔子が子賤について言った。文句なしに君子といえる立派な人だ。しかし魯の国にその仲間になるような君子が居なかったとしたらどうだろう。それは古語に言うように、斯の人がどうして斯の人になり得ただろうか。

斯焉取斯は恐らく古語。最初と最後に同じ斯字をおくのは一種の語呂である。37　52を参照。

95　**子貢問曰。賜也何如。子曰。女器也。曰。何器也。曰。瑚璉也。**

(訓)子貢《しこう》、問いて曰く、賜《し》や何如《いかん》。子曰く、女《なんじ》は器なり。曰く、何の器ぞや。曰く、瑚璉《これん》なり。

(新)子貢が尋ねた。私について教えて下さい。子曰く、お前は役に立つ男だな。曰く、どんな役に立ちましょうか。曰く、大切なまつりごとには欠かせぬ人間だ。

瑚璉は宗廟の祭に飯を盛って供える器であるという。祭政一致の建前の時代であるから、祭に役立つものは、政事にも役立つのである。

96 或曰。雍也仁而不佞。子曰。焉用佞。禦人以口給。屢憎於人。不知其仁。焉用佞。

(訓)或るひと曰く、雍《よう》や、仁《じん》にして佞《ねい》ならず。子曰く、焉《いずく》んぞ佞なるを用いん。人を禦《ふせ》ぐに口給《こうきゅう》を以てすれば、屢《しば》しば人に憎まる。其の仁なるを知らず、焉んぞ佞なるを用いん。

(新)或るひとが仲弓《ちゅうきゅう》について言った。雍は立派な人物で、仁と言ってもいいほどですが、惜しいことに利巧さが足りない。子曰く、利巧になれとはとんでもない。人と言い争って利巧に応対するのは、結局人に憎まれるのが落ちだ。彼が仁であるかは別問題として、利巧になれなどとはとんでもない話だ。

不知其仁焉用佞の句は、文章の勢いとしては、どうしても知を如と改めて、其の仁なるに如かず、焉んぞ佞を用いん、と読みたいところである。其仁とは、仁を限定して、君のいうところの仁の意。それだけで十分だ、佞の方は真っ平、ごめんを蒙る、としたいのであるが、なお古文の用例を探してから結論を出したい。

97 子使漆雕開仕。対曰。吾斯之未能信。子説。

㊙子、漆雕開《しっちょうかい》をして仕えしめんとす。対《こた》えて曰く、吾れは斯れをこれ未だ信ずる能《あた》わず、と。子、説《よろこ》ぶ。

㊍孔子が漆雕開に仕官を勧めた。彼は辞退して、自分はまだ十分な自信がありません、と言った。珍しく孔子が悦に入った。

98　**子曰。道不行。乗桴浮于海。従我者其由与。子路聞之喜。子曰。由也好勇過我。無所取材。**

㊙子曰く、道行われず。桴《いかだ》に乗りて海に浮ばん。我に従う者は其れ由《ゆう》なるか。子路《しろ》、これを聞いて喜ぶ。子曰く、由や勇を好むこと我に過ぐ。材《よろしき》を取る所なし。

㊍孔子曰く、この世の中は絶望だな。筏に乗って海へこぎ出そうか。ついてくる者は由ひとりかな。子路がそれを聞いて威張りだした。子曰く、由の向う見ずなのは私以上だ。適度に立ち止まることを知らない。

99　**孟武伯問。子路仁乎。子曰。不知也。又問。子曰。由也。千乗之国。可使治其賦也。不知其仁也。求也何如。子曰。求也。千室之邑。百乗之家。可使為之宰也。不知其仁**

也。赤也何如。子曰。赤也束帯立於朝。可使与賓客言也。不知其仁也。

訓 孟武伯《もうぶはく》問う、子路《しろ》は仁なるか。子曰く、知らざるなり。又問う。子曰く、由《ゆう》や、千乗の国に其の賦《ふ》を治めしむべきなり。其の仁なるを知らず。求《きゅう》や何如《いかん》。子曰く、求や、千室の邑《ゆう》、百乗の家に、之が宰たらしむべし。其の仁なるを知らず。赤《せき》や何如。子曰く、赤や、束帯《そくたい》して朝《ちょう》に立ち、賓客と言わしむべきなり。其の仁なるを知らず。

新 孟武伯が尋ねた。子路は最高の人物、仁者と言えますか。孔子曰く、知りませんね。重ねて聞くと、子曰く、由は第一級の大国、戦車千乗出せる国の軍備を司らせてもよい。しかし仁者というのはどうですか。次に冉求《ぜんきゅう》のことを尋ねた。子曰く、求は戸数が千戸の都市の代官、戦車百乗の小国の奉行となれましょう。しかし仁者というのはどうですか。次に公西華のことを尋ねた。子曰く、赤は礼服を着て朝廷に出仕させ、外交折衝に当らせることはできる。しかし仁者というのはどうですか。

100 **子謂子貢曰。女与回也孰愈。対曰。賜也何敢望回。回也聞一以知十。賜也聞一以知二。子曰。弗如也。吾与女弗如也。**

訓 子、子貢《しこう》に謂いて曰く、女《なんじ》と回《かい》と孰《いず》れか愈《まさ》れる。対えて曰く、賜《し》や、何ぞ敢て回を望まん。回や、一を聞いて以て十を知る。賜や、一を聞いて以て二を知るのみ。子曰く、如かざるなり。吾れ女と与に如かざるなり。

(新)孔子が子貢に言った。お前と顔回とはどちらが上か。対えて曰く、回は私などの到底及びもつかぬ男です。回は一を聞けば十を悟るのに、私は一を聞いて二を悟るだけです。子曰く。その通り。お前だけでない、私も及ばぬのだ。

101　**宰予昼寝。子曰。朽木不可雕也。糞土之牆。不可杇也。於予与何誅。子曰。始吾於人也。聴其言而信其行。今吾於人也。聴其言而観其行。於予与改是。**

(訓)宰予《さいよ》、昼寝《ひるい》ぬ。子曰く、朽木《きゅうぼく》は雕《ほ》るべからず。糞土《ふんど》の牆《かき》は杇《ぬ》るべからず。予に於いてか、何をか誅《せ》めん。子曰く、始め吾れ、人に於いてや、其の言を聴きて其の行いを信じたりき。今吾れ、人に於いてや、其の言を聴きて其の行いを観る。予に於いてか、是を改めたり。

(新)宰予が昼寝した。子曰く、朽ちたる木では雕刻《ちょうこく》にならぬ。腐植土を積んだ垣根では上塗りができぬ。予に教えるのはもうあきらめた。孔子がまた言った。始めのうち私は人に対して、その言うことを聞けば、それがそのまま実行されているものと信じた。

だが今の私は、人が言うのを聞いたあと、それが果して実行されるかどうかを観察することにしている。私は予に懲りてから方針を変えたのだ。
昼寝は休憩の時間に、居眠りをしたくらいでなく、蒲団を着て寝こんでしまったのであろう。彼は疲れたら寝るという合理主義者である。ところが孔子には、厳格なストイシズムの一面がある。ひどく宰予を非難したが、二つの主義の衝突は455においても見られる。糞土は恐らく作物栽培用の土、すなわちただの畑の土で、これには肥料のために腐植物がすきこんである。牆垣のためには密着力の強い粘土で築き固めなければならぬ。

102　**子曰。吾未見剛者。或対曰申棖。子曰。棖也慾。焉得剛。**

㊙子曰く、吾れは未だ剛なる者を見ず。或るひと対えて曰く、申棖《しんとう》あり。子曰く、棖《とう》や慾あり、焉《いずく》んぞ剛なるを得ん。

㊖子曰く、しんの強い人は居ないものだな。或るひと対えて曰く、申棖はどうです。子曰く、棖はまだ慾が抜けきらぬ。しんの強いはずはない。

103　**子貢曰。我不欲人之加諸我也。吾亦欲無加諸人。子曰。賜也非爾所及也。**

㊙子貢《しこう》曰く、我は人のこれを我に加うるを欲せざるや、吾れも亦たこれを人に加うるなからんと欲す。子曰く、賜《し》や、爾《なんじ》の及ぶ所に非ざるなり。

㊟子貢曰く、私は人から迷惑をかけられるのを好まぬのと同じように、人にも迷惑をかけたくないと思います。子曰く、賜や、それは今のお前には出すぎた願いだ。

104　**子貢曰。夫子之文章。可得而聞也。夫子之言性与天道。不可得而聞也。**

㊙子貢《しこう》曰く、夫子《ふうし》の文章は得て聞くべきなり。夫子の性と天道とを言うは、得て聞くべからざるなり。

㊟子貢曰く、先生の生活の哲学は、これまでいつも教えを受けてきたが、先生の性命論と宇宙論とは、ついぞ伺ったことがない。

105　**子路有聞。未之能行。唯恐有聞。**

㊙子路《しろ》は聞くことありて、未だこれを能く行わざれば、唯だ聞くあらんことを恐る。

㊟子路は教えられて、まだそれを実行できない間は、更に新しいことを教えられはせぬかと、びくびくしていた。

106　**子貢問曰。孔文子。何以謂之文也。子曰。敏而好学。不恥下問。是以謂之文也。**

㊟子《し》貢《こう》、問うて曰く、孔文子《こうぶんし》は、何を以てか之を文と謂うや。子曰く、敏にして学を好み、下問を恥じず。是を以て之を文と謂うなり。

㊫子貢が尋ねた。孔文子は何故に文と諡《おくりな》されたのですか。子曰く、彼は機会さえあればとびついて学問にひたり、部下からの忠言を進んで求めた。その点で文と諡する価値があったのだ。

107　**子謂子産。有君子之道四焉。其行己也恭。其事上也敬。其養民也恵。其使民也義。**

㊟子、子産を謂う。君子の道、四あり。其の己を行うや恭。其の上に事うるや敬。其の民を養うや恵あり。其の民を使うや義あり。

㊫孔子が子産について、政治家として好ましい徳が四つあると言った。その態度は謙遜で、君主に仕えるに気を張りつめ、人民を治めるに恵み深く、人民を使役するに節度を知った。

108　**子曰。晏平仲。善与人交。久而人敬之。**

(訓)子曰く、晏平仲《あんぺいちゅう》は善く人と交わる。久しくして人これを敬す。

(新)子曰く、晏平仲は交際の妙諦を知った人だ。長い付きあいの人ほど彼を尊敬した。

109　**子曰。臧文仲。居蔡山節藻梲。何如其知也。**

(訓)子曰く、臧文仲《ぞうぶんちゅう》は、蔡《さい》を居《お》き、節に山《さん》し、梲《せつ》に藻《そう》す。何如《いか》んぞ其れ知ならんや。

(新)子曰く、臧文仲は(天子の真似をして)、占卜用の亀甲を貯え、居宅の柱頭に山の形を彫り、梁《はり》の梲《うだつ》に藻の装飾を画いた。知者だそうだが私は信じない。

110　**子張問曰。令尹子文。三仕為令尹。無喜色。三已之。無慍色。旧令尹之政。必以告新令尹。何如。子曰。忠矣。曰。仁矣乎。曰。未知。焉得仁。崔子弑斉君。陳文子有馬十乗。棄而違之。至於他邦。則曰。猶吾大夫崔子也。違之。之一邦。則又曰。猶吾大夫崔子也。違之。何如。子曰。清矣。曰。仁矣乎。曰。未知。焉得仁。**

(訓)子張、問うて曰く、令尹子《れいいんし》文《ぶん》は三たび仕えて令尹となりて喜色なし。三たび之を已《や》めて慍《いか》る色《いろ》なし。旧令尹の政は必ず以て新令尹に告ぐ。何如《いかん》ぞや。子曰く、忠なり。曰く、仁なるか。曰く、未だ知ならず、焉《いずく》んぞ仁なるを得ん。崔子《さいし》、斉君《せいくん》を弑《しい》す。陳文《ちんぶん》子《し》、馬十乗あり。棄てて之を違《さ》り他邦に至る。則ち曰く、猶《な》お吾が大夫《たいふ》崔子のごときあり、と。之を違る。一邦に之《ゆ》く。則ちまた曰く、猶お吾が大夫崔子のごときあり、と。之を違る。何如ぞや。子曰く、清なり。曰く、仁なるか。曰く、未だ知ならず、焉んぞ仁なるを得ん。

(新)子張が尋ねた。楚の宰相たる令尹の子文は三たび登用されて令尹となったが、嬉しそうなふうもなく、三たび罷められたが、むくれた顔をしなかった。交代の時にはこれまでのやり方を残らず新任者に告げて事務引継ぎを行った。これは何と評価してよいでしょうか。子曰く、律義者だな。曰く、仁者といえませんか。子曰く、まだ知者の段階に達しない。仁者なものか。次に尋ねた。斉の家老の崔子がその君主を弑した時、陳文子は四十頭の馬、その他の財産をそっくり残して立ち去った。ところが他国へ行くと、此処にもやはり、わが国の崔子のような家老が居る、と言って立ち去った。次に行った国でも、此処にもやはり、わが国の崔子のような家老が居る、と言って立ち去った。これはどうですか。子曰く、潔癖だな。曰く、仁者と言えませんか。曰く、まだ知者の段階に達しない。仁者なものか。

111　**季文子。三思而後行。子聞之曰。再斯可矣。**

㊂季文子《きぶんし》、三思して後に行う。子、これを聞いて曰く、再びすれば斯《ここ》に可なり。

㊍季文子は何事にも三度思案してから実行にかかった。孔子がそれを聞いて言った。二度ぐらいでよかろう。

112　**子曰。甯武子。邦有道則知。邦無道則愚。其知可及也。其愚不可及也。**

㊂子曰く、甯武子《ねいぶし》は、邦に道あれば則ち知、邦に道なければ則ち愚。其の知は及ぶべし。其の愚は及ぶべからざるなり。

㊍子曰く、甯武子は、国がよく治まっている時は知者でとおり、国がみだれている時には愚者と見られた。知者でとおった方の真似はたやすいが、愚者と見られた方は誰にも真似できぬ芸当だ。

113　**子在陳曰。帰与帰与。吾党之小子狂簡。斐然成章。不知所以裁之。**

㊂子、陳《ちん》に在りて曰く、帰らんかな、帰らんかな。吾が党の小子、狂簡《きょうかん》にして、斐然《ひぜん》と

して章を成すも、これを裁《さい》する所以《ゆえん》を知らず。

(新)孔子が旅先きの陳で言った。帰ろうかな、帰るとしよう。魯国に残してきた若者たちは理想にもえてやる気十分。美事な絹を織りあげながら、裁《た》ち方を知らずにいるらしい。

114　**子曰。伯夷叔斉。不念旧悪。怨是用希。**
(訓)子曰く、伯夷《はくい》、叔斉《しゅくせい》は、旧悪を念《おも》わず。怨み、是をもって希《まれ》なり。

(新)子曰く、伯夷、叔斉は古い悪因縁を忘れようとつとめた。だから怨む心を起さずにすんだ。

115　**子曰。孰謂微生高直。或乞醯焉。乞諸其隣而与之。**
(訓)子曰く、孰れか微生高《びせいこう》を直しと謂うや。或るひと醯《す》を乞いしに、これを其の隣りに乞うてこれに与えたり。

(新)子曰く、微生高が正直者だなどいう評判はあてにならない。或るひとが酢を貰いに行くと、彼はその隣から貰ってきて、自分の物のような顔をして与えたそうだ。

116　**子曰。巧言令色足恭。左丘明恥之。丘亦恥之。匿怨而友其人。左丘明恥之。丘亦恥之。**

(訓)子曰く、巧言、令色、足恭《しゅきょう》なるは、左丘明《さきゅうめい》これを恥ず。丘《きゅう》も亦たこれを恥ず。怨みを匿して其の人を友とするは、左丘明これを恥ず。丘も亦たこれを恥ず。

(新)子曰く、猫なで声、追《つい》しょう笑い、揉み手割り腰は、左丘明の恥ずる所であったし、この私も恥とする。敵意を抱きながら親友らしく付合うのは、左丘明の恥ずる所であったし、この私も恥とする。

117　**顔淵季路侍。子曰盍各言爾志。子路曰。願車馬衣〔軽〕裘。与朋友共。敝之而無憾。顔淵曰。願無伐善。無施労。子路曰。願聞子之志。子曰。老者安之。朋友信之。少者懐之。**

(訓)顔淵《がんえん》、季路《きろ》侍す。子曰く、盍《な》んぞ各々爾《なんじ》が志を言わざる。子路《しろ》曰く、願わくは車馬衣《い》裘《きゅう》を、朋友と共にし、これを敝《やぶ》りて憾《うら》むなからん。顔淵曰く、願わくは善に伐《ほこ》るなく、労を施しすることなからん。子路曰く、願わくは子の志を聞かん。子曰く、老者はこれを安んじ、朋友はこれを信じ、少者はこれを懐《なつ》けん。

㊔顔淵と季路とが左右に侍《はんべ》っていた。子曰く、どうだね、お前たちの日頃の志を言ってみては。子路曰く、私は外出用の車馬、衣服、外套を友達に貸して、使いつぶされても惜しいと思わぬような交際をしたいと思います。顔淵曰く、私は驕って独りよがりにならぬよう、少しの骨折りで恩を売ることのないようにと心掛けています。子路曰く、今度は先生の理想をお聞かせ下さい。子曰く、老人たちには不安をなくし、同輩は互いに信じあい、若者たちには出来るだけ面倒を見てやりたい(『全集四』一一〇頁参照)。

118 **子曰。已矣乎。吾未見能見其過。而内自訟者也。**

㊩子曰く、已《や》んぬるかな。吾れは未だ、能く其の過ちを見て内に自ら訟《せ》むる者を見ず。

㊔子曰く、つくづくいやになったね。自分の犯した過ちに気付いて自ら咎める人が、どこにも居ないではないか。

119 **子曰。十室之邑。必有忠信如丘者焉。不如丘之好学也。**

㊙子曰く、十室の邑《ゆう》に、必ずや忠信の丘《きゅう》の如き者あらん。丘の学を好むに如かざるなり。

㊛子曰く、どんな僻地の小邑《こむら》でも、ひとりぐらいは私のような律義ものが居るものだ。しかし私のような学問好きは滅多にいないだろう。

雍也第六（120〜147）

120 **子曰。雍也可使南面。仲弓問子桑伯子。子曰。可也〔。〕簡。仲弓曰。居敬而行簡。以臨其民。不亦可乎。居簡而行簡。無乃大簡乎。子曰。雍之言然。**

(訓)子曰く、雍《よう》や南面《なんめん》せしむべし。仲弓《ちゅうきゅう》、子《し》桑伯子《そうはくし》を問う。子曰く、〔可なり。簡なればなり。〕可や簡なり。仲弓曰く、敬に居りて簡を行い、以て其の民に臨むは、亦た可ならずや。簡に居りて簡を行うは、乃ち大《はなは》だ簡なるなからんや。子曰く、雍の言うこと然り。

(新)子曰く、雍なら地方長官がつとまる。その雍＝仲弓が子桑伯子のことを尋ねた。子曰く、可《か》はおおまかな人間だ。仲弓曰く、本質が謹直で、表面おおまかにして人民を治めるなら、それはそれでよいと思います。本質がおおまかで、外面もまたおおまかでは、あんまりおおまかすぎて粗略になりはしませんでしょうか。子曰く、お前のいう通りだ（『全集四』一二二頁参照）。

121　**哀公問。弟子孰為好学。孔子対曰。有顔回者好学。不遷怒。不弐過。不幸短命死矣。今也則亡。未聞好学者也。**

㊀哀公《あいこう》問う、弟子《ていし》孰《た》れか学を好むとなす。孔子対えて曰く、顔回《がんかい》なる者ありて学を好みたり。怒りを遷《うつ》さず、過ちを弐《ふたた》びせず。不幸、短命にして死せり。今や則ち亡《な》し。未だ学を好む者あるを聞かざるなり。

㊁魯の哀公が尋ねた。弟子の中で誰が学問好きですか。孔子対えて曰く、顔回なる者があって好学でした。自分の不愉快を人に感じさせません。同じ過失を二度と繰返しませんでした。不幸にも短命で亡くなりました。それっきりです。それから後は、学問好きという人についぞめぐりあいません。

122　**子華使於斉。冉子為其母請粟。子曰。与之釜。請益。曰。与之庾。冉子与之粟五秉。子曰。赤之適斉也。乗肥馬。衣軽裘。吾聞之也。君子周急不継富。原思為之宰。与之粟九百。辞。子曰。毋以与爾隣里郷党乎。**

㊀子華《しか》、斉《せい》に使いす。冉子《ぜんし》、其の母の為に粟《ぞく》を請う。子曰く、これに釜《ふ》を与えよ。益さ

んことを請う。曰く、これに庾《ゆ》を与えよ。冉子、これに粟五秉《へい》を与う。子曰く、赤《せき》の斉に適《ゆ》くや、肥馬に乗じ、軽裘《けいきゅう》を衣《き》る。吾れはこれを聞く。君子は急を周《すく》うて富めるに継がず、と。原思《げんし》、これが宰たり。これに粟九百を与う。辞す。子曰く、以て爾が隣里郷党に与うる毋《な》からんや。

㊂子華＝赤が斉の国へ使いに出された。冉子がその母に留守宅手当を下されたいと願った。子曰く、十日分の食糧、一釜《ふ》を与えるがよい。冉子がもう少し多くをと願った。子曰く、二倍の一庾《ゆ》を与えるがよい。冉子はそれでも少なすぎると思って独断で、更に五十倍に当る五秉《へい》を与えた。孔子がそれを聞いて言った。私の予想どおり、赤が斉へ行った時は、肥えた馬四頭に車をひかせ、ふわふわした毛の外套を着て行ったそうではないか。上に立つ者としては困窮者を支援するにつとめ、金持ちに追い銭を与えるな、ということを私は常々教わっている。また原憲が孔子の会計係りになった時、手当として穀物九百(石?)を与えることにした。多過ぎると辞退すると、子曰く、余ったならお前の隣り近所、町内の知りあいに与えたらどんなものかね。

123　**子謂仲弓曰。犂牛之子。騂且角。雖欲勿用。山川其舍諸。**

(訓)子、仲弓《ちゅうきゅう》を謂いて曰く、犂牛《りぎゅう》の子、騂《あか》くして且つ角《つの》あらば、用いるなからんと欲すと雖も、山川、それこれを舎《お》かんや。

(新)子は仲弓について言った。労役用の雑種の牛の子でも、毛並みがつやつやとして赤く、その上に立派な角があったなら、人間はそれを惜しいと思っても、山川の神もちゃんと知っていて、此方への捧げものにと、必ずお召しになる。

124　**子曰。回也。〔其心〕甚三月不違仁。其余。則日月至焉而已矣。**

(訓)子曰く、回《かい》や〔其の心〕甚〔おし〕うること三月、仁に違わずなりぬ。其の余は則ち日に月に至りしのみ。

(新)子曰く、顔回は教えはじめてから三月すると、もう仁の徳に違う行為がないようになった。その他の徳は、一日、一月で卒業してしまった（『全集四』八八頁参照）。

125　**季康子問。仲由可使従政也与。子曰。由也果。於従政乎何有。曰。賜也可使従政也与。曰。賜也達。於従政乎何有。曰。求也可使従政也与。曰。求也芸。於従政乎何有。**

(訓)季《き》康子《こうし》、問う、仲由《ちゅうゆう》は政に従わしむべきか。子曰く、由《ゆう》や果《か》なり。政に従うに於いて何かあらん。曰く、賜や政に従わしむべきか。曰く、賜や達なり。政に従うに於いて何かあらん。曰く、求や政に従わしむべきか。曰く、求や芸あり。政に従うに於いて何かあらん。

㊪季康子が尋ねた。仲由は政治が任せられますか。子曰く、由は決断力がある。政治などは何でもない。曰く、賜は政治が任せられますか。曰く、賜は先のことが見える。政治などは何でもない。曰く、求は政治が任せられますか。曰く、求は教養がある。政治などは何でもない（『全集四』一〇七頁参照）。

126　**季氏使閔子騫為費宰。閔子騫曰。善為我辞焉。如有復我者。則吾必在汶上矣。**

㊫季氏、閔子騫《びんしけん》をして費の宰たらしめんとす。閔子騫曰く、善く我が為にこれを辞せ。如し我に復《ふた》たびする者《こと》あらば、吾は必ず汶《ぶん》の上《ほとり》にあらん。

㊪季氏が閔子騫を費の邑の代官に任命しようとした。閔子騫はその使いに向って言った。私に代って上手に辞退して下さい。もし貴方が同じ使いを二度つとめなさるならば、私はお会いせずに国境の汶水を渡っておりましょう。

127　**伯牛有疾。子問之。自牖執其手。曰。亡之。命矣夫。斯人也而有斯疾也。斯人也而有斯疾也。**

㊟伯牛《はくぎゅう》、疾あり。子これを問い、牖《まど》より其の手を執る。曰く、之を亡《うしな》わん。命《めい》なるかな。斯の人にして斯の疾あり。斯の人にして斯の疾あらんとは。

㊟伯牛が重病にかかった。孔子が見舞いに行ったが、(伝染を慮《おもんぱか》って)窓から手をさしのべて堅く長い握手をしてかえった。曰く、もう駄目か。なんという運命だ。こんな立派な人がこんな病気とは。こんな立派な人がこんな病気にかかるとは。

執は執念、執拗の執で、固く握って離さないこと。命はすなわち天命であるが、ここではまだ正義の原理にも革命の原理にもなっておらず、かえって不可知な神秘力であって、むしろあきらめの原理に近い(『全集四』一六八頁参照)。

128　**子曰。賢哉回也。一簞食。一瓢飲。在陋巷。人不堪其憂。回也不改其楽。賢哉回也。**

㊟子曰く、賢なるかな回《かい》や。一簞《たん》の食《し》、一瓢《ぴょう》の飲《いん》、陋巷《ろうこう》に在り。人は其の憂えに堪えず。回や其の楽しみを改めず。賢なるかな回や。

㊟子曰く、顔回は頼母しい。一碗の飯を食い、水筒いっぱいの水を飲み、路地の奥の長

屋住いだ。他人なら不平だらだらに暮すところだが、回は少しも気にかけずにいたって楽しそうだ。あれは大したものだ。

129 **冉求曰。非不説子之道。力不足也。子曰。力不足者。中道而廢。今女画。**

(訓)冉求《ぜんきゅう》曰く、子《し》の道を説《よろこ》ばざるには非ず。力足らざるなり。子曰く、力の足らざる者は、中道にして廃す。今、女《なんじ》は画《かぎ》る。

(新)冉求曰く、私は先生の行き方に賛成しないのではありませんが、どうも力が足りないでついて行けそうもありません。子曰く、本当に力が足らぬ人なら途中で落伍する。いまお前は初めから見切りをつける。

130 **子謂子夏曰。女為君子儒。無為小人儒。**

(訓)子、子夏《しか》に謂いて曰く、女《なんじ》、君子の儒《じゅ》と為《な》れ。小人の儒と為るなかれ。

(新)孔子が子夏に言った。お前たちは気高い学者になりたまえ。卑屈な学者にはなりたもうな(『全集四』一五五頁参照)。

131　**子游為武城宰。子曰。女得人焉耳乎。曰。有澹台滅明者。行不由径。非公事。未嘗至於偃之室也。**

㊙子《し》游《ゆう》、武城《ぶじょう》の宰となる。子曰く、女《なんじ》、人を得たるか。曰く、澹台滅明《たんだいめつめい》なる者あり。行くに径《こみち》に由らず。公事に非ざれば、未だ嘗て偃《えん》の室に至らざるなり。

㊝子游が武城の邑の代官となった。子曰く、誰か立派な部下ができたかね。曰く、澹台滅明という人が居ます。本道をはずれて近道をくぐりぬけることをしません。公用以外に私の私宅へ尋ねてきたことがありません。

132　**子曰。孟之反不伐。奔而殿。将入門。策其馬曰。非敢後也。馬不進也。**

㊙子曰く、孟之《もうし》反《はん》、伐《ほこ》らず。奔《はし》りて殿《でん》す。将《まさ》に門に入らんとす。其の馬に策《むち》うちて曰く、敢て後れたるに非ず。馬、進まざりしなり。

㊝子曰く、孟之反という人間は、はにかみやだ。敗けいくさの時に殿《しんがり》をつとめた。城門までたどりついた時、急に馬車の馬に策をあてて叫んだ。殿をつとめようと買って出たのではない。こいつらの足が遅かったのだ。

133　**子曰。不有祝鮀之佞。而有宋朝之美。難乎免於今之世矣。**

㊀子曰く、祝鮀《しゅくだ》の佞《ねい》あらずして、宋朝の美あらば、難《かた》いかな、今の世に免れんこと。

㊁子曰く、衛の国で有名な祝鮀のような弁才を持たずに、宋朝のような美貌を持ったなら、どんな不幸な身の上になるか知れない。

従来の解釈はこれを衛の国の運命のこととして、祝鮀の弁才によって宋朝の害毒を制御するのでなかったら、国が滅びていたかも知れない、と文章以上の意味を付け加える。しかしここはやはり、美貌が仇になる個人の運命を言ったものであろう。

134　**子曰。誰能出不由戸。何莫由斯道也。**

㊀子曰く、誰か能く出づるに戸に由らざらん。何ぞ斯《こ》の道に由る莫《な》きや。

㊁子曰く、出入りするのに出入り口を通らぬ人はない。何故、私たちのこの道を通ろうとする人がいないのだろう。

135　**子曰。質勝文則野。文勝質則史。文質彬彬。然後君子。**

㊀子曰く、質、文に勝れば野、文、質に勝れば史、文質彬彬《ひんぴん》として、然る後に君子なり。

㊂子曰く、実質があっても文飾を欠けばそれは野人だ。文飾だけを知って実質のないのは代筆屋だ。文飾も実質も具わり、彬彬として見所があって、始めて教養ある君子といえる。

136　**子曰。人之生也直。罔之生也幸而免。**

㊅子曰く、人の生るるや直し。これを罔《なみ》して生くるや、幸いにして免れんのみ。

㊂子曰く、人間は正直に生れついたものだ。それを無視して曲った生活をする者が、無事に過ごせたら、それは僥倖というものだ。

137　**子曰。知之者。不如好之者。好之者。不如楽之者。**

㊅子曰く、これを知る者はこれを好む者に如かず。これを好む者は、これを楽しむ者に如かず。

㊂子曰く、理性で知ることは、感情で好むことの深さに及ばない。感情で好むことは、全身を打ちこんで楽しむことの深さに及ばない。

138　**子曰。中人以上。可以語上也。中人以下。不可以語上也。**

㊟子曰く、中人《ちゆうじん》以上は以て上《かみ》を語るべきなり。中人以下は以て上を語るべからず。

㊎子曰く、普通以上の人間ならば、一流の人物の価値が理解できる。普通以下の人間には、全然分りっこない。

この条の語上の上は、人を指すか、事を指すかで意見が分れる。しかし中人が主語となっている以上、上は上人と解するのが自然であろう。するとあまりに人間を差別しすぎるようで、面白くない、特に現代向きでないという考えから、多くは事で納めようとする。すなわち中人以下には上等な事柄を話しても分らない、という解釈の方が多く行われる。しかし実際にはそのような心配はいらぬのではないか。中人以下をもって自任する人はもちろん、自から中人のあたりで満足する人もほとんどあるまいからである。

139　**樊遅問知。子曰。務民之義。敬鬼神而遠之。可謂知矣。問仁。曰。仁者先難而後獲。可謂仁矣。**

㊟樊遅《はんち》、知を問う。子曰く、民の義を務め、鬼神を敬してこれを遠ざく。知と謂うべし。仁を問う。曰く、仁者は難きを先にして獲《う》るを後にす。仁と謂うべし。

㊗樊遅が知者のやり方を聞いた。子曰く、人民が正義とする所を尊重する。鬼神とかの信仰問題には慎重な態度をとって深入りしない。それが知者のやり方だ。次に仁者のやり方を尋ねた。子曰く、仁者は困難な問題に率先してぶつかるが報酬を期待しない。それが仁者というものだ。

140　**子曰。知者楽水。仁者楽山。知者動。仁者静。知者楽。仁者寿。**

㊟子曰く、知者は水を楽しみ、仁者は山を楽しむとあり。知者は動き、仁者は静かなり。知者は楽しみ、仁者は寿《いのち》ながし。

㊗子曰く、知者は水を楽しみ、仁者は山を楽しむ、という諺は全くその通りだ。知者は運動が好きで、仁者は安静が好きなのだ。知者は目前を楽しく暮す方法を知り、仁者は長寿の秘訣を知っている。

141　**子曰。斉一変。至於魯。魯一変。至於道。**

㊟子曰く、斉《せい》、一変すれば魯《ろ》に至り、魯、一変すれば道に至らん。

㊗子曰く、隣国の斉が脱皮すれば、昔の魯のような文化国家になれようし、我が国の魯

が脱皮すれば、(本国の周がそうであったような)道義国家になるのも不可能ではないのだが。

142　**子曰。觚不觚。觚哉觚哉。**

㊟子曰く、觚《こ》にして觚ならずんば、觚ならんや、觚ならんや。

㊮子曰く、角《かど》のある觚(酒器)に真似たつもりでも、うっかり角のない觚を造ったとしたら、それは觚のつもりでも觚ではない。

143　**宰我問曰。仁者雖告之曰。井有仁焉。其従之也。子曰。何為其然也。君子可逝也。不可陥也。可欺也。不可罔也。**

㊟宰我《さいが》、問うて曰く、仁者は之に告げて、井《せい》に人ありと曰うと雖も、其れこれに従わん。子曰く、何為《なんす》れぞ其れ然らんや。君子は逝かしむべきなり。陥るべからざるなり。欺くべきなり。罔《し》うべからざるなり。

㊮宰我が質問した。先生のおっしゃる最高の人格者、仁者という方は、いま井戸に人が落ちていると言いさえすれば、すぐついてくる人ですね。子曰く、何もそんなきまり

はない。仁者はさておき、一応の教養ある君子ならば、井戸の近くまではついて行くかも知れぬが、井戸の底へ落すことはできぬ。うっかりかつがれることはあるかも知れぬが、完全に欺しおおせることはできぬ。

144　**子曰。君子博学於文。約之以礼。亦可以弗畔矣夫。**

㊂子曰く、君子は博《ひろ》く文を学び、これを約するに礼を以てすれば、亦《ま》た以て畔《そむ》かざるべし。

㊟子曰く、諸君は多く学んで知識を広め、礼の実践によって知識に締めくくりを与えることができたなら、先ずは学問のつぼを外さなかったと見てよい。

145　**子見南子。子路不説。夫子矢之曰。予所否者。天厭之。天厭之。**

㊂子、南子《なんし》を見る。子路《しろ》、説《よろこ》ばず。夫子、これに矢《ちか》いて曰く、予が否《しから》ずとするところのものは、天これを厭《す》てん。天これを厭てん。

㊟孔子が衛公の夫人、南子と会見した。子路が大いに不服を唱えた。孔子がこれに誓っていうには、私がその時、何も非難を受けるようなことをしなかったことは、天もこ

れをみそなわせ。天もこれをみそなわす。

天厭之は誓いの際の常套語であろう。私の言うことは神かけて偽りがない、の意。

146　**子曰。中庸之為徳也。其至矣乎。民鮮能久矣。**

㊟子曰く、中庸《ちゅうよう》の徳たるや、其れ至れるかな。民能くすること鮮《すくな》きや久し。

㊞子曰く、永遠の道たる中庸は、至れり尽せりの徳と言うべきだ。この道が民間ですたれたことも久しいものだ。

中庸の中は過不及のないこと。庸は常なりと訓じ、この常は永久の常である。過不及のない行為は、時間的に永久に繰返しても行きつまることがない、というのが中国思想の特色である。最後の句に能字を脱す。礼記の中庸篇によって補うべきである（『全集四』一〇四頁参照）。

147　**子貢曰。如有博施於民。而能済衆。何如。可謂仁乎。子曰。何事於仁。必也聖乎。堯舜其猶病諸。夫仁者。己欲立而立人。己欲達而達人。能近取譬。可謂仁之方也已。**

㊟子貢《しこう》曰く、如《も》し博く民に施して能く衆を済《すく》うものあらば何如《いかん》ぞや。仁と謂うべきか。

子曰く、何ぞ仁を事とせん。必ずや聖か。堯舜《ぎょうしゅん》も其れ猶《な》おこれを病めり。夫れ仁者は己れ立たんと欲して人を立て、己れ達せんと欲して人を達せしむ。能く近く譬を取る。仁の方と謂うべきのみ。

㊍子貢曰く、如し普ねく人民に恩恵を施し、能く衆生を済度する人があったなら、どう言ったらよいでしょうか。最高の人物、仁者と言えますか。子曰く、それは仁者どころではない。超人的な聖人という外はない。堯舜のような聖人の天子でも、それは仲々難事としたところだ。仁者というものは、自分が立上ろうとするとき、その前に人を立上らせ、自分が到達しようと思えば、その前に人を到達させる。(奇蹟のようなことを行わないでも)最も近い所で、説明のできることをするのが、仁者のやり方というものだ。

述而第七（148〜184）

148　**子曰。述而不作。信而好古。窃比於我老彭。**

㊟子曰く、述べて作らず、信じて古を好む。窃《ひそ》かに我が老彭《ろうほう》に比す。

㊍子曰く、私の目的は祖述するにあって、私個人の創作ではない。十分な自信を以て、伝統の中に不変の良さを見出す。そう言えば前代にも老彭という人があって、私の理想通りに行ったそうだ。

149　**子曰。黙而識之。学而不厭。誨人不倦。何有於我哉。**

㊟子曰く、黙してこれを識り、学んで厭わず、人を誨《おし》えて倦まず。我に於いて何かあらんや。

㊍子曰く、口には出さぬが目でちゃんと見抜く。知識欲が旺盛で満足することがない。いくら人に教えても疲れることを知らぬ。私という人間でも、こういう事なら苦もな

くやって見せる。

150　**子曰。徳之不脩。学之不講。聞義不能徙。不善不能改。是吾憂也。**

㊟子曰く、徳の脩《おさ》まらざる、学の講ぜられざる、義を聞いて徙《うつ》る能わざる、不善の改むる能わざる、是れ吾が憂えなり。

㊞子曰く、道徳が身につかなくているではないか。学問が進まぬのではないか。正しいことを知りながら同調せぬことはないか。悪と知りながら改めずにいることはないか。これらのことを私はいつも内心警戒しているのだ。

151　**子之燕居。申申如也。夭夭如也。**

㊟子の燕居《えんきょ》するや、申申如《しんしんじょ》たり、夭夭如《ようようじょ》たり。

㊞孔子は自宅で休息している時は、のびのびと屈託なく、うきうきと楽しそうに見えた。

152　**子曰。甚矣吾衰也。久矣吾不復夢見周公。**

㊟子曰く、甚しいかな、吾が衰うるや。久しいかな、吾れ復《ま》た夢に周公を見ず。

㊪子曰く、さてさて私も気力が衰えたものだ。もうずうっとこのかた、夢に周公を見ることがなくなった。

153　**子曰。志於道。拠於徳。依於仁。游於芸。**

㊉子曰く、道に志し、徳に拠り、仁に依り、芸に游ぶ。

㊪子曰く、学問の道に励み、人格完成を理想とし、人道主義を離れず、その上で趣味にひたりたい。

154　**子曰。自行束脩以上。吾未嘗無誨焉。**

㊉子曰く、束脩《そくしゅう》を行うより以上は、吾れ未だ嘗《かつ》て誨《おし》うるなくんばあらず。

㊪子曰く、束脩を納めて弟子として認めたからには、私は直接手を取って指導しないものはない。

束脩は入門の折に持参する礼物の乾し肉を束ねたもの。漢代になると儒学が盛んとなり、有名な学者には数千人もの弟子が殺到した。しかし先生が直接教えるのは高弟だけで、一般はその高弟から教育を受けた。しかし孔子当時はまだそんなハィエラルキーは存在していなかった。

155　**子曰。不憤不啓。不悱不発。挙一隅。不以三隅反。則不復也。**

㊟子曰く、憤《いきどお》らざれば啓せず、悱《ひ》せざれば発せず。一隅を挙げて、三隅を以て反《かえ》さざれば、復たせざるなり。

㊞子曰く、情熱がないものは進歩しない。苦しんだあとでなければ上達がない。四隅の一つを教えたら、あとの三つを自分で試してみるくらいの人でなければ、教える値打ちのない人だ。

従来の注釈は、啓も発も教師の側からヒントを与える意味に解する。しかしそれでは第三句以下と全く重複し、いかにも意地悪る教師の印象を受ける。

156　**子食於有喪者之側。未嘗飽也。子於是日哭。則不歌。**

㊟子は喪《も》ある者の側に食するには、未だ嘗て飽かざるなり。子、是の日において哭《こく》すれば、則ち歌わず。

㊞孔子は喪に服している者の側では、食事をしても形ばかりに止めた。哭の礼を行った

その日の間は、音楽にあわせて歌うことをしなかった。

157

子謂顔淵曰。用之則行。舍之則蔵。惟我与爾有是夫。子路曰。子行三軍則誰与。子曰。暴虎馮河。死而無悔者。吾不与也。必也臨事而懼。好謀而成者也。

㊟子、顔淵《がんえん》に謂いて曰く、これを用うれば則ち行い、これを舎《お》けば則ち蔵《かく》る。惟《た》だ我と爾とのみ是れあるかな。子路《しろ》曰く、子、三軍を行《や》らば則ち誰と与《とも》にせん。子曰く、虎を暴《う》ち河を馮《わた》り、死して悔いなき者は、吾れ与《くみ》せざるなり。必ずや事に臨んで懼《おそ》れ、謀を好んで成す者なり。

㊗孔子が顔淵に向って言った。用いられれば働き、罷《や》めさせられれば引込んで音もたてぬ。これは私とお前だけにできる芸当だ。(また別の時に)子路曰く、先生がもし三軍の大将になられたとしたなら、誰を副官に使われますか。子曰く、虎と格闘したり、黄河を泳いで渡ろうとしたり、冒険と心中して省みないような人間は、私は加勢に頼みたくない。もし頼むなら、それは実行の前に慎重に熟慮し、万全の計画をたてて成功を期するたぐいの人間だ。

158　**子曰。富而可求也。雖執鞭之士。吾亦為之。如不可求。従吾所好。**

㊟子曰く、富にして求むべくんば、執鞭《しっぺん》の士と雖も、吾れ亦たこれを為さん。如《も》し求むべからずんば、吾が好む所に従わん。

㊜子曰く、金になりさえすればいいと言う考えだったなら、私は大名行列の露払いのような恰好の悪いことでも喜んでやったでしょう。別に金がほしくないからには、私は自分の時間を自分のために使いたい。

159　**子之所慎。斉。戦。疾。**

㊟子の慎しむ所は、斉《さい》と、戦と、疾。

㊜孔子が発言に慎重を期したのは、宗教上の行事、戦事、それに病気であった。

160　**子在斉聞韶。三月不知肉味。曰。不図為楽之至於斯也。**

㊟子、斉《せい》にありて韶《しょう》を聞く。三月肉の味を知らず。曰く、図らざりき、楽《がく》を為すの斯《ここ》に至るや。

㊜孔子は斉の国に滞在中、韶の音楽を聞いてこれを学ぶこと三月、その間、感激のあま

り、何を食べているかに気がつかなかった。曰く、さても音楽がこんなにいいものだとは、ついぞ思ってもみなかった（『全集四』八九頁参照）。

161　**冉有曰。夫子為衛君乎。子貢曰。諾。吾将問之。入曰。伯夷叔斉。何人也。曰。古之賢人也。曰。怨乎。曰。求仁而得仁。又何怨。出曰。夫子不為也。**

㊟訓 冉有《ぜんゆう》曰く、夫子は衛君《えいくん》を為《たす》けんか。子貢《しこう》曰く、諾《だく》。吾れ将にこれを問わんとす、と。入りて曰く、伯夷《はくい》、叔斉《しゅくせい》は何人《なんぴと》ぞや。曰く、古の賢人なり。曰く、怨みたるか。曰く、仁を求めて仁を得たり。又た何をか怨みん。出でて曰く、夫子は為《たす》けざるなり。

㊟新 冉有が子貢に相談した。先生は衛君の味方になって助力されるでしょうか。子貢曰く、よろしい、私が伺ってみましょう。奥に入って孔子に尋ねた。伯夷・叔斉はどういう人物ですか。子曰く、昔の賢者だ。子貢曰く、二人は別の兄弟に君主の地位を譲って亡命しましたが、そこには言うに言われぬ不満があったのでしょうか。子曰く、仁の理想に従って実践したことだ。何の不満が残るものか。子貢が退出して冉有に言った。先生は衛君を助ける気がない。

時の衛公は先に出奔亡命した父、前衛公と位を廻って紛争中であった。伯夷・叔斉の亡命も実は本心からではなかったのではないか、と子貢が孔子に尋ねたのである。

162　**子曰。飯疏食飲水。曲肱而枕之。楽亦在其中矣。不義而富且貴。於我如浮雲。**

㊟子曰く、疏食《そし》を飯《くら》い水を飲み、肱《ひじ》を曲げてこれを枕とす。楽しみ亦た其の中にあり。不義にして富み且つ貴きは、我に於て浮雲の如し。

㊎子曰く、冷や飯をかきこみ、水を飲んで汁の代りとし、肱を曲げてその上に頭をのせてねる。そういう生活の中から楽しみが自然にわいて出るものだ。人に迷惑をかけて金をため、胡麻をすりながら地位を得ている人は、私から見るとそんなものは流れ雲みたいな不安なものだ。

163　**子曰。加我数年。五十以学易。可以無大過矣。**

㊟子曰く、我に数年を加え、五十にして以《もっ》て易を学ばば、以て大過なかるべし。

㊎子曰く、私はもう数年長生きして、五十になったら、易経の勉強にかかりたい。そしたら一生を大過なく過ごせるというものだろう。

この章は非常にむつかしい議論のあるところで、五十以学で句を切り、易を亦と改め、下に続けて、亦可以無大過、と読もうとする新しい説がある。その根拠は、経典釈文に、魯論は易を亦に作る、と言っているから、文字を改める理由が成立つこと、次に孔子の時代にはまだ易経は儒学の経典になっていなかった、という歴史的な理由からである。

孔子の時代に易がまだ儒教の経典になっていなかったことは、恐らく事実その通りと思われる。但し論語そのものが本当に孔子、もしくは孔子を去ることあまり遠くない時代の記録に限られているとは断言できない。私の感じでは、他の所にも随分道家の思想に近いものがあって、それは恐らく道家成立後の竄入《さんにゅう》と思われるが、同じように儒家に易学派が起ってから、その学派の伝えが論語の中に収録されることも十分に考えられる。

ここに五十になってから易を学ぼうというのは、史記の孔子世家に、孔子が晩年に易を好んだというのと、一脈相通ずるものがある。これはかえって易経が晩出の経典であることを裏書きするものである。富永仲基のいわゆる「加上」の学説によれば、後出の経典ほど、何らかの理由を設けてそれが最古の経典であることを主張しようとする傾向がある。そして現に五経の順序は、易経をもって最初におくのが普通の習慣になっている。

164

子所雅言詩書。執礼皆雅言也。

㊀子の雅言《がげん》するところは詩、書。礼を執るも皆な雅言なり。

㊁孔子が標準語を用いて誦するのは詩経と書経とである。なお礼を執行する間の言語も標準語であった。

中国は土地が広いので、古来、方言が多い。儒教は当時にあっては、言わば国際的な教養で、最も広く通用する周の発音を標準語として教育に用いた。雅言は古雅な言語を意味し、同時に国際語であった。

165　**葉公問孔子於子路。子路不対。子曰。女奚不曰。其為人也。発憤忘食。楽以忘憂。不知老之将至云爾。**

㊀葉公《しょうこう》、孔子を子路《しろ》に問う。子路、対《こた》えず。子曰く、女《なんじ》は奚《なん》ぞ曰わざる、其の人となりや、発憤しては食を忘れ、楽んでは以て憂えを忘れ、老いの将に至らんとするを知らずと云うのみ、と。

㊁葉公が子路に孔子の人物を尋ねた。子路は返事につまって答えられなかった。子曰く、今度もし聞かれたらこう言うがいい。あの人の性質は、学問の情熱に燃えた時には食事をも忘れ、学問の楽しみを味わっては、それまでの苦労をいっぺんに忘れてしまう。

そして今すぐにも老年が近付いてくるのを気付かずにいる、と。

166　**子曰。我非生而知之者。好古敏以求之者也。**

㊓子曰く、我は生れながらにしてこれを知る者に非ず。古を好み、敏にして以てこれを求めし者なり。

㊔子曰く、私は生れながらに知識をもっていたわけではない。古を好み、古代の理想社会を慕い、こまめに知識を追求した結果なのだ。

167　**子不語怪力乱神。**

㊓子、怪・力・乱・神を語らず。

㊔孔子は怪奇、暴力、背徳、神秘なことを話題にしなかった。

168　**子曰。三人行。必有我師焉。択其善者而従之。其不善者而改之。**

㊓子曰く、三人行えば、必ず我が師あり。其の善き者を択んでこれに従い、其の善からざる者にしてはこれを改む。

㊍子曰く、三人で同時に行動すれば、きっとその間に得る所がある。善い行為があればそれを採って自分の手本にし、悪い行為を見たなら、我が身にあった同じ欠点を改めるようにする。

169　**子曰。天生徳於予。桓魋其如予何。**

㊎子曰く、天、徳を予に生ぜしならば、桓魋《かんたい》、其れ予を如何せん。

㊍子曰く、もしも天が私に価値ある行為を期待しているならば、桓魋ごときが何の害を私に加え得よう。

孔子が天について語る時は、常に不可思議なる神秘力として扱い、仮定を設けただけで断言を差控える。天命を必然な動きとして信ずるのは孟子以後のことであるらしい。なお210参照。

170　**子曰。二三子以我為隠乎。吾無隠乎爾。吾無行而不与二三子者。是丘也。**

㊎子曰く、二三子《にさんし》は我を以て隠すと為すか。吾れ爾に隠すことなし。吾は行うとして二三子と与《とも》にせざるものなし。是れ丘《きゅう》なればなり。

㊪子曰く、各々方は私が知識の出し吝《おし》みをしているとでも思っているかね。私はお前たちに匿《かく》していることは何もない。私の行動はいつも各々方と一緒にしない時はない。だからいつも諸君が見ているありのままの私なのだ。

171 **子以四教。文。行。忠。信。**

㊩子は四を以て教う。文・行・忠・信。

㊪孔子は四つのことを教えた。表現力の文、実践力の行、個人に対する徳義の忠、及び社会上のルールである信。

172 **子曰。聖人吾不得而見之矣。得見君子者。斯可矣。子曰。善人吾不得而見之矣。得見有恒者斯可矣。亡而為有。虚而為盈。約而為泰。難乎有恒矣。**

㊩子曰く、聖人は吾れ得てこれを見ざらん。君子者を見るを得ば、斯《ここ》に可なり。子曰く、善人は吾れ得てこれを見ざらん。恒《つね》ある者を見るを得ば、斯に可なり。亡くして有りと為し、虚《むな》しくして盈《み》てりと為し、約にして泰《たい》と為さば、恒あること難いかな。

㊪子曰く、超人的な存在たる聖人に私がお目にかかれないのは現今の時勢としてはやむ

をえまい。せめて私は教養を十分にそなえた文化人である君子に是非会ってみたいと思っている。また別の時に孔子が言った。底ぬけの正直者の善人には到底お目に掛れそうもないのは是非もないが、せめて責任感の強い人に会えたら満足に思う。実体のないものを有るとごまかし、内容の空虚なものをいっぱいあるとだまし、貧弱なものを豊富なように見せかける人に、責任のとれたためしはない。

173　**子釣而不綱。弋不射宿。**

㊟子は釣《つり》して綱《あみ》せず、弋《よく》して宿《やどり》を射ず。

㊕孔子は魚をとるのに（多獲が目的でなかったから）、一本釣りをするが、網を用いることがない。鳥を捕えるには、飛ぶ鳥をねらって射ぐるみで落すが、巣ごもりの鳥を射ることをしなかった。

綱は恐らく網の誤りであろう。朱註は論語の原文を誤字といえない立場にあるので、苦しい説明をして結局は綱《あみ》のことに帰着させる。古注は綱《つな》のままで解しようとして一層不自然な結論に陥っている。

174 子曰。蓋有不知而作之者。我無是也。多聞。択其善者而従之。多見而識之〔○〕知之。次也。

㊋子曰く、蓋《けだ》し、知らずして之を作る者あらん。我は是なきなり。多く聞き、其の善き者を択《えら》んでこれに従う。多く見て〔これを識るは、知るの次なり。〕これを識りこれを知るは次なり。

㊗子曰く、ことによれば世上には、古語にあるように、自覚せずしてしかも立派な成績を挙げている者があるかも知れない。しかし私はそれとは違う。私は先輩の教えを方々聞いてまわって、その中の善い者を選んでそれを真似るのである。その次の方法は、多く自分の目で見てあるいて、心にそれと悟るのである。

不知而作は恐らく古語の引用であろう。詩経、大雅、桑什に、予豈不知而作、という句がある。識之知之も恐らく古語の引用であろう。丁度この通りの句はいま探し得ないが、詩経、大雅、皇矣《こうい》に、不識不知順帝之則、識らず知らず、帝の則《のり》に順《したが》う、という句があり、同義語の識と知とが重複して使われることがあったことを示している。次也という二字一句の用法は429に見えている。普通にこの所を識之、で句を切り、そのあと、知之次也、を四字一句に読むのは不自然に思われる(『全集四』一三〇、三八四頁参照)。

175　**互郷難与言。童子見。門人惑。子曰。与其進也。不与其退也。唯何甚。人潔己以進。与其潔也。不保其往也。**

㊟互郷《ごきょう》は与《とも》に言い難し。童子《どうじ》、見《まみ》えんとす。門人惑う。子曰く、其の進むことを与《ゆる》し、其の退くを与さざるならば、唯だ何ぞ甚しきや。人、己を潔《きよ》くして以て進まば、其の潔きを与さん。其の往《むかし》を保せざるなり。

㊮互郷という邑は人気の悪いことで有名で、誰からも相手にされなかった。その邑の少年が孔子に入門のため、面会を求めてきた。門人たちはその扱いに当惑した。子曰く、面会を認めたからには、何時までも門下に引きとめておかねばならぬものだというなら、それはあまりに取越苦労というものだ。たとえば、人が着物を着かえてやってきたなら、そのこざっぱりした点を認めてやらねばならぬのと同じだ。今まで何をやっていたか、その本質が何であるかを一々問いただすには及ばない。

其往を普通に将来の意に訳すのはおかしい。往は既往、往昔の往であって、過去の意味にとるべきであろう。

176　**子曰。仁遠乎哉。我欲仁。斯仁至矣。**

㊟子曰く、仁、遠からんや。我れ、仁を欲すれば、斯に仁至る。

㊡子曰く、仁の道は遠くにある理想ではない。いま自分が仁を行おうと思えば、仁はすぐそこにあるのだ。

177　**陳司敗問。昭公知礼乎。孔子曰。知礼。孔子退。揖巫馬期而進之曰。吾聞君子不党。君子亦党乎。君取於呉。為同姓。謂之呉孟子。君而知礼。孰不知礼。巫馬期以告。子曰。丘也幸。苟有過。人必知之。**

㊟陳《ちん》の司《し》敗《はい》問う。昭公《しょうこう》は礼を知るか。孔子曰く、礼を知る。孔子退く。巫馬期《ふばき》に揖《ゆう》してこれを進めて曰く、吾れ聞く、君子は党せず、と。君子も亦た党するか。君は呉《ご》より娶り同姓たり。これを呉孟子《ごもうし》と謂えり。君にして礼を知らば、孰《た》れか礼を知らざらん。巫馬期、以て告ぐ。子曰く、丘や幸なり。苟《いやし》くも過ちあれば、人必ずこれを知らしむ。

㊡陳の国の司敗が孔子に質問した。魯の昭公は礼を知る人ですか。孔子が対えて曰く、礼を知る人です。孔子が退出した。司敗が巫馬期に笏《しゃく》で合図をして近くへよびよせて曰く、私は、教養の高い君子というものは、仲間賞めをしない、と聞いていたが、貴

方がたのような君子連でも仲間賞めをするのでしょうか。魯君は呉の国から夫人を迎えたが、両国は同姓の間柄です。従って夫人は普通なら孟姫というところを、姫の字を避けて呉孟子とよんでいるといいます。魯君が礼を知る人であったなら、いったいこの世に礼を知らぬ人がいるでしょうか。巫馬期がこの話を孔子に告げた。子曰く、私は仕合せにも、過失があった時には、きっと人がそれを知らせてくれる。

178　**子与人歌而善。必使反之。而後和之。**

㊀訓子、人と歌って善しとすれば、必ずこれを反《かえ》せしめ、而《しか》る後、之に和す。

㊀新孔子は人が歌うのを聞いてその歌が気にいると、必ずそれをひとりで繰返し歌わせ、次に一しょになってこれを歌うを常とした。

179　**子曰。文莫吾猶人也。躬行君子。則吾未之有得。**

㊀訓子曰く、文莫《ぶんぼ》は吾れ猶《な》お人のごときなり。君子を躬行《きゅうこう》することは、吾れ未だこれを得ることあらず。

㊀新子曰く、努力の点では私もこれまで人なみにしてきた。しかし教養人さながらに振舞

うところまでは、なかなかまだ至っていない。

文莫には種々の説があるが、劉宝楠の論語正義に、先儒の説を引き、忞慔《びんぼ》と等しく、黽《びん》勉《べん》の意であるとするのが最も当を得ていると思われる。

180　**子曰。若聖与仁。則吾豈敢。抑為之不厭。誨人不倦。則可謂云爾已矣。公西華曰。正唯。弟子不能学也。**

㊟子曰く、聖と仁との若《ごと》きは、吾れ豈《あ》に敢てせんや。抑もこれを為《まね》して厭わず、人に誨《おし》えて倦《う》まざるは、則ち云爾《しかり》と謂うべきのみ。公西華《こうせいか》曰く、正に唯《しかり》、弟子、学ぶ能わざるなり。

㊞子曰く、超人的な聖人、最高の人格の仁者には私は到底及びもつかぬ。しかしながらそれを理想として学んで厭わず、それを人に教えて怠らぬのは、肯定してよかろうかと思う。公西華曰く、確かにその通りで、私等弟子どもには真似のできぬ点です。

181　**子疾病。子路請禱。子曰。有諸。子路対曰。有之。誄曰。禱爾于上下神祇。子曰。丘之禱久矣。**

㊀子、疾《やま》い病《へい》す。子路《しろ》、禱《いの》らんと請う。子曰く、これありや。子路、対えて曰く、これあり。誄《るい》に曰う、上下の神祇に禱爾す、と。子曰く、丘の禱るや久し。

㊉孔子が病気にかかって重くなった。子路が祈禱《きとう》を行いたい、と願った。子曰く、何か先例があるかね。子路、対えて曰く、ありますとも。古い誄の篇に、上下の神祇に禱る、と見えています。子曰く、そういう意味でならば、私は自分でずっと前から禱っているのだ。

この章の意味を考えてみると、最初に子路が禱らんと請うたのは、恐らく当時の俗間の信仰に従い、迷信的な呪《のろ》いを行おうとしたらしい。ところが孔子から先例、すなわち礼の有無を聞かれ、急に考えを変えて、正しい天神地祇にお願いする、という古典の文句を引いて答えたので、孔子は、そんな禱りならば前からやっている、今更お前に頼む必要はない、といって退けたのであろう。

182　**子曰。奢則不孫。倹則固。与其不孫也。寧固。**

㊀子曰く、奢なれば不遜、倹なれば固《かた》し。其の不遜よりは寧ろ固かれ。

㊉子曰く、奢侈は傲慢に通じ、倹約は頑固に通ずる。傲慢であるよりは、頑固の方がま

だましだ。

183　**子曰。君子坦蕩蕩。小人長戚戚。**

(訓)子曰く、君子は坦《たん》として蕩蕩《とうとう》たり、小人は〔長く〕悵として戚戚たり。

(新)子曰く、諸君は無欲でのんびりとしていてもらいたいものだ。欲求不満でくよくよしてほしくない。

長を文字通りに長くと読んでは、上の句の坦と対をなさない。長は悵と同音なので、仮借に用いたに違いない（『全集四』一六四頁参照）。

184　**子温而厲。威而不猛。恭而安。**

(訓)子は温《おだ》やかにして厲《はげ》しく、威ありて猛《たけ》からず、恭にして安し。

(新)孔子は柔和であると同時に激しい気性をもち、威厳があるが恐しい感じがなく、丁寧を極めながらゆとりがあった。

泰伯第八（185〜205）

185　**子曰。泰伯其可謂至徳也已矣。三以天下譲。民無得而称焉。**
㊙子曰く、泰伯《たいはく》は其れ至徳と謂うべきのみ。三たび天下を以て譲り、民、得て称するなし。

㊟子曰く、周の泰伯は最高の徳を身につけた方というべきだ。三たび天下を弟の季歴《きれき》に譲ったのだが、その譲りかたが如何にも自然に見えたので、人民はついその徳を頌《たた》えることを知らないでしまった。

186　**子曰。恭而無礼則労。慎而無礼則葸。勇而無礼則乱。直而無礼則絞。君子篤於親。則民興於仁。故旧不遺。則民不偸。**
㊙子曰く、恭にして礼なければ労す。慎んで礼なければ葸《おそ》る。勇にして礼なければ乱る。直にして礼なければ絞《せま》し。君子、親に篤くすれば、民、仁に興る。故旧遺《わす》れざれば、

民、偸《うす》からず。

㊔子曰く、敬う心があっても礼の約束を知らなければ無駄骨折りに陥る。謹直者が礼を知らなければいじけてしまう。勇気があって礼を知らなければはた迷惑を惹きおこす。正直者が礼を知らなければ刻薄になる。上に立つ者が親族に人情厚くして見せれば、一般の人民までが仁の道に志すようになり、昔からの交際を忘れずに続けるようだと、民間の人気も自然よくなるものだ。

187 **曾子有疾。召門弟子曰。啓予足。啓予手。詩云。戰戰兢兢。如臨深淵。如履薄冰。而今而後。吾知免夫小子。**

㊟曾子《そうし》、疾《やま》いあり。門弟子《もんていし》を召して曰く、予が足を啓《ひら》け、予が手を啓け。詩に云う、戦戦兢兢《せんせんきようきよう》として、深き淵に臨むが如く、薄き氷《こおり》を履《ふ》む如くせよ、とあり。而今而後《じこんじご》、吾れ免れしを知るかな、小子。

㊔曾子が危篤に陥った。門人たちを呼び集めて言った。私の足のまわりを見てくれ、手のまわりを検《しら》べてくれ。詩に、身体を大切にするには、いつもびくびくして、深い淵にのぞきこみ、薄い氷の上をわたる時のようにせよ、とある。今日という今日で、私

は孝行の任務から解放されたぞよ。さらば各々方(『全集四』一三六頁参照)。

188 **曾子有疾。孟敬子問之。曾子言曰。鳥之将死。其鳴也哀。人之将死。其言也善。君子所貴乎道者三。動容貌。斯遠暴慢矣。正顔色。斯近信矣。出辞気。斯遠鄙倍矣。籩豆之事。則有司存。**

(訓)曾子《そうし》、疾《やま》いあり。孟敬子《もうけいし》、これを問う。曾子、言いて曰く、鳥の将に死なんとするや、其の鳴くこと哀《かな》し。人の将に死なんとするや、其の言うこと善し、とあり。君子の道に貴ぶところのもの三あり。容貌を動かしては、斯《ここ》に暴慢に遠ざかる。顔色を正しくしては、斯に信に近づく。辞気を出しては、斯に鄙倍《ひばい》に遠ざかる。籩豆《へんとう》の事には、有司存す。

(新)曾子の病気が重くなった。孟敬子が見舞にきた。曾子が苦しい息して曰く、鳥の死にかけた時は、鳴く声がせつない、人が死にかけた時は、その言うことが正直だ、という諺があります。私は貴方に徳義上、どうしても尊重してもらいたい三箇条を申し上げなければなりません。たといショックを受けた時であっても、乱暴傲慢に流れてはいけません。正気の顔で言ったことについてはどこまでも責任を取りなさい。議論をする時でも、野卑な言葉を出すのを慎しみなさい。以上の三つです。細かい事務的な仕事には、それぞれの係りの下役がいるはずです（『全集四』一四七頁参照）。

189 **曾子曰。以能問於不能。以多問於寡。有若無。実若虚。犯而不校。昔者吾友。嘗従事於斯矣。**

㊯曾子《そうし》曰く、能を以て不能に問い、多きを以て寡《すくな》きに問う。有れども無きが若《ごと》く、実てるも虚しきが若し。犯さるるも校せず。昔は吾が友、嘗て斯に従事したりき。

㊮曾子曰く、自分でできると思っても、誰彼となく忠告を聞いてまわり、自分が知っていると思っても、知りそうもない人に意見を尋ねる。才能があっても匿して外に現わさず、知識が充実しても謙遜して、空虚なものとちがわない。喧嘩を吹きかけられても、取りあわない。私の若い頃、友達と一しょにこういう理想をかかげて修養に励んだものだったが、その昔が懐しい。

190 **曾子曰。可以託六尺之孤。可以寄百里之命。臨大節。而不可奪也。君子人与。君子人也。**

㊟曾子《そうし》曰く、以て六尺の孤《こ》を託すべく、以て百里の命《めい》を寄すべし。大節に臨んで奪うべからざるなり。君子人か。君子人なり。

㊕曾子曰く、安心して未成年の孤児の君主を預けられ、一国の政治を委任して疑われない、重大な瀬戸際に立たされた時も日頃の信念を変えない。そういう人があったら、才徳を兼備した君子人と言えようか。確かに君子人だ。

191　**曾子曰。士不可以不弘毅。任重而道遠。仁以為己任。不亦重乎。死而後已。不亦遠乎。**

㊟曾子《そうし》曰く、士は以て弘毅ならざるべからず。任重くして道遠し。仁以て己が任と為す。亦た重からずや。死して後已む。亦た遠からずや。

㊕曾子曰く、学徒たる者は重みに耐える強さ、遠くまで続く粘《ねば》りがなければ駄目だ。仁の追求を任務に背負っているのだから、こんな重荷はない。死ぬまで続く生涯教育だから、こんな遠道はない。

192　**子曰。興於詩。立於礼。成於楽。**

(訓)子曰く、詩に興り、礼に立ち、楽に成る。

(新)子曰く、詩の教育で学問が始まり、礼の教育で一人前になり、音楽の教育で人格が完成される。

193 **子曰。民可使由之。不可使知之。**

(訓)子曰く、民は之に由らしむべく、之を知らしむべからず。

(新)子曰く、大衆からは、その政治に対する信頼を贏《か》ちえることはできるが、そのひとりひとりに政治の内容を知ってもらうことはむつかしい。

194 **子曰。好勇疾貧。乱也。人而不仁。疾之已甚。乱也。**

(訓)子曰く、勇を好み貧を疾《にく》むは乱す。人にして不仁なる、これを疾むこと甚しきは乱す。

(新)子曰く、敗けず嫌いの人が貧乏に耐えられなくなるとやけになる。他人がいかに不人情だからと言って、憎しみをあまり昂じさせると、暴力沙汰をひきおこす。

195 **子曰。如有周公之才之美。使驕且吝。其余不足観也已。**

㊟子曰く、如《も》し周公《しゅうこう》の才の美あるも、驕り且つ吝《やぶさ》かならしめば、其の余は観るに足らざるなり。

㊎子曰く、如し才能の点では周公に比べられるような優秀な人でも、驕慢に加えて吝《りん》嗇《しょく》であったなら、凡ては帳消しにされて見るにたえない。

196　**子曰。三年学。不至於穀。不易得也。**

㊟子曰く、三年学んで、穀に至らざるは、得やすからざるなり。

㊎子曰く、三年学問を続けても、俸給にありつきたいと思わぬのは、奇特な人間というべきだ。

従来の解釈に、三年勉強しても俸給にありつけぬようなざまでは、一生かかってもむつかしかろう、とする説がある。しかし、不易得はやはり、貴重で得難いと解するのが自然であろう。

197　**子曰。篤信好学。守死善道。危邦不入。乱邦不居。天下有道則見。無道則隠。邦有道。貧且賤焉。恥也。邦無道。富且貴焉。恥焉。**

㊟子曰く、篤く信じて学を好み、死を守りて道を善くす。危邦《きほう》には入らず、乱邦には居らず。天下道あるときは見《あら》われ、道なきときは隠る。邦に道ありて、貧にして且つ賤しきは恥なり。邦に道なくして、富み且つ貴きも恥なり。

㊊子曰く、一生をうちこんで学問を好み、命にかけても実践を大事にする。亡びかけた国には入らず、乱れた国には住まわぬ。天下がよく治まった時には出世し、乱れた世の中では無視される。正義の行われる国に住んでいて、貧乏で地位がないのは、恥ずかしいことだ。しかし不義の通る国にいて、金持ちだったり地位が高かったりするのはもっと恥さらしというべきだ。

198 **子曰。不在其位。不謀其政。**

㊟子曰く、其の位にあらざれば、其の政を謀らず。

㊊子曰く、所管以外の政治には、傍から口出しをしない。

199 **子曰。師摯之始。関雎之乱。洋洋乎。盈耳哉。**

㊟子曰く、師摯《しし》の始めは、関雎《かんしょ》の乱《おわり》のころおい、洋洋として耳に盈《み》てるかな。

㊕子曰く、音楽師の摯が奏する第一楽章は、関雎の章の終りのあたりまでくると、何ともいえぬ妙《たえ》なる調べが、洋々として耳から去らぬ。

200　**子曰。狂而不直。侗而不愿。悾悾而不信。吾不知之矣。**

㊖子曰く、狂にして直からず、侗《おろか》にして愿《つつしみ》あらず、悾悾《こうこう》として信ならずんば、吾れこれを知らざるなり。

㊕子曰く、自信過剰の上に正直さを欠き、田舎者でありながら素朴さがなく、真面目そうに見えてその場かぎりの人間は、私も言いようを知らない。

201　**子曰。学如不及。猶恐失之。**

㊖子曰く、学は及ばざるが如くするも、猶《な》おこれを失わんことを恐る。

㊕子曰く、学問は追いかけるようにしてついて行っても、それでも姿を見失いそうになるものだ。

202　**子曰。巍巍乎。舜禹之有天下也。而不与焉。**

㊗子曰く、巍巍《ぎぎ》たるかな、舜《しゅん》、禹《う》の天下を有《たも》つや、而してこれに与からず。

㊎子曰く、崇高といえば、舜や禹の天下を治めるやり方だ。少しも天下を治めているように見えぬ所が偉いのだ。

203 **子曰。大哉。堯之為君也。巍巍乎。唯天為大。唯堯則之。蕩蕩乎。民無能名焉。巍巍乎。其有成功也。煥乎。其有文章。**

㊗子曰く、大なるかな、堯《ぎょう》の君たるや。巍巍《ぎぎ》たるかな、唯だ天を大なりと為し、唯だ堯のみこれに則《のっと》る。蕩蕩たるかな、民能くこれに名づくるなし。巍巍たるかな、其の成功あるや。煥《かん》として、其れ文章あり。

㊎子曰く、偉大なのは堯の君主としてのあり方だ。およそ崇高なものの中で天ほど偉大なものはないが、ただ堯だけがそれを手本にすることができた。あまりに徳が広すぎて、人民は形容の言葉を知らぬ。だからこそ天にも届くほど高い成功を収め、目が眩むほどきらびやかな文化を残したのだ。

204 **舜有臣五人。而天下治。武王曰。予有乱臣十人。孔子曰。才難。不其然乎。唐虞之**

際。於斯為盛。有婦人焉。九人而已。三分天下有其二。以服事殷。周之徳。其可謂至徳也已矣。

（訓）舜《しゅん》に臣五人あり、而して天下治まる。武王曰く、予に乱臣十人あり、と。孔子曰く、才難しとは、其れ然らずや。唐虞《とうぐ》の際、斯に於いて盛んとなす。婦人あり、九人のみ。天下を三分して其の二を有《たも》ち、以て殷《いん》に服事す。周《しゅう》の徳は、其れ至徳と謂うべきのみ。

（新）舜は五人の臣下を用いて天下を治めた。周の武王は、予《われ》に乱臣《よきけらい》、十人あり、と言った。孔子曰く、人才は得難い、といわれるが全くその通りだ。唐堯、虞舜の際から以後は、この時こそ全盛を極めた。十人のうち、一人は婦人の内助の功であるから、政治家は九人だけであった。天下の三分の二を保有しながら、なお殷の主権を認めて服従していた。だから周の徳義は最高であったと言ってよい（『全集四』九九頁参照）。

205　**子曰。禹吾無間然矣。菲飲食。而致孝乎鬼神。悪衣服。而致美乎黻冕。卑宮室。而尽力乎溝洫。禹吾無間然矣。**

（訓）子曰く、禹《う》は吾れ間然《かんぜん》するなし。飲食を菲《うす》くして、孝を鬼神に致し、衣服を悪《あし》くして、美を黻冕《ふつべん》に致す。宮室を卑《ひ》くして、力を溝洫《こうきょく》に尽す。禹は吾れ間然するなし。

㊗子曰く、夏の禹王には文句のつけようがない。自分の食事は粗末にして、先祖の祭りは盛大にした。平常の衣服には見栄をはらぬが、朝廷における百官の礼服を美しくするために金をかけた。自分の宮室は見すぼらしいが、用水路の工事には労力を惜しまなかった。こういう禹王には文句のつけようがない。

202から205までは、堯、舜、禹から周までの政治に対する説明、ないしは頌辞であるが、内藤湖南博士の古代史研究によれば、孔子が果して堯舜禹をその歴史観の中に採用したか否かは疑問であるとされる。禹は孔子の後に出た墨子によって理想的人物とされ、堯舜は更に後に出た孟子によって更に有徳な帝王として尊崇された。して見ると以上四章のうち、周の記事を除いた外の部分は、果して孔子の言であったかどうか疑わしくなる。事によれば、書経の中の堯典が成立した頃に、同様の趣旨で、論語の中にこれらの章が竄入されたのではないかという気がする。

特に禹に対する評価が、堯舜に対するとは異った言葉で表現されている点が注意さるべきである。すなわちそれは、間然する所なし、であって、手放しの賛美ではなく、消極的な許容の如き言葉が用いられているのである。当時はなお墨家の勢力が盛んであり、儒家がこれを自家薬籠中に収めるのには、なお抵抗感があったのではあるまいか。

子罕第九（206〜235）

206　**子罕言利。与命。与仁。**

㊀子、罕《まれ》に利を言う。命と与にし、仁と与にす。

㊁孔子が利益を話題にすることは極めて稀であった。その時でも、必ず天命に関連し、または仁の道に関連する場合に限られた。

命と共に利を言うとは、如何に利を求めようとしても天命の如何によっては必ずしも成功しないから、それに執着してはならぬこと、仁と共に言うとは、仁道に背いてまで利を求めるのは許されないこと、などであろう。

207　**達巷党人曰。大哉孔子。博学而無所成名。子聞之。謂門弟子曰。吾何執。執御乎。執射乎。吾執御矣。**

㊀達巷《たつこう》の党人曰く、大なるかな孔子。博学にして名を成すところなし、と。子これを聞

き、門弟子に謂いて曰く、吾、何れを執《と》らん。御《ぎょ》を執らんか、射《しゃ》を執らんか。吾は御を執るものなり。

㊎同町内の達巷に住んでいる人が言った。孔先生は偉大だ。あれだけ博学で、しかも一向に有名にならぬ点が偉いのだ。孔子がそれを聞いて門人らに向って言った。戦車に乗って猟に出る時に、射手になるか、御者になるかと聞かれたら、私は縁の下の力持ちの御者の方になるたちなのだ（『全集四』一五一頁参照）。

208

子曰。麻冕礼也。今也純。倹。吾従衆。拝下礼也。今拝乎上。泰也。雖違衆。吾従下。

㊇子曰く、麻冕《まべん》は礼なり。今や純《くろ》し、倹なり。吾は衆に従わん。下《しも》に拝するは礼なり。今や上《かみ》に拝す、泰なり。衆に違うと雖も、吾は下にてするに従わん。

㊎子曰く、白い麻の冠を用いるのは古礼であるが、この頃は黒い冠を用いるようになった。これは倹約であるから、私は流行に従いたいと思う。君主に対して堂の下で拝するのは古礼であるが、近頃は堂に上って拝するようになった。これは傲慢に近いから、流行おくれであっても、私は堂下で拝したい。

209　**子絶四。毋意。毋必。毋固。毋我。**

㊟子、四を絶つ。意するなく、必するなく、固なるなく、我《が》なるなし。

㊞孔子は四つの勿《なか》れを守った。意地にならぬ、執念しない、固くなにならぬ、我を張らぬ。

210　**子畏於匡。曰。文王既没。文不在茲乎。天之将喪斯文也。後死者。不得与於斯文也。天之未喪斯文也。匡人其如予何。**

㊟子、匡《きょう》に畏《い》す。曰く、文王、既に没し、文、茲《ここ》にあらずや。天の将に斯文《しぶん》を喪《ほろ》ぼさんとするや、後死の者、斯文に与《あず》かるを得ざらしめん。天の未だ斯文を喪ぼさざるや、匡人、其れ予《われ》を如何せん。

㊞孔子が匡という地で災難にあった。その時曰く、周の文王が死んでから以後、文化の伝統は私の身にあるではないか。天がその文化を滅亡させる気ならば、恐らく私をここで亡ぼして、後輩が文化の何ものであるかを知らぬようにしてしまうだろう。しかしもしも天がこの文化を保存する気があるならば、匡の人たちが私に危害を加えよう

としても、何ができるものか。

孔子は平常には謙遜で滅多に豪語したりすることはないが、生命の危険に暴《さら》されたこの時に、思わず発した本音がこれであったのであろう。なお169に、非常によく似た文句が出ているが、恐らく同一事が誤って二つの場所の事として伝えられたものであろう。

211 **大宰問於子貢曰。夫子聖者与。何其多能也。子貢曰。固天縦之将聖。又多能也。子聞之曰。大宰知我乎。吾少也賤。故多能鄙事。君子多乎哉。不多也。牢曰。子云。吾不試故芸。**

㊟大宰《たいさい》、子貢《しこう》に問うて曰く、夫子《ふうし》は聖者なるか。何ぞ其れ多能なるや、と。子貢曰く、固《もと》より天、これを縦《ゆる》して聖を将《おこな》わしめ、又た能多からしむるなり。子、これを聞きて曰く、大宰は我を知るか。吾れ少《わか》くして賤し。故に鄙事《ひじ》に多能なるなり。君子は多からんや。多からざるなり。牢《ろう》曰く、子、云えることあり、吾れ試《もち》いられず。故に芸あり、と。

㊟大宰が子貢に尋ねた。孔先生は超人的な聖人とでも申しましょうか。どうしてあんなに多能なのでしょうか。子貢が答えた。たしかに天がその計らいで、孔先生に聖人の

行為を行わせているのですから、そのためには当然多能でなければならぬのです。孔子がこれを聞いて言った。大宰はお知りになるまいが、私の若い時は社会の下積みになって働かされたものだ。そのため賤しい仕事なら何でもできるようになった。家柄の貴人なら、多能になれようか。見わたした所では、どうも居ないようですね。牢がある時言った。先生のお言葉に、私はいい地位を得ないでいる間に、この通りの何でも屋になった、と。

212　**子曰。吾有知乎哉。無知也。有鄙夫問於我。空空如也。我叩其両端。而竭焉。**

㊟子曰く、吾に知あらんや。知なきなり。鄙夫《ひふ》ありて我に問うに、空空如《こうこうじょ》たり。我は其の両端を叩いてこれを竭《つく》すのみ。

㊍子曰く、私が知恵者だなどとは見当外れでしょう。私の知恵袋はいつもからっぽです。それに聞き方の下手な者がやってこられるのは一層こまる。私の袋からは何も出てくるものがないのだ。これこの通りと、二つの隅を叩いて振って見せるばかりだ。

この章は恐らく孔子が、単なる物知りとされ、知恵を借りにこられるのに反撥して、それはお門違いだと言いたかったのであろう。学問とはそんなものではないのだ。

213　子曰。鳳鳥不至。河不出図。吾已矣夫。

(訓)子曰く、鳳鳥《ほうちょう》至らず、河《か》、図《と》を出さず。吾れ已んぬるかな。

(新)子曰く、瑞兆《ずいちょう》の鳳凰もやってこないし、黄河から吉兆を脊負った龍馬も出てこない世になった、という諺があるが、実際そんな時代になったらしい。いよいよ絶望かな。

214　子見斉衰者。冕衣裳者。与瞽者。見之雖少必作。過之必趨。

(訓)子、斉衰《しさい》なる者、冕衣裳《べんいしょう》なる者と、瞽者《こしゃ》とを見るに、これを見るとき、少《わか》しと雖も必ず作《た》つ。これを過ぎるに必ず趨《はし》る。

(新)孔子は喪服を着た者、礼服を着た者、それに目の不自由な人に会った時には、いよいよ挨拶する場合、もし先方が年下でも、必ず席を下りて立ってお辞儀した。その人たちの前を通る時には、必ず小走りして敬意を表した。

215　顔淵喟然歎曰。仰之弥高。鑽之弥堅。瞻之在前。忽焉在後。夫子循循然。善誘人。博我以文。約我以礼。欲罷不能。既竭吾才。如有所立卓爾。雖欲従之。末由也已。

㊟顔淵《がんえん》、喟然《きぜん》として歎じて曰く、これを仰げば弥《いよ》いよ高く、これを鑽《き》れば弥いよ堅し。これを瞻《み》れば前にあり、忽焉《こつえん》として後《しり》えにあり。夫子、循循然《じゅんじゅんぜん》として善く人を誘《みち》びく。我を博むるに文を以てし、我を約するに礼を以てす。罷めんと欲して能わず。既に吾が才を竭《つく》す。立つ所あって卓爾《たくじ》たるが如し。これに従わんと欲すと雖も、由《よ》る末《な》きのみ。

㊎顔淵が思わず歎息して言った。古語に、仰げば仰ぐほどいよいよ高く、錐でもめばもむほど、いよいよ堅いことが分る。目の前にあると思って前ばかり警戒していると、いつの間にか急に後の方から見てござる、とあるのはよく先生の場合にあてはまる。先生は循循然とひとつひとつ我々を指導され、見聞を広めて知識を与え、行動をルールに従わせて礼を教えられた。一方では苦労だが一方では楽しくてやめられない。とうとう力限りの勉強をするようになった。先生はどこか高い場所に立ち、そこからは何でも見渡せるような気がするのだが、どこから其処へ行けるか、足がかりが見つからないでいる（『全集四』一四〇頁参照）。

216　**子疾病。子路使門人為臣。病間曰。久矣哉。由之行詐也。無臣而為有臣。吾誰欺。**

欺天乎。且予与其死於臣之手也。無寧死於二三子之手乎。且予縱不得大葬。予死於道路乎。

(訓)子、疾《やま》い病《へい》す。子路《しろ》、門人をして臣たらしむ。病い間なるとき曰く、久しいかな、由《ゆう》の詐《いつわり》を行うや。臣なくして臣ありとなす。吾、誰をか欺かん。天を欺かんや。且つ予《われ》、其れ臣の手に死なんよりは、無寧《むし》ろ二三子《にさんし》の手に死なん。且つ予、縦《たと》い大葬を得ざるも、予、道路に死なんや。

(新)孔子が危篤に陥ったことがあった。子路が自分の門人をやって、下男の仕事をさせた。病気が持ち直した時に孔子が気がついて言った。またもや由は小細工をして人を欺いたな。私は奴隷を持ったことはないのに、奴隷があるらしく見せた。私はそれで世間に対して見栄を張ることができるかも知れぬが、天は本当のことを見抜いておられる。それにこの私は、今の大家がやるように奴隷に遺骸の世話をしてもらうよりは、各々方に死後の始末をしてもらうのが望みだ。それにこの私は、世間並みの立派な葬式は出来なくても、まさか、行きだおれと同じ扱いは受けずに済むだろう。

217 **子貢曰。有美玉於斯。韞匵而蔵諸。求善賈而沽諸。子曰。沽之哉。沽之哉。我待賈**

者也。

(訓)子貢曰く、斯《ここ》に美玉あり。匵《ひつ》に韞《おさ》めてこれを蔵せんか。善賈《ぜんこ》を求めてこれを沽《う》らんか。子曰く、之を沽らんかな、これを沽らんかな。我は賈を待つ者なり。

(新)子貢曰く、美しい玉を持っているとしましょう。箱にいれ鍵かけて、しまっておきましょうか。それとも目の利く商人を探して売りましょうか。子曰く、そうだ、その売るほうだ、売るに限る。私は目の利く商人を待っているのだ。

沽之哉の哉は、強い選択を表わす時に用いる語気。善賈の賈は、価格と解する説もある。しかしこの場合は、弟子たちの就職になぞらえての発言であるから、単に高く売りつける、あるいは値上りを待つ、というのでは、利益追求一筋となって面白くない。美玉の真価を認めた人でなければ売ってやらぬ、という位の心意気がほしいと思うので、善賈をあえて、目の利く商人と訳した（『全集四』一七一頁参照）。

218　**子欲居九夷。或曰陋如之何。子曰。君子居之。何陋之有。**

(訓)子、九夷《きゅうい》に居らんと欲す。或るひと曰く、陋《ろう》なる、これを如何せん。子曰く、君子これに居らば、何の陋なることかこれあらん。

㊔孔子があるとき、東方の夷狄《いてき》の国へ移って住みたいと言いだした。或るひと曰く、むさくるしいのをどうしますか。子曰く、諸君がいっしょに居てくれたら、何のむさくるしいことがあろうか（『全集四』一五七頁参照）。

219　**子曰。吾自衛反魯。然後楽正。雅頌各得其所。**

㊫子曰く、吾れ衛《えい》より魯《ろ》に反《かえ》る。然る後、楽《がく》正しく、雅頌《がしょう》、各々其の所を得たり。

㊔子曰く、自分が衛の旅先から本国の魯に引上げてきた後、音階が規則どおりになり、雅頌の歌詞の部分もそれぞれ正しい場所に納まった。

220　**子曰。出則事公卿。入則事父兄。喪事不敢不勉。不為酒困。何有於我哉。**

㊫子曰く、出でては公卿《こうけい》に事《つか》え、入りては父兄に事う。喪事は敢て勉めずんばあらず。酒の為に困められず。我に於て何かあらんや。

㊔子曰く、公生活では政府の大官の下で働き、私生活では父兄に奉仕する。葬式があれば手伝いに行って、できるだけの骨折りをする。酒を飲みすぎて不始末をしでかすようなことをしない。そんなことは私にもわけなく出来たことだ。

恐らくこの章は孔子が弟子に教えた言葉であろう。儒教は礼の教えから出たが、その礼の中には民間の儀式も含まれ、殊に葬式には儒家の弟子が手伝いに行き、その謝儀が彼らの大きな収入源になっていた。この章はそのような儒家生活の内幕を伝えたものとして興味深い。特に葬式の際の振舞い酒のためにしくじるな、と戒めたのは最も適切な教訓だったのであろう。

221　**子在川上曰。逝者如斯夫。不舍昼夜。**

㊂子、川の上《ほとり》にありて曰く、逝くものは斯の如きかな、昼夜を舎《お》かず。

㊅孔子が川の流れを見つめながら言った。時間の過ぎるのは、この水の流れのようなものだ。昼と夜とを問わぬ。

222　**子曰。吾未見好徳如好色者也。**

㊂子曰く、吾は未だ徳を好むこと、色を好むが如き者を見ず。

㊅子曰く、異性に関心の深い人間ばかり多くて、修養に心がける人間はさっぱりいないものだな。

223　**子曰。譬如為山。未成一簣。止吾止也。譬如平地。雖覆一簣。進吾往也。**

(訓)子曰く、譬《たと》えば山を為《つく》るが如し。未だ成らざること一簣《き》なるも、止むは吾れ止むなり。譬えば地を平にするが如し。一簣を覆《か》えすと雖も、進むは吾れ往くなり。

(新)子曰く、学問は譬えば、山を造るようなものだ。あと簣《もっこ》に一杯の土で出来上るときでも、そこで止めたらその人の仕事は未完成のままだ。学問はまた地面の凹みを埋めるようなものだ。簣に一杯の土をほうりこんで埋めただけでも、一歩進めば、その人一歩だけの進歩があったのだ。

224　**子曰。語之而不惰者。其回也与。**

(訓)子曰く、これと語りて惰《おこた》らざる者は、其れ回《かい》なるか。

(新)子曰く、教わっている間、緊張の態度を少しもくずさないのは、回がいちばんだ。

225　**子謂顔淵曰。惜乎。吾見其進也。未見其止也。**

(訓)子、顔淵《がんえん》を謂いて曰く、惜しいかな。吾は其の進むを見たり。未だ其の止まるを見ざりき。

㊎孔子が顔淵のことを憶い出して言った。全く惜しいことをした。たえず進歩をし続けた男だった。行きづまったらしい風を見せたことがなかったのだが。

226　**子曰。苗而不秀者有矣夫。秀而不実者有矣夫。**

㊋子曰く、苗にして秀《ひ》いでざるものあるかな。秀いでて実《みの》らざるものあるかな。

㊎子曰く、芽を出して成長しても、穂を出さぬことがある。穂を出したと思っても、実の熟さぬことがある（『全集四』六八頁参照）。

227　**子曰。後生可畏。焉知来者之不如今也。四十五十而無聞焉。斯亦不足畏也已。**

㊋子曰く、後生《こうせい》畏《おそ》るべし。焉《いずく》んぞ来者《らいしゃ》の今に如《し》かざるを知らんや。四十五十にして聞こゆるなきは、斯れ亦た畏るるに足らざるなり。

㊎子曰く、若い学徒に大きな期待をもつべきだ。どうして後輩がいつまでも先輩に及ばないでいるものか。しかし四十歳、五十歳になって芽のふかぬ者には、もう期待するのは無理だろう。

後生は単なる若者ではない。先生に対する後生であって、学問に従事する後輩であろう（『全集四』六九頁参照）。

228 **子曰。法語之言。能無從乎。改之為貴。巽与之言。能無説乎。繹之為貴。説而不繹。從而不改。吾末如之何也已矣。**

㊟子曰く、法語の言は、能く従うなからんや。これを改むるを貴しと為す。巽与《そんよ》の言は、能く説《よろこ》ぶなからんや。これを繹《たず》ぬるを貴しと為す。説んで繹ねず、従って改めざるは、吾れこれを如何ともする末《な》きのみ。

㊞子曰く、十分な理由のある忠告には、誰しもあやまる外ない。あやまった以上は改めることが大切だ。耳に聞きよい賞め言葉を聞くと誰しも嬉しくなる。しかし本当にそれに該当するかどうかを再検討することが必要だ。嬉しがっただけで検討せず、口先であやまっただけで行いの方を改めようとしない者には、私としてそれを直してやりようがない。

229 **子曰。主忠信。毋友不如己者。過則勿憚改。**

㊫子曰く、忠信を主とし、己《おのれ》に如かざる者を友とする毋《なか》れ。過ちては改むるに憚かること勿れ。

㊪8の章の後半と重複する。

230　**子曰。三軍可奪帥也。匹夫不可奪志也。**

㊫子曰く、三軍は帥《すい》を奪うべきなり。匹夫《ひっぷ》も志を奪うべからざるなり。

㊪子曰く、一軍団の大将が虜になることは起るかも知れない。男一匹の魂は奪われてはなりませぬぞ。

231　**子曰。衣敝縕袍。与衣狐貉者立。而不恥者。其由也与。不忮不求。何用不臧。子路終身誦之。子曰。是道也。何足以臧。**

㊫子曰く、敝《やぶ》れたる縕袍《おんぽう》を衣《き》、狐貉《こかく》を衣たる者と立ちて恥じざる者は、其れ由なるか。忮《そこな》わず求めず、何を用《も》って臧《よろ》しからざらん、ということあり。子路《しろ》終身これを誦す。子曰く、是の道や、何ぞ以て臧《よ》しとするに足らん。

㊪子曰く、すりきれた綿入れ服を着て、銀狐の外套を着た人と列んで、平気な顔をして

おられるのは、由ひとりくらいかな、と。詩経の中に、人は人、我は我。比べないのが一番いい、という句がある。子路はこの句が好きで、いつも口癖のように唱えていた。子曰く、そのくらいの事で、何が一番いいものか。

不忮不求とは、人の悪口もいわない、人にも頼まないの意。詩経、邶風《はいふう》の中に見える。次の句、何用不臧に対して孔子が、何足以臧と、中の二字を変えて、子路に対して戒めとした。なおこの章は全く異った二事を便宜上、同じ所に出しただけ。詩の句までも孔子の言とし、下に続けて全体を一事と解するとおかしくなる(『全集四』一二九頁参照)。

232 **子曰。歳寒。然後知松柏之後彫也。**

㊫子曰く、歳《とし》寒くして、然る後に松柏《しょうはく》の後れて彫《しぼ》むを知るなり。

㊔子曰く、歳末の寒さがやってきて、はじめて松や柏など、常緑樹の葉の抵抗力の強いことが分るのだ。

233 **子曰。知者不惑。仁者不憂。勇者不懼。**

㊫子曰く、知者は惑わず。仁者は憂えず。勇者は懼《おそ》れず。

㊖子曰く、知者はあれこれ迷わぬ。仁者はくよくよ心配しない。勇者はしりごみしない。

234　**子曰。可与共学。未可与適道。可与立。未可与立。可与立。未可与権。**

㊋子曰く、与《とも》に共に学ぶべきも、未だ与に道を適《ゆ》くべからず。与に道を適くべきも、未だ与に立つべからず。与に立つべきも、未だ与に権《はか》るべからず。

㊖子曰く、同じ場所で勉強しても、同じ道へ一しょに進めるとは限らぬ。同じ道を一しょに進んでも、一しょに仕事ができるとは限らぬ。一しょに仕事ができても、いざというとき運命を共にすることができるとは限らぬ。

235　**唐棣之華。偏其反而。豈不爾思。室是遠而。子曰。未之思也夫。何遠之有。**

㊋唐棣《とうてい》の華《はな》、偏《へん》として其れ反《ひるが》える。豈《あ》に爾を思わざらんや。室《しつ》、是れ遠きのみ、とあり。子曰く、未だこれを思わざるかな。何の遠きことかこれあらん。

㊖詩に、にわうめの花びら、ひらひらとひるがえる。とわに変らぬわが思い、汝の室に届くまじ、あまりに道の遠ければ、とあり。子曰く、その思いはまだ本当の思いではない。道が遠くて届かぬようでは（『全集四』一三五頁参照）。

郷党第十（236～253）

236　**孔子於郷党。恂恂如也。似不能言者。其在宗廟朝廷。便便言。唯謹爾。**

㊓孔子、郷党《きょうとう》に於ては、恂恂如《じゅんじゅんじょ》たり。言う能わざる者に似たり。其の宗廟、朝廷にあるや、便便として言う。唯だ謹しむのみ。

㊔孔子が町内の会合の席では、ぼつりぼつりと話しするのを聞いていると、言語障害かと思うくらい。ところが朝廷の祭祀や政治の場では、すらすらと雄弁に語る、ただひどく丁寧に言う。

237　**朝与下大夫言。侃侃如也。与上大夫言。誾誾如也。君在。踧踖如也。与与如也。**

㊓朝において下大夫《かたいふ》と言うには、侃侃如《かんかんじょ》たり。上大夫《じょうたいふ》と言うには、誾誾如《ぎんぎんじょ》たり。君在《い》ませば、踧踖如《しゅくせきじょ》たり、与与如《よよじょ》たり。

㊔朝廷で下級の大夫と話すにはいと物柔かに、上級の大夫に対しては臆するところなく

言う。君主の前では謹直だが、ゆとりを失わない。

238 **君召使擯。色勃如也。足躩如也。揖所与立。左右手。衣前後。襜如也。趨進。翼如也。賓退。必復命。曰。賓不顧矣。**

㊙君、召して擯《ひん》せしむれば、色、勃如《ぼつじょ》たり。足、躩如《かくじょ》たり。与に立つ所に揖《ゆう》するには、手を左右にし、衣の前後は襜如《せんじょ》たり。趨《はし》り進むには翼如《よくじょ》たり。賓《ひん》、退けば必ず復命して曰く、賓、顧みずなりぬ。

㊍君主に命ぜられて賓客の接待をする時は、緊張した面持ちになり、きびきびした足取りで歩む。並んで立つ同僚に会釈するとき、手を左右に向けるたびに、衣服の前後がひらひらと動く。小走りに足を運ぶ時は、羽を拡げたように軽快だ。客が帰ったあと、必ず復命して、後を振りかえられなくなるまでお見送りしました、と言った。

賓不顧を、普通には、客が満足したので顧みずに去った、のだと解釈するが、これはおかしい。賓客は立去る時に見送りの主人側に対し、時々振りかえって挨拶するのが礼儀であり、また賓客が遠ざかって最後の挨拶をするまで見送るのが、主人側の礼儀なのである。この所はそれを言ったもので、レッグ訳、華英四書にはこの箇所の本文を、

The visitor is not turning round any more.

と訳し、更にその説明として、

The ways of China, it appears, were much the same anciently as now. A guest turns round and bows repeatedly in leaving, and the host can not return to his place till these salutations are ended.

と注釈を加えているのは甚だ適切である。

239 **入公門。鞠躬如也。如不容。立不中門。行不履閾。過位。色勃如也。足躩如也。其言似不足者。摂斉升堂。鞠躬如也。屛気似不息者。出。降一等。逞顔色。怡怡如也。没階。趨進。翼如也。復其位。踧踖如也。**

(訓)公門に入るには、鞠躬如《きくきゅうじょ》たり。容れられざるが如し。立つこと門に中《あた》らず、行くに閾《しきい》を履まず。位を過ぐるには、色、勃如たり、足、躩如《かくじょ》たり。其の言は足らざる者に似たり。斉《もすそ》を摂《かか》げて堂に升《のぼ》るには、鞠躬如たり。気を屛《ひそ》めて、息せざる者に似たり。出でて一等を下《くだ》れば、顔色を逞《はな》ち、怡怡如《いいじょ》たり。階《きざはし》を没《つく》して趨り進むには、翼如《よくじょ》たり。其の位に復《かえ》りては、踧踖如《しゅくせきじょ》たり。

㊎宮殿の正門を入る時には、前かがみに頭を下げて、天井がつかえたよう。門の中央では立ちどまらず、閾《しきい》をまたぐ時に足で履まない。君主の座席の前を通るときは、顔付きがひきしまり、きびきびした足取りになる。口を利くには言葉短くすます。裾をつまんで階段から堂に上るときは、前かがみに頭を下げ、口をつぐんで息をのみこんだよう。堂から下りる時は、一階下るごとに、安堵の色が現われて、のびのびした顔付きになる。降りきって、小走りに進む時は、軽快に羽が生えたよう。庭中の自己の座席に戻ってくると、落着いた顔色にかえる。

240　**執圭。鞠躬如也。如不勝。上如揖。下如授。勃如戰色。足蹜蹜如有循。享禮有容色。私覿。愉愉如也。**

㊈圭《けい》を執《と》るには鞠躬如《きくきゆうじよ》たり。勝《た》えざるが如くす。上ぐるには揖《ゆう》するが如くし、下ぐるには授くるが如くす。勃如《ぼつじよ》として戦《おのの》く色あり。足は蹜蹜《しゆくしゆく》として循《したが》うところあるが如し。享礼《きようれい》には容色あり。私覿《してき》には、愉愉如《ゆゆじよ》たり。

㊎（外国に使いした時、君主から預ってきた玉製の）圭を両手に捧げるには、前かがみになって、重荷を持ちあげているよう。高く挙げる時には顔の高さ、下げる時には腰の

高さでとめる。緊張した顔色は、身ぶるいしているかのよう。歩くには摺り足でひきずるよう。公式の宴会にはゆったりした構えになり、個人的な付きあいになると、もっとくだけてにこやかにしていた。

241

君子不以紺緅飾。紅紫不以為褻服。当暑袗絺綌。必表而出之。緇衣羔裘。素衣麑裘。黄衣狐裘。褻裘長。短右袂。必有寝衣。長一身有半。狐貉之厚以居。去喪無所不佩。非帷裳。必殺之。羔裘玄冠不以弔。吉月。必朝服而朝。

㊞君子は紺緅《かんしゅう》を以て飾りとせず。紅紫は以て褻服《せつふく》と為さず。暑に当っては袗《ひとえ》の絺綌《ちげき》もてす。必ず表してこれを出す。緇《し》衣には羔裘《こうきゅう》、素《そ》衣には麑裘《げいきゅう》、黄衣《こうい》には狐裘《こきゅう》。褻裘《せつきゅう》は長く、右袂《うべい》を短くす。必ず寝衣あり。長さ一身有半。狐《こ》貉《かく》の厚き以て居る。喪を去れば佩《お》びざる所なし。帷裳《いしょう》に非ざれば、必ずこれを殺《さい》す。羔裘玄冠《こうきゅうげんかん》は以て弔せず。吉月には必ず朝服して朝す。

㊖(身分ある者は衣服にも制約があるのでそれを守った。) 紺や緅色《くりいろ》で縁をとらない。紅や紫の色は平常着に用いない。暑中には麻の単衣《ひとえ》だが、必ず下着にあわせて着る。黒い服には小羊の毛皮、白い服には鹿の毛皮、黄色い服には狐の毛皮で上張りをつくる。

平常着の毛皮の服はたけが長く、右の袂《たもと》を短くする。寝るときは必ず寝巻きを着、身長よりも更に半分長い。狐や貉《むじな》の毛の厚い皮の敷物は休息の場合に用いる。喪に服する時でなければ、どんなアクセサリーをつけても構わない。祭服でなければ裳《もすそ》にひだをとらない。小羊の皮ごろもと、黒い冠は悔みに行く時には用いない。毎月朔日《ついたち》には必ず礼服を着て、君主に御機嫌伺いに行く。

242　**斉必有明衣。布。斉必変食。居必遷坐。**

(訓)斉《さい》するには必ず明衣《めいい》あり、布もてす。斉するには必ず食を変ず。居には必ず坐を遷す。

(新)祭などのためものいみする時は、必ず特別の明衣があって麻布で製した。ものいみには必ず特別の食物で精進した。休息してくつろぐには必ず座席を別に移した。

243　**食不厭精。膾不厭細。食饐而餲。魚餒而肉敗不食。色悪不食。臭悪不食。失飪不食。不時不食。割不正不食。不得其醤不食。肉雖多。不使勝〔食気〕餼。唯酒無量。不及乱。沽酒市脯不食。不撤薑食。不多食。祭於公。不宿肉。祭肉不出三日。出三日。不食之矣。食不語。寝不言。雖疏食菜羹瓜。祭必斉如也。**

㊟食《し》は精なるを厭わず、膾《かい》は細きを厭わず。食《し》の饐《い》して餲《あい》し、魚の餒し肉の敗《やぶ》れたるは食わず。色の悪きは食わず、臭の悪きは食わず。飪《じん》を失えば食わず。時ならざるは食わず。割くこと正しからざれば食わず。其の醬《しょう》を得ざれば食わず。肉は多しと雖も食《いい》に勝たしめず。唯だ酒は量なし、乱に及ばず。沽《こ》酒《しゅ》市《し》脯《ほ》は食わず。薑《きょう》を撤して食わず。多くは食わず。公に祭れば肉を宿《とど》めず。祭肉は三日を出ださず。三日を出づれば、これを食わず。食うに語らず、寝ねては言わず。疏《そ》食《し》菜《さい》羹《こう》瓜《か》と雖も、祭れば必ず斉如《せいじょ》たり。

㊞米はついてしらげたほどよく、膾《なます》は細くきざんだほどよい。飯がすえて味がかわり、魚がくずれ、肉の古くなったのは食わぬ。色の変ったものは食わぬ。臭の悪くなったものは食わぬ。煮方をしくじったものは食わぬ。時候はずれのものは食わぬ。切れ目の形の悪いものは食わぬ。適当なソースでなければ食わぬ。肉は多くても、飯より多くはとらぬ。ただ酒だけは分量をきめないが、酔いつぶれてはならぬ。市場の店舗で売っている酒や乾肉は用いない。薑《はじかみ》をはねのけて肉だけ食うことをしない。食い過ぎをしない。君主の祭祀で分配された肉は、その日の中に処分する。家中の祭祀の肉も三日までに処置し、三日を過ぎたものは食わぬ。食事の際には長話をしない。寝につ

いてからは物を言わない。平常と同じ米飯、野菜の汁、果物の類であっても、祭祀に用いる時には、必ずおずおずと敬んで捧げたあと、粗末にしない（『全集四』八三頁参照）。

244　**席不正。不坐。**

㊟席正しからざれば、坐せず。

㊖座席が曲っていた時は、直してからでなければ坐らない。

古代の中国人は日常の生活に、寝台に似た形の牀《しょう》を用い、その上に席《せき》を敷き、席の上に日本人の如く膝をそろえて坐するのが習慣であった。故に席は座蒲団に相当するので、その四辺が牀の四辺と平行して、正しく置かれていなければ、無造作にその上に坐すことをしなかったのである。

245　**郷人飲酒。杖者出。斯出矣。郷人儺。朝服而立於阼階。**

㊟郷人、飲酒するに、杖する者出づれば、斯《ここ》に出《い》づ。郷人、儺《だ》するときは、朝服して阼《そ》階《かい》に立つ。

㊎町内で宴会がある時は、杖をついた老人が帰るのを待って、そのあとで退出する。町内の行事で鬼やらいの行列がまわってきた時は、礼服を着て、入口の階段に立って待ちうける(『全集四』三五頁参照)。

246　**問人於他邦。再拝而送之。康子饋薬。拝而受之。曰。丘未達。不敢嘗。**

㊂人を他邦に問わしむるには、再拝してこれを送る。康子《こうし》、薬を饋《おく》る。拝してこれを受く。曰く、丘《きゅう》、未だ達せず。敢て嘗《な》めず、と。

㊎使者を他国に出して人を訪問させる時には、再拝して使者を送り出す。康子から薬を贈られた。拝してこれを受取った上、暫くしてから面会して言った。お笑いになるかも知れませんが、実は方位の心配がありまして、まだ頂くことをせずにおります、と。未達とは方位とか相性とかの吉凶を超越し、悟りきることがまだ出来ない、という意味であろう。これは相手の好意を無にせずに辞退する時の口実で、最も丁寧なことわり方。あるいは当時の常套的な切口上であろう。現今の日本でも時によって用いられる。ところがどうかすると、その迷信がそのまま信仰されてしまうから救われない。

247　**廐焚。子退朝曰。傷人乎。不問馬。**

㊟廐《うまや》焚けたり。子、朝《ちょう》より退いて曰く、人を傷くるか、と。馬を問わず。

㊔廐が火事でやけた。孔子は勤務から帰ってきて言った。誰も怪我しなかったか、と。馬のことは聞かなかった。

248　**君賜食。必正席。先嘗之。君賜腥。必熟而薦之。君賜生。必畜之。侍食於君。君祭先飯。疾。君視之。東首。加朝服。拖紳。君命召。不俟駕行矣。**

㊟君、食を賜えば、必ず席を正して先ずこれを嘗《な》む。君、腥《せい》を賜えば、必ず熟してこれを薦《すす》む。君、生を賜えば、必ずこれを畜《か》う。君に食に侍するに、君祭れば先ず飯す。疾ありて、君、これを視れば、東首《とうしゅ》し、朝服を加え紳を拖《ひ》く。君、命じて召せば、駕を俟《ま》たずして行く。

㊔君主から料理を分配された時は、必ず居ずまいを正した上で、自分が先ず試食する。君主から生肉のままで頂いた時は、必ずそれを煮たきして、先祖に供える。生き物を賜わった時は、必ずそれを飼育する。君主に陪食する時、君主が先ず一箸をとって祭《そなえ》としたのを見ると、すぐ食べにかかる。病気にかかり、君主から見舞を受けた時は、

東枕に寝ね、夜具の上に礼服をかけ、帯をのせる。君主から呼出しの命を受けた時は、馬車の準備を命ずると同時に歩き出す。

不俟駕行の意味は、普通の外出には馬車の用意を命じておき、車に馬が駕せられ、準備が終了したとの報告を俟って、玄関から馬車に乗って出かけるのであるが、君主から特別の呼出しがあるのは急ぎの用かも知れないから、出来るだけ時間のロスを防ぐ。すなわち速力の早い馬車に時間待ちをさせぬよう、準備完了の報告を待たずに、自分の方から先廻りして馬車を待って乗るのである。恐らく門の前で馬車を待ちあわせるのが最も合理的なやり方であったであろう。

祭は食事ごとに先ず一箸の飯を供えとして、わきへ取りのけておく。水戸斉昭のお百姓人形はこの用のために造られた。禅宗にもこの習慣があるという。

249 **入太廟。毎事問。**

㊞太廟《たいびょう》に入りて、事ごとに問えり。

㊟前出55と重複している。

250　**朋友死。無所帰。曰。於我殯。朋友之饋。雖車馬。非祭肉不拝。**

(訓)朋友死して帰する所なければ、曰く、我において殯《ひん》せよ、と。朋友よりの饋《おくりもの》は、車馬と雖も、祭肉に非れば拝せず。

(新)朋友が死んで近親者が居ない時には、私の家に棺をお預りしましょう、と言った。朋友からの贈物は、車や馬のような高価なものでも、拝して受取ることはしなかった。拝するのは、ただ祭りに供えた肉のお裾分けの時だけであった。

251　**寝不尸。居不容。見斉衰者。雖狎必変。見冕者与瞽者。雖褻必以貌。凶服者式之。式負版者。有盛饌。必変色而作。迅雷風烈必変。**

(訓)寝ぬるに尸《し》せず。居るに容《かたち》つくらず。斉衰《しさい》する者を見れば、狎《な》れたりと雖も必ず変ず。冕《べん》する者と瞽者《こしゃ》とを見れば、褻《な》れたりと雖も必ず貌《かたち》を以てす。凶服する者はこれに式す。負版《ふばん》する者に式す。盛饌《せいせん》あれば、必ず色を変じて作《た》つ。迅雷風烈には必ず変ず。

(新)寝につく時は両脚をまっすぐに伸さない。休息している時は、身づくろいをしない。喪服を着た人に会うと、何度目であっても、表情を変え、礼服を着た者と目の不自由な人に会う時は、親しい仲でも身づくろいを改める。葬式の服装をした人には馬車の上から会釈する。喪章をつけた人にも会釈する。心尽しのもてなしにあえば、表情を改め、立ち上って謝意を述べた。大雷雨、強烈風のある時は、居ずまいを正して謹慎の意を表わした。

252 **升車必正立執綏。車中不内顧。不疾言。不親指。**

㊟車に升《のぼ》るに必ず正立して綏《すい》を執る。車中にては、内顧せず、疾言せず、親指せず。

㊝馬車に乗る時は、必ずまっすぐに立って、吊り紐につかまって上る。馬車に乗って走る間は、後を振りむかない、早口にしゃべらない、指で方角をさし示すことをしない。

253 **色斯挙矣。翔而後集。曰。山梁雌雉。時哉時哉。子路共之。三嗅而作。**

㊟色すれば斯に挙る。翔《かけ》りて後に集《と》まる、とあり。曰く、山梁の雌《し》雉、時なるかな、時なるかな、と。子路これを共せしに、三たび嗅《か》いで作《た》ちたりき。

㊝古語に、(雉《きじ》の用心深さを歌い)気配に感じて舞い上ったが、空をひとまわりして後、おり立った、とある。孔子がこれを説明して、山間の懸け橋にとまりたる雌雉に、時期が大切だぞよ、時期を誤るな、と教えようとした詩であるぞ、と言った。この孔子

の言は子路が雌雉の肉を供した時に発せられたもので、孔子はこのように言った後、子路の好意を無にせぬため、三度嗅いだ後に席を立った（『全集四』一四四頁参照）。

先進第十一（254〜278）

254 **子曰。先進於礼楽。野人也。後進於礼楽。君子也。如用之。則吾従先進。**

(訓)子曰く、先進《せんしん》の礼楽におけるや、野人《やじん》なり。後進の礼楽におけるや、君子なり。如《も》しこれを用うるには、吾れは先進に従わん。

(新)子曰く、昔の人たちが身につけた教養は、田舎者流であった。今の人たちの教養は、すっかり文化人風になっている。どっちの教養が本物かといえば、昔の人たちの方だ。

255 **子曰。従我於陳蔡者。皆不及門也。徳行。顔淵。閔子騫。冉伯牛。仲弓。言語。宰我。子貢。政事。冉有。季路。文学。子游。子夏。**

(訓)子曰く、我に陳蔡《ちんさい》に従いし者は、皆な門に及ばざりき。徳行には顔淵《がんえん》、閔子騫《びんしけん》、冉伯《ぜんはく》牛《ぎゅう》、仲弓《ちゅうきゅう》。言語には宰我《さいが》、子貢《しこう》。政事には冉有《ぜんゆう》、季路《きろ》。文学には、子游《しゆう》、子夏《しか》ありき。

(新)子曰く、陳蔡の間で難にあった時、弟子たちは誰れひとり、城門で追いついた者がなかった。徳行には顔淵、閔子騫、冉伯牛、仲弓。外交の応対には宰我、子貢。政治には冉有、季路。文学には子游、子夏があった。

不及門の解釈は色々に分れている。鄭玄の説では、門を仕進の門とするから、不及門をもって仕官することなく、その所を得ずにいたと解する。朱子は門をもって孔子の門とし、不及門とは、今や死散して孔子の門に至る者がなくなったと解する。

しかし及という字は、追いつくのが原義であり、門は一字で城門を意味すること、132に見ゆる如くである。左伝、宣公十四年の条に、

剣及于寝門之外。　剣は寝門の外に及ぶ。

とあるのは、従者が剣を持って走り、寝門の外で追いついて手渡した意味である。そこで私は論語のこの条も、弟子たちが散り散りに打成され、誰ひとり孔子が城門に入る時に追いついた者はいなかったという意味にとりたいと思う。つまり275に、顔淵後《おく》る、とあるのと似たような意味である。孔子の追憶として最も適切ではないかと思う。

256　**子曰。回也。非助我者也。於吾言無所不説。**

(訓)子曰く、回や、我を助くる者に非ざるなり。吾が言において説《よろこ》ばざるところなし。

(新)子曰く、顔回は私の学問にプラスすることができぬ男だ。私の言うことに、ああいちいち賛成してしまわれては。

257 **子曰。孝哉閔子騫。人不間於其父母昆弟之言。**

(訓)子曰く、孝なるかな閔子《びんし》騫《けん》。人、其の父母昆弟《こんてい》〔の言に間せず〕を間するの言あらず。

(新)子曰く、孝行者といえば閔子騫だ。誰も彼の父母昆弟の悪口を言う者がない。間は205における間然の間。但しこのような解釈ではあまりに平凡だという理由でか、彼の父母兄弟が彼をほめる言葉を誰も疑う者がない、など色々に解釈される。しかし論語はもともと平凡な真理の書である。閔子騫が孝行なため、その一家まで悪く言われない。それは立派な孝行者ではあるまいか。

258 **南容三復白圭。孔子以其兄之子妻之。**

(訓)南容《なんよう》、三たび白圭《はくけい》を復す。孔子、其の兄の子を以てこれに妻《め》あわす。

(新)南容が詩経の中の白圭の句を好んで誦するのが、三度孔子に聞かれた。孔子はその兄の娘と結婚させた。

白圭の句は詩経、大雅、抑にあり、

白圭之玷。尚可磨也。斯言之玷。不可為也。

白玉についた玷《きず》は、磨《みが》いてへらすことができる。言葉の玷は、永久に修理できない。

と見え、南容の事は93にも出ている（本書七〇頁参照）。

259　**季康子問。弟子孰為好学。孔子対曰。有顔回者好学。不幸短命死矣。今也則亡。**

(訓)季康子《きこうし》問う、弟子《ていし》孰《た》れか学を好むと為す。孔子対えて曰く、顔回《がんかい》なる者ありて学を好む。不幸、短命にして死せり。今や則ち亡し。

(新)121と殆んど同文、ただ季康子が哀公になっているだけ。

260　**顔淵死。顔路請子之車。以為之椁。子曰。才不才。亦各言其子也。鯉也死。有棺而無椁。吾不徒行以為之椁。以吾従大夫之後。不可徒行也。**

(訓)顔淵《がんえん》死す。顔路《がんろ》、子の車を請い、以てこれが椁《かく》を為《つく》らんとす。子曰く、才、不才あるも、亦た各々其の子と言うなり。鯉《り》や死せしとき、棺ありて椁なし。吾れ徒行して以てこれが椁を為らざりしは、吾れは大夫の後に従い、徒行すべからざりしを以てなり。

㊗新顔淵が死んだ時、父の顔路が孔先生の車を貰って、それで外棺を造りたいと願った。子曰く、才と不才の違いはあっても、人はそれぞれ自分の子がある。私の子の鯉が死んだ時、内棺だけあって外棺はなかった。私が車をなくして歩行してまで、子のために外棺を造らなかったのは、私はこれでも大夫の位の席末につらなっていて、大路を車に乗らず、徒歩で往来するわけに行かなかったからだ。

261　**顔淵死。子曰。噫。天喪予。天喪予。**

㊗訓顔淵《がんえん》死す。子曰く、噫《ああ》。天、予を喪《ほろぼ》すか。天、予を喪すか。

㊗新顔淵が死んだ。子曰く、ああ、お天道さまは私を亡す気か、私は死んでしまったも同然だ。

262　**顔淵死。子哭之慟。従者曰。子慟矣。曰。有慟乎。非夫人之為慟。而誰為。**

㊗訓顔淵《がんえん》死す。子、これを哭《こく》して慟《どう》す。従者曰く、子、慟するか。曰く、慟あらんには、夫の人の為に慟するに非ずして、誰が為にせん。

㊎顔淵が死んだ。孔子が身体を投げ出して泣きくずれた。従者曰く、先生、あまりおなげきになっては、お身体にさわります。曰く、何も言ってくれるな。あの人のことだけは、泣けるだけ泣かせてくれ。

263　**顔淵死。門人欲厚葬之。子曰。不可。門人厚葬之。子曰。回也。視予猶父也。予不得視猶子也。非我也。夫二三子也。**

㊋顔淵《がんえん》死す。門人、厚くこれを葬らんと欲す。子曰く、不可なり、と。門人、厚くこれを葬れり。子曰く、回《かい》や、予を視ること猶《な》お父の如かりき。予は視ること猶《な》お子のごとくするを得ず。我に非ざるなり。夫の二三子なり。

㊎顔淵が死んだ。孔子の門人たちが派手な葬式を出したいと計った。子曰く、それはいかぬ。しかし門人たちはとうとう派手に式を行った。子曰く、回はこの私を生みの父のように慕っていた。ところがこの私は回を自分の子のように取扱うことが出来ずにしまった。私自身のせいではない。誰やらが余計なことをしたせいだ。

264　**季路問事鬼神。子曰。未能事人。焉能事鬼。曰。敢問死。曰。未知生。焉知死。**

(訓)季路《きろ》、鬼神に事《つか》うるを問う。子曰く、未だ人に事うる能わず、焉《いずく》んぞ能く鬼に事えん。曰く、敢て死を問う。曰く、未だ生を知らず、焉んぞ死を知らん。

(新)季路が先祖の霊を慰めるにはどうすればよいかと尋ねた。子曰く、生きている人を慰めることができないでいて、どうして死んだ人を慰められるものか。曰く、死とはどういうことですか。子曰く、生きることの意味が分らないで、どうして死の意味が分ろうか。

265 **閔子侍側。誾誾如也。子路。行行如也。冉有。子貢。侃侃如也。子楽。若由也。不得其死然。**

(訓)閔子《びんし》、側に侍す、誾誾如《ぎんぎんじょ》たり。子路《しろ》、行行如《こうこうじょ》たり。冉有《ぜんゆう》、子貢《しこう》、侃侃如《かんかんじょ》たり。子楽しむ。由《ゆう》の若くんば、其の死然を得ざらん。

(新)孔子に陪席する人たちのうち、閔子は裃《かみしも》をきたように四角ばっており、子路は意気軒昂たるものがあり、冉有、子貢は人なつこい顔をしていた。孔子もいと満足気であった。(子曰く)由のようだと、畳の上で死ねそうもないのが心配だ。

266　**魯人為長府。閔子騫曰。仍旧貫。如之何。何必改作。子曰。夫人不言。言必有中。**

(訓)魯人、長府を為《つく》らんとす。閔子騫《びんしけん》曰く、旧貫に仍《よ》らば、これを如何せん。何ぞ必ずしも改め作らん。子曰く、夫《か》の人言わず、言えば必ず中《あた》るあり。

(新)魯国で宝物庫を改築した。閔子騫曰く、もとのままにしておいて、何故いけないのだろう。別に改築する必要はないのに。子曰く、彼の人は滅多に発言しないが、発言する時はいつもいいことを言う。

閔子の言は政府での発言のように聞えるが、事実はどうか分らない。如之何何必改作のうち、何の一字を去り、

　如之何必改作。　これを如何ぞ必ずしも改め作らん。

とする方が文意がよく通ずるように思うが、原のままでも分らないことはないので、暫く旧に従う。

267　**子曰。由之瑟。奚為於丘之門。門人不敬子路。子曰。由也升堂矣。未入於室也。**

(訓)子曰く、由《ゆう》の瑟《しつ》、奚《なん》すれぞ、丘の門に於てせん。門人、子路《しろ》を敬せず。子曰く、由や、堂に升《のぼ》れり。未だ室に入らざるのみ。

㊎子曰く、由の琴のひきようは、私の家でするには不向きだな。それを聞いて門人たちが、子路をあなどり始めた。子曰く、由の手並みは世間の水準以上なんだ。ただ私の注文どおりにはまだ及ばないと言っただけだ。

268　**子貢問。師与商也孰賢。子曰。師也過。商也不及。曰。然則師愈与。子曰。過猶不及。**

㊋子貢《しこう》問う、師と商と孰《いず》れか賢《まさ》れる。子曰く、師や過ぎたり。商や及ばず。曰く、然らば則ち師愈《まさ》れるか。子曰く、過ぎたるは猶《な》お及ばざるがごとし。

㊎子貢が尋ねた。師と商とでは、何方が上ですか。子曰く、師は行きすぎる方だし、商は不足する方だ。曰く、それなら師の方が上ですか。子曰く、行き過ぎと不足とに上下はない。

269　**季氏富於周公。而求也為之聚斂而附益之。子曰。非吾徒也。小子鳴鼓而攻之。可也。**

㊋季氏《きし》、周公《しゅうこう》よりも富む。而して求《きゅう》や、これが為に聚斂《しゅうれん》してこれに附益す。子曰く、吾が徒に非ざるなり。小子、鼓を鳴らしてこれを攻めて可なり。

(新)季氏は昔の周公よりも財産が豊かであった。ところが求は季氏の代官となって、税をきびしく取り立てて、更に財産を増やしてやった。子曰く、彼はもう学徒とは言えない。諸君はデモに押しかけて行って攻撃しても構わない。

270　**柴也愚。参也魯。師也辟。由也喭。**

(訓)柴《さい》や愚、参《しん》や魯、師や辟《へき》、由《ゆう》や喭《がん》なり。

(新)(子曰く)高柴は馬鹿正直、曾参は血のめぐりが鈍い。顓孫師《せんそんし》は見栄ぼう、仲由はきめが荒いぞ。

271　**子曰。回也其庶乎〔○〕屢空。賜不受命。而貨殖焉。億則屢中。**

(訓)子曰く、回《かい》や其れ〔庶いかな。屢々空し。〕屢々空しきに庶し。賜《し》は命を受けずして貨殖す。億《はか》れば則ち屢々中《あた》る。

(新)子曰く、回は年中貧乏暮しというところ。賜は命ぜられなくても、金儲けに熱心だ。彼の見通しは大てい的中する。

賜、すなわち子貢は孔子学団の財政面担当者であったらしい。不受命の句を従来の注釈では、天命を受けぬことと解説するが、例によって牛刀を用いるの感を免れない。当時の金儲けと言えば、市場における商品の操作が主であり、投機的な要素が多かったと思われる。

顔回の方は経済的手腕など全くなく、学団に貢献することはおろか、自分自身がいつも貧乏の標本になっていた。ここでも従来の注釈は、其庶乎《それちかいかな》の三字で句を切り、道に近い、という意味に解しようとする。少しでも多く道徳的説教に役立てようというのがその根本的態度である。

272 **子張問善人之道。子曰。不践迹。亦不入於室。**

㊙子張《しちょう》、善人の道を問う。子曰く、迹《あと》を践《ふ》まざれば、亦《ま》た室に入らず。

㊔子張が善人の道は何かと尋ねた。子曰く、善人の歩いた迹をついて行かなければ、善人の室へは這入れない。

善人は知者、賢人などと共に、仁者に次ぐ人格者。善人之道とは、先王之道、文武之道、古之道、夫子之道などの例に見られるように、善人の行《おこな》った道、歩いた道と解してよいであろう。善人の道は善人の真似をすれば分るのである。

273　**子曰。論篤是与。君子者乎。色荘者乎。**

㊂子曰く、論の篤きに是れ与《くみ》す、とあり。君子者か。色荘《しきそう》なる者か。

㊎子曰く、議論の篤実な方に是れ与す、という古語がある。その議論の篤実なものとは、教養ある君子のことだろうか、それともうわべだけ堂々たる人間のことだろうか。

274　**子路問聞斯行諸。子曰。有父兄在。如之何其聞斯行之。冉有問聞斯行諸。子曰。聞斯行之。公西華曰。由也問聞斯行諸。子曰。有父兄在。求也問聞斯行諸。子曰。聞斯行之。赤也惑。敢問。子曰。求也退。故進之。由也兼人。故退之。**

㊂子路《しろ》、聞けば斯《ここ》にこれを行う、（の語）を問う。子曰く、父兄の在《いま》すあり、これを如何ぞ其れ、聞いて斯にこれを行わんや。冉有《ぜんゆう》、聞けば斯にこれを行う、を問う。子曰く、聞いて斯にこれを行うなり。公西華《こうせいか》曰く、由《ゆう》や、聞けば斯にこれを行う、を問いしに、子曰く、父兄の在すあり、と。求や、聞けば斯にこれを行う、を問いしに、子曰く、聞いて斯にこれを行うなり、と。赤《せき》や惑う。敢て問う。子曰く、求《きゅう》や退く。故にこれを進む。由《ゆう》や人を兼ぬ。故にこれを退く。

(新)子路が尋ねた。聞けば斯にこれを行う、という言葉がありますが、どういう意味を含んでいるのでしょうか。子曰く、父兄の存命中には、聞けばすぐにこれを行う、ということはあり得ないはずだ。冉有が尋ねた。聞けば斯にこれを行う、という言葉がありますが、どういう意味を含んでいるのでしょうか。子曰く、文字どおり、聞けばすぐにこれを行う、ことが大事だ。今度は公西華が尋ねた。由が、聞けば斯にこれを行う、の意味を尋ねた時に先生は、父兄が存命中のことを考えろ、と言われました。次に求が、聞けば斯にこれを行う、の意味を尋ねた時に先生は、聞けばすぐにこれを行え、と教えられました。赤は合点がまいりませんので、重ねてお尋ねしたいと思います。子曰く、求は引込み思案だ。だから元気をつけた。由は押しが強い。だからたしなめておいた。

275　**子畏於匡。顔淵後。子曰。吾以女為死矣。曰。子在。回何敢死。**

(訓)子、匡《きょう》に畏《い》す。顔淵《がんえん》、後《おく》る。子曰く、吾れ女《なんじ》を以て死せりと為す。曰く、子在《いま》す。回《かい》、何ぞ敢て死せん。

(新)孔子が匡で災難に罹った。顔淵がはぐれて姿を消し、やっとのことで追いついた。子曰く、お前はもう死んだのかと思っていた所だ。曰く、先生が生きておいでになる限り、回はどんなことでもして生きています。

276

季子然問。仲由冉求。可謂大臣与。子曰。吾以子為異之問。曾由与求之問。所謂大臣者。以道事君。不可則止。今由与求也。可謂具臣矣。曰。然則従之者与。子曰。弑父与君。亦不従也。

㊂季子然《きしぜん》、問う。仲由《ちゅうゆう》、冉求《ぜんきゅう》は大臣《だいしん》と謂うべきか。子曰く、吾れは子を以て、異るをこれ問うと為す。曾《すな》わち由《ゆう》と求《きゅう》とをこれ問う。いわゆる大臣なる者は、道を以て君に事え、可《き》かれざれば則ち止む。今、由と求や、具臣と謂うべきなり。曰く、然らば則ちこれに従う者か。子曰く、父と君とを弑《しい》するには、亦た従わざるなり。

㊃季子然が尋ねた。（この頃召し抱えた）仲由と冉求とは、大臣と呼ばれる資格がありますか。子曰く、はて、異な質問を承るものです。由と求とについてのお問いは予期しませんでした。しかしお尋ねの大臣という者は、正義をもって主人に仕える者のことで、その正義を通してもらえなければさっさと地位を去ります。いま由と求とはそこまで行きませんから、頭数を揃えるだけの具臣と言っておけば間違いないでしょう。

曰く、それなら何でも主人の命令通りに動きますか。曰く、父と君主とを弑するような場合には、決して従いますまい。

277 **子路使子羔為費宰。子曰。賊夫人之子。子路曰。有民人焉。有社稷焉。何必読書。然後為学。子曰。是故悪夫佞者。**

(訓)子路《しろ》、子羔《しこう》をして費《ひ》の宰たらしむ。子曰く、夫《か》の人の子を賊《そこな》う、と。子路曰く、民人あり、社稷《しゃしょく》あり、何ぞ必ずしも書を読んで、然る後に学と為さん。子曰く、是の故に夫《か》の佞者《ねいしゃ》を悪《にく》む。

(新)子路が子羔を招いて費の邑の代官とした。子曰く、人の大事な子を台無しにしてしまう。子路曰く、人民を統治し、領土を守護する大事な仕事があります。学問とは、何も書経を諳誦《あんしょう》することばかりを言うのではありますまい。子曰く、これだからこそ、口達者な人間は大嫌いだと言うのだ。

278 **子路。曾晳。冉有。公西華。侍坐。子曰。以吾一日長乎爾。毋吾以也。居則曰。不吾知也。如或知爾。則何以哉。子路率爾而対。曰。千乗之国。摂乎大国之間。加之以**

師旅。因之以饑饉。由也為之。比及三年。可使有勇。且知方也。夫子哂之。求。爾何如。対曰。方六七十。如五六十。求也為之。比及三年。可使足民。如其礼楽。以俟君子。赤爾何如。対曰。非曰能之。願学焉。宗廟之事。如会同。端章甫。願為小相焉。点爾何如。鼓瑟希。鏗爾。舎瑟而作。対曰。異乎三子者之撰。子曰。何傷乎。亦各言其志也。曰。莫春者。春服既成。冠者五六人。童子六七人。浴乎沂。風乎舞雩。詠而帰。夫子喟然歎曰。吾与点也。三子者出。曾皙後。曾皙曰。夫三子者之言何如。子曰。亦各言其志也已矣。曰。夫子何哂由也。曰。為国以礼。其言不譲。是故哂之。唯求則非邦也与。安見方六七十。如五六十。而非邦也者。唯赤則非邦也与。宗廟会同。非諸侯而何。赤也為之小。孰能為之大。

㊟訓 子路《しろ》、曾皙《そうせき》、冉有《ぜんゆう》、公西華《こうせいか》、侍坐《じざ》す。子曰く、吾れ一日爾《なんじ》に長ずるを以て、吾れを以てする毋《なか》れ。居りては則ち曰く、吾れを知らざるなり、と。如し爾を知るものあらば、則ち何を以てせんや。子路、率爾《そつじ》として対《こた》えて曰く、千乗の国、大国の間に摂《はさ》まれ、これに加うるに師旅を以てし、これに因るに饑饉を以てす。由《ゆう》やこれを為《おさ》め、三年に及ぶ比《ころ》おい、勇ありて且《か》つ方を知らしむべきなり。夫子、これを哂《わら》う。求、爾は何如《いかん》。対えて曰く、方、六、七十、如しくは五、六十、求やこれを為め、三年に及ぶ比おい、

民を足らしむべし。其の礼楽の如きは、以て君子を俟《ま》たん。赤《せき》、爾は何如。対えて曰く、これを能くすると曰うには非ず。願わくはこれを学ばん。宗廟の事、如しくは会同に、端章甫《たんしょうほ》して、願わくは小相と為らん。点、爾は何如。瑟《しつ》を鼓すること希なり。鏗爾《こうじ》として瑟を舍《お》いて作《た》つ。対えて曰く、三子者《さんししゃ》の撰に異なり。子曰く、何ぞ傷まんや。亦た各々其の志を言うなり。曰く、暮春《ぼしゅん》には、春服既に成る。冠する者五、六人、童子六、七人、沂《き》に浴し、舞雩《ぶう》に風し、詠じて帰らん。夫子、喟然《きぜん》として歎じて曰く、吾れは点に与せん。三子者出づ。曾晳後《おく》る。曾晳曰く、夫の三子者の言は何如。子曰く、亦た各々其の志を言うのみ。曰く、夫子、何ぞ由を哂うや。曰く、国を為むるには礼を以てす。其の言譲らず。是の故にこれを哂う。唯だ求は則ち邦に非ざるか。安《いずく》んぞ方六、七十、如しくは五、六十にして、邦に非ざる者を見んや。唯だ赤は則ち邦に非ざるか。宗廟、会同は諸侯に非ずして何ぞ。赤やこれが小たらば、孰れか能くこれが大と為らん。

㊟子路、曾晳、冉有、公西華の四人が、陪席していた。子曰く、今日は、私が先生だからと言って少しも遠慮しないで話をしてもらいたい。諸君は雑談の折にいつも口癖のように、自分の才能を認めて用いてくれる人がない、と言っているが、もし本当に登

用される機会があったら、何をしたいと思うかね。子路が待ってましたとばかりに口を開いた。戦車千乗を常備する一流国家で、強国の間に介在し、戦争で疲弊したあと、饑饉があって困窮したとします。私がその政治を任されたなら、三年も立った頃には、再び活気を取り戻し、その上に道義を尊重する国家に育てあげて見たいと思います。聞いていた孔子が意味あり気に笑った。求や、お前はどうだ。対えて曰く、六、七十里四方、いや、もっと小さい五、六十里四方の地域で、私が政治を任されましたなら、三年も立った頃には、人民の生活を豊かにしてみせたいと存じます。もっとも文化程度の向上という点になると自信がありませんから、もっと立派な方がおいでになることを期待します。子曰く、赤や、お前はどうだ。対えて曰く、私は自信があっていうのではありませんが、希望だけ申しますと、宗廟における祖先の祭りや、賓客が集まる会同の際などに、端の礼服を着、章甫の冠をつけて、礼儀を助ける小相の役を果したいと思います。子曰く、点や、お前はどうだ。すると曾晳はこれまで、瑟を膝の上にのせ、ぽつりぽつりと、かそけく弾いていたのであるが、この時それをかたりと音させて傍におき、形を改めて居ずまいを正し、対えて曰く、私の考えは今までの方々とは余りに違いますので困ります。子曰く、一向に差支えないではないか。みなそれぞれに自分の抱負を言ってみるだけだ。曰く、春四月ともなれば、春の装《よそお》いに着かえ、若者五、六人、子供六、七人をひきつれて遊山に出、沂水の川で浴《ゆあみ》し、舞雩の広場で風に吹かれ、歌を口ずさみながら帰ってきましょう。それを聞いた孔子が深い歎息をもらして、曰く、私は点に賛成だ。三人が退出したあと、曾皙だけ居残った。曾皙曰く、三人の言ったことを、どうお聞きになりましたか。子曰く、みなそれぞれに自分の抱負を言ってみただけだ。曰く、でも先生は何故、由を笑われたのですか。曰く、国を治めるには礼をもってすべきで、自分でもそう言いながら、あまり謙虚でないことを言い出したから、おかしくなったのだ。次に求の自任する職場は、ひとかどの独立国だな。六、七十里四方、もしくは五、六十里四方の地域といえば、立派な独立国の外にない。次に赤の職場も独立国らしいな。宗廟があり、会同を行うという以上、それは天子につぐ諸侯のことでなくて何であろう。それに赤は遠慮して小相になると言っているが、赤が小相なら、いったい誰がその上に立つ大相になれるだろうか。

顔淵第十二（279〜302）

279　**顔淵問仁。子曰。克己復礼為仁。一日克己復礼。天下帰仁焉。為仁由己。而由人乎哉。顔淵曰。請問其目。子曰。非礼勿視。非礼勿聴。非礼勿言。非礼勿動。顔淵曰。回雖不敏。請事斯語矣。**

㊟顔淵《がんえん》、仁を問う。子曰く、己れに克ち、礼に復《か》えるを仁と為す。一日、己れに克ちて礼に復《か》えらば、天下仁に帰せん。仁を為すは己れに由る、而して人に由らんや。顔淵曰く、其の目《もく》を請い問う。子曰く、非礼は視る勿れ、非礼は聴く勿れ、非礼は言う勿れ、非礼には動く勿れ。顔淵曰く、回、不敏なりと雖も、請う、斯の語を事とせん。

㊜顔淵が仁とは何であるかを尋ねた。子曰く、私心に打ち勝ち、普遍的な礼の精神に立ちかえるのが仁だ。殊に主権者は、一日だけでも私心に打ち克って礼に立ちかえるなら、天下の人民はその一日中、その仁徳になびくものだ。仁は個人の心がけの問題だ。相手によって変るものではない。顔淵曰く、もう少し詳しい御説明を願います。子曰

く、礼に違うことは見ようとするな。礼に違うことには耳を傾けるな。礼に違うことは口に出すな。礼に違うことに身を動かすな。顔淵曰く、回には出来るかどうかは分りませんが、仰ったとおりに努めて見たいと思います。

280 **仲弓問仁。子曰。出門如見大賓。使民如承大祭。己所不欲。勿施於人。在邦無怨。在家無怨。仲弓曰。雍雖不敏。請事斯語矣。**

㊟仲弓《ちゆうきゆう》、仁を問う。子曰く、門を出でては大賓《だいひん》を見るが如く、民を使うには大祭を承くるが如くす。己れの欲せざる所は、人に施すことなかれ。邦にありて怨みなく、家にありても怨みなし。仲弓曰く、雍《よう》、不敏なりと雖も、請う、この語を事とせん。

㊥仲弓が仁とは何であるかを尋ねた。子曰く、家の門を一歩出たらば、いつも大事な賓客を接待するような張りつめた気持ち、人民を使役するにはいつも大切な祭祀を執行するような厳粛な態度。自分の欲しないことは、人に加えてはならない。一国の人民から怨まれることなく、一家の使用人から怨まれるようなことをしない。仲弓曰く、雍には出来るかどうかは分りませんが、仰ったとおりに努めて見たいと思います。

281　**司馬牛問仁。子曰。仁者其言也訒。曰。其言也訒。斯謂之仁已乎。子曰。為之難。言之得無訒乎。**

(訓)司馬牛《しばぎゅう》、仁を問う。子曰く、仁者は其の言うこと訒《おそ》し。曰く、其の言うこと訒くして、斯にこれを仁と謂うか。子曰く、これを為すこと難きなり。これを言いて訒きことなきを得んや。

(新)司馬牛が仁とは何かを尋ねた。子曰く、仁者はその言葉が遠慮がちでつかえるものだ。曰く、言葉がつかえるくらいのことで仁と言えますか。子曰く、口先だけで出来ることではない。それを軽く言うこと自体、言葉がつかえない証拠だな。

282　**司馬牛問君子。子曰。君子不憂不懼。曰。不憂不懼。斯謂之君子已乎。子曰。内省不疚。夫何憂何懼。**

(訓)司馬牛《しばぎゅう》、君子を問う。子曰く、君子は憂えず懼《おそ》れず。曰く、憂えず懼れず。斯《ここ》にこれを君子と謂うか。子曰く、内に省みて疚《やま》しからずんば、夫れ何をか憂え、何をか懼れん。

(新)司馬牛が教養ある君子とは何かと尋ねた。子曰く、君子というものは憂えることなく、懼れることのないものだ。曰く、憂えることなく、懼れることがない位で、すぐそれを君子と言えますか。子曰く、（問題はその前提にある。）内心に反省して一点も疚しい所のない人であって始めて、何も憂えることなく、何も懼れることのない人でありうるのだ。

283 **司馬牛憂曰。人皆有兄弟。我独亡。子夏曰。商聞之矣。死生有命。富貴在天。君子敬而無失。与人恭而有礼。四海之内。皆兄弟也。君子何患乎無兄弟也。**

(訓)司《し》馬牛《ばぎゅう》、憂えて曰く、人には皆な兄弟ありて、我れに独り亡し。子夏《しか》曰く、商《しょう》、これを聞く。死生、命あり。富貴は天にあり、と。君子、敬《つつし》んで失なく、人に与《むか》い恭にして礼あらば、四海のうち、皆な兄弟なり。君子、何ぞ兄弟なきを患えんや。

(新)司馬牛がふさぎこんでいる。曰く、人には皆な兄弟があるのに、私にだけそれがない。子夏曰く、私は聞いたことがある。生れたり死んだりするのは、宿命で定っていることで、それは財産や地位が天から授かるのと同様である、と。もし貴君が慎しみ深くして欠点をなくすように努め、人に向って謙虚で礼儀を守れば、四海のうち、世界中の人間は皆な兄弟だ。貴君は何も兄弟がないと慨くには当らぬことだ（『全集四』一五八頁参照）。

284　**子張問明。子曰。浸潤之譖。膚受之愬。不行焉。可謂明也已矣。浸潤之譖。膚受之愬。不行焉。可謂遠也已矣。**

(訓)子張《しちょう》、明を問う。子曰く、浸潤《しんじゅん》の譖《そし》り、膚受《ふじゅ》の愬《うった》え行われざるは、明と謂うべきのみ。浸潤の譖り、膚受の愬え行われざるは、遠と謂うべきのみ。

(新)子張が明察な人とはどんな人かと尋ねた。子曰く、繰返し繰返し行われる讒言《ざんげん》も、膚で感じられやすい誹謗《ひぼう》も、少しも効き目がなかったら、それは目の明るい人と言うべきだ。根虫の喰うような讒言も、膚ざわりのよい陰言もつけこむ隙が見出せなかったら、それは遠くまで目の利く人と言いかえてもよい。

285　**子貢問政。子曰。足食。足兵。民信之矣。子貢曰。必不得已而去。於斯三者何先。曰。去兵。子貢曰。必不得已而去。於斯二者何先。曰。去食。自古皆有死。民無信不立。**

(訓)子貢《しこう》、政を問う。子曰く、食を足《た》らわし、兵を足らわし、民にこれを信ぜしむ。子貢曰く、必ず已むを得ずして去らば、この三者において何れを先にせん。曰く、兵を去る。子貢曰く、必ず已むを得ずして去らば、この二者において何れを先にせん。曰く、食を去る。古より皆な死あり、民、信なければ立たず。

(新)子貢が政治のあり方を尋ねた。子曰く、食糧を貯蔵し、軍備を充足し、人民に信用されることだ。子貢曰く、三者が到底一時に揃えられぬ時、第一に切捨てるとしたならば、それは何でしょうか。曰く、軍備が後まわしだ。子貢曰く、残りの二者も到底一時に揃えられぬ時、次に切捨てるとしたならば、それは何でしょうか。曰く、食糧が後まわしだ。政治家も食わなければ死ぬが、それは古からあったことだ。人民に信用をなくしたなら、それはもう政治ではない。

286 **棘子成曰。君子質而已矣。何以文為矣。子貢曰。惜乎。夫子之説君子也。駟不及舌。文猶質也。質猶文也。虎豹之鞟。猶犬羊之鞟。**

(訓)棘子成《きょくしせい》曰く、君子は質のみなり。何ぞ文を以て為さん。子貢曰く、惜しいかな、夫子の君子を説くや。駟《し》も舌に及ばず。文は猶《な》お質のごとく、質は猶お文のごときなり。虎豹《こひょう》の鞟《かく》は猶お犬羊の鞟のごとし。

(新)棘子成が言った。教養ある君子とは、その実質を指すもので、表面的な文雅の道は何も意味をもたない。子貢曰く、そういう棘先生の君子を論ずる説を聞くのは、甚だ遺憾の至りだ。四頭立ての馬車も、舌でしゃべった言葉の速さに及ばぬ、という諺のとおり、もう私の耳にまで届きましたぞ。外面は実質から切離すことができず、実質もまた外面から切離すことのできぬものです。虎や豹の皮が珍重されるのは、美しい毛がついているからであって、毛を取去って鞣《なめ》し皮にしてしまえば、犬や羊の皮と違うところがない。

287 **哀公問於有若曰。年饑用不足。如之何。有若対曰。盍徹乎。曰。二吾猶不足。如之何其徹也。対曰。百姓足。君孰与不足。百姓不足。君孰与足。**

㊟哀公《あいこう》、有若《ゆうじゃく》に問うて曰く、年饑《う》えて用足らず。これを如何せん。有若、対えて曰く、盍《なん》ぞ徹《てつ》せざるや。曰く、二なるも吾れ猶《な》お足れりとせず。これを如何ぞ其れ徹せんや。対えて曰く、百姓《ひゃくせい》足らば、君孰《た》れと与にか足らざらん。百姓足らずんば、君孰れと与にか足らん。

㊫魯の哀公が有若に尋ねた。饑饉のために財政が窮乏していますが、どうしたらよいでしょうか。有若対えて曰く、徹法を行って、十分の一税を取るに限ります。曰く、十

分の二税を取っていてもなお足りないのに、どうしてまた十分の一税とは。対えて曰く、百姓が豊かになれば君主がひとり窮乏に陥るはずがない。百姓が窮乏すれば、君主ひとり豊かになるはずがない。

288 **子張問崇徳弁惑。子曰。主忠信徙義。崇徳也。愛之欲其生。悪之欲其死。既欲其生。又欲其死。是惑也。**〔誠不以富。亦祇以異。〕

㊟子張《しちょう》、徳を崇び惑いを弁ずるを問う。子曰く、忠信を主とし義に徙《うつ》るは徳を崇ぶなり。これを愛しては其の生を欲し、これを悪んでは其の死を欲す。既に其の生を欲し、又た其の死を欲す。是れ惑いなり。(以下八字錯出)

㊕子張が徳を崇び、惑いを脱却する、という古語の意味を尋ねた。子曰く、誠実を旨とし、正義に共鳴するのが、徳を崇ぶことになる。その人を愛するからと言って永遠に生きることを欲し、嫌いだからと言ってその死ぬことを欲するのはよくあるが、その生きることを欲しながら、かえって死ぬことを欲したと同じ結果に陥ったりする。それが惑いだ。

この条は後の299と内容が甚だ似通っている。崇徳弁惑は何かの古典に出た語であろう。

最後の二句、誠不以富。亦祇以異。は432の初に置かれるはずのが誤って此処に入ったと認められる（『全集四』八一頁参照）。

289　**斉景公問政於孔子。孔子対曰。君君臣臣。父父子子。公曰。善哉。信如君不君。臣不臣。父不父。子不子。雖有粟。吾得而食諸。**

㊂斉《せい》の景公、政を孔子に問う。孔子対《こた》えて曰く、〔君、君たり、臣、臣たり。父、父たり、子、子たり。公曰く、善い哉。信〔まこと〕に如〔も〕し、君、君たらず、臣、臣たらず、父、父たらず、子、子たらずんば、〕君を君とし、臣を臣とし、父を父とし、子を子とす。公曰く、善い哉。信に如し、君、君とせられず、臣、臣とせられず、父、父とせられず、子、子とせられずんば、粟《ぞく》ありと雖も、吾得てこれを食わんや。

㊁斉の景公が政治のあり方を孔子に尋ねた。孔子対えて曰く、臣は君を君として仕え、君は臣を臣として扱い、子は父を父として仕え、父は子を子として扱うのが、政治の本体です。公曰く、本当によいことを言って下さった。誠にもしも、君が君として尊ばれず、臣が臣として扱われず、父が父として尊ばれず、子が子として扱われないならば、たとえ米がそこに貯えてあっても、君たり父たるわが身がそれを口へ運ぶこと

ができぬに違いない(『全集四』一六〇頁参照)。

290 **子曰。片言可以折獄者。其由也与。子路無宿諾。**

㊟子曰く、片言、以て獄《うつたえ》を折《さだ》むべき者は、其れ由《ゆう》なるか、と。子路《しろ》は宿諾なかりき。

㊎子曰く、一言の下に裁判の判決を下せるのは、由くらいなものであろう、と。子路は(決断力の上に実行力があって)頼まれたことを承諾した上は、明日まで延ばすことをしなかった。

獄は有罪者を刑に服せしめる刑務所ではなく、被疑者を拘置して裁判を待たしめる留置所であり、またその裁判、訴訟を意味した。片言を、従来の解釈では、子路が片言を聞いて云云という意味にとるが、するとそれは非常に明察な裁判官のことになる。子路の場合はむしろその直情径行によって、善か悪かの判断を迷わずに下す決断力を賞したものと思われるから、上の如く訳した。

291 **子曰。聴訟。吾猶人也。必也使無訟乎。**

㊟子曰く、訟《うつたえ》を聴くは、吾は猶《な》お人のごときなり。必ずや、訟えなからしめんか。

㊪子曰く、訟を聴いて是非を定めるという段になっては、誰がやっても結果は似たものになる。訟えることをなくしてしまうように努力することこそ大切なのだ。この場合の吾は、第一人称としてあくまでも孔子自身をさす吾ではなく、第三人称化された吾である。言いかえれば次に出てくる人に対して、吾も人もない、の意味である。

292　**子張問政。子曰。居之無倦。行之以忠。**

㊞子張《しちょう》、政を問う。子曰く、これに居りて倦むことなかれ。これを行うに忠を以てせよ。

㊪子張が政治のあり方を尋ねた。子曰く、政治にやり甲斐を感じて当り、倦怠せぬことが大事だ。政治の実行には誠意をもってせよ。

居にはこの一字で安居、レジャーの意がある。政治をいやいやながらの苦業と見ず、その間に生き甲斐を見出せというのであろう。

293　**子曰。博学於文。約之以礼。亦可以弗畔矣夫。**

㊞子曰く、博《ひろ》く文を学び、これを約するに礼を以てすれば、亦《ま》た以て畔《そむ》かざるべし。

㊪144とほとんど同文である。

294 **子曰。君子成人之美。不成人之悪。小人反是。**

㊟子曰く、君子は人の美を成し、人の悪を成さず。小人は是れに反す。

㊍子曰く、諸君は他人の長所を長所として尊敬し、他人の短所を短所として同情して欲しい。これに反したことはしてもらいたくない。

295 **季康子問政於孔子。孔子対曰。政者正也。子帥以正。孰敢不正。**

㊟季《き》康子《こうし》、政を孔子に問う。孔子対えて曰く、政なる者は正なり。子、帥いるに正を以てすれば、孰《た》れか敢て正しからざらん。

㊍季康子が政治のありかたを孔子に尋ねた。孔子対えて曰く、政治とは正義のことです。貴方が身をもって先んじて正義を行えば、どこに不正をあえてするものがありましょうか。

296 **季康子患盗。問於孔子。孔子対曰。苟子之不欲。雖賞之不窃。**

㊟季《き》康子《こうし》、盗《とう》を患《うれ》えて、孔子に問う。孔子対えて曰く、苟《いやしく》も子の欲せざらんか、これを

賞すと雖も窃《ぬす》まざらん。

（新）季康子が盗賊の多いのをもてあまして、孔子に対策を尋ねた。それについて孔子曰く、もしも貴方が本当に欲しないことならば、（人民もそれを欲しなくなり、）誰かが懸賞で誘っても盗みをしなくなるに違いありません。

297　**季康子問政於孔子曰。如殺無道。以就有道。何如。孔子対曰。子為政。焉用殺。子欲善而民善矣。君子之徳風。小人之徳草。草上之風必偃。**

（訓）季康子《きこうし》、政を孔子に問うて曰く、如《も》し無道を殺して以て有道を就《な》さば何如《いかん》。孔子対えて曰く、子、政を為すに焉《な》んぞ殺を用いん。子、善を欲すれば民善なり。君子の徳は風にして、小人の徳は草なり。草はこれに風を上《くわ》うれば必ず偃《ふ》す。

（新）季康子が政治のあり方を孔子に問うて曰く、如し無道の悪者を殺して、有道の善人だけの社会にすることができるでしょうか。孔子対えて曰く、貴方が政治ということをなさるつもりならば、人を殺す必要はありません。貴方が本当に善を欲するならば、人民は善くならぬはずはありません。為政者の本質を風とすれば、人民の本質は草のようなものです。草は風に吹かれれば、必ず靡《なび》くものです（『全集四』一五五頁参照）。

前条296の不欲の語を、従来は無欲と解するのが普通である。すなわち季康子が無欲ならば、人民も無欲になって盗みがなくなる、と解釈するのであるが、本条とあわせ読むと、人民は為政者の好悪に従うものであるから、季康子が盗を欲しなければ、人民も盗をしなくなる、という意味に取る方がよいと思う。更にこの条が孔子の真意とすれば、孔子が魯に用いられて政を為すの始めに、少正卯《しょうせいぼう》を誅《ころ》したという話もどうやら事実が疑わしくなってくる。少正卯の説話は法家の学が成立してから後に、孔子に附会されたものであろう、というのが私の考えである。

298 **子張問。士何如斯可謂之達矣。子曰。何哉爾所謂達者。子張対曰。在邦必聞。在家必聞。子曰。是聞也。非達也。夫達也者。質直而好義。察言而観色。慮以下人。在邦必達。在家必達。夫聞也者。色取仁而行違。居之不疑。在邦必聞。在家必聞。**

㊟子張《しちょう》、問う。士は何如《いか》にして斯にこれを達《たっ》と謂うべきか。子曰く、何ぞや、爾の所謂《いわゆ》る達とは。子張対えて曰く、邦にありても必ず聞こえ、家にありても必ず聞こゆ。子曰く、是れ聞こゆるなり。達にあらざるなり。夫れ達なるものは、質直にして義を好み、言を察して色を観る。慮《はか》りありて以て人に下る。邦にありても必ず達し、家にあ

りても必ず達す。夫れ聞こゆるとは、色は仁を取りて行いは違い、これに居りて疑わず。邦にありても必ず聞こえ、家にありても必ず聞こゆ。

㊪子張が尋ねた。学徒たる者はどの程度に修養したらこれをずばぬけた人、達人と言えますか。子曰く、何かね、君の言うずばぬけた、とは。子張対えて曰く、国に用いられれば用いられたで名が知れ渡り、家に居れば居ったで名の知れわたる人のことです。子曰く、それなら名が売れると言うべきだ。ずばぬけたのとは違う。本当にずばぬけた人なら、実直で正義を愛し、人の言葉は裏まで読み、人の顔色で心の奥底まで見抜く。しかも思慮深くて人に先を譲るものだ。そのようなら国に用いられればずばぬけた成績をあげ、用いられなくて家に居ればずばぬけた個人生活を送ってみせる。これに反して名を売る方は、表面は仁を装おいながら実行は全く逆で、しかもそれを当然の行為だと信じて疑いをもたぬ。そのようならなるほど、国に用いられれば用いられたで名が知れ渡り、家に居れば居ったで名が知れ渡るものなのだ。

299
樊遲從遊於舞雩之下。曰。敢問崇德。脩慝。弁惑。子曰。善哉問。先事後得。非崇德与。攻其悪。無攻人之悪。非脩慝与。一朝之忿。忘其身以及其親。非惑与。

(訓)樊遅《はんち》、従って舞雩《ぶう》の下に遊ぶ。曰く、敢て徳を崇び、慝《とく》を脩《おさ》め、惑いを弁ずる、を問う。子曰く、善いかな、問いや。事を先にして得るを後にす。徳を崇ぶにあらずや。其の悪を攻め、人の悪を攻めず。慝を脩むるにあらずや。一朝の忿《いか》りに其の身を忘れ、以て其の親に及ぶ。惑いにあらずや。

(新)樊遅が孔子に従って、舞雩《あまごい》の台の下の広場で休んだ。曰く、徳を崇び、慝《あ》しきを祓い、惑いを弁ずるの三箇条の意味をお尋ねしたく思います。子曰く、なかなかいい質問だ。先ず働いて、報酬は期待しない。それが修養の第一要件だと悟ることだ。自分の過失をば強く咎めるが、他人には人身攻撃を行わない。それが慝しきを祓うことになる。一時のふとした腹立ちから、我が身を忘れるのみか、その親にまで迷惑をかける。そういうことが惑いだと悟るのが弁惑だ。

崇徳、脩慝、弁惑という言葉は、雨乞いの祭の祝詞のようなものの中に出る言葉かも知れない。なお288を参照。

300 樊遅問仁。子曰。愛人。問知。子曰。知人。樊遅未達。子曰。挙直錯諸枉。能使枉者直。樊遅退。見子夏曰。郷也吾見於夫子而問知。子曰。挙直錯諸枉。能使枉者直。

何謂也。子夏曰。富哉言乎。舜有天下。選於衆。挙皐陶。不仁者遠矣。湯有天下。選於衆。挙伊尹。不仁者遠矣。

㊙樊遅《はんち》、仁を問う。子曰く、人を愛す。知を問う。子曰く、人を知る。樊遅未だ達せず。子曰く、直きを挙げてこれを枉《まが》れるに錯《お》き、能く枉れる者をして直からしむ。樊遅退く。子夏《しか》を見て曰く、郷《さき》にや吾れ夫子に見えて知を問うに、子曰く、直きを挙げてこれを枉れるに錯き、能く枉れる者をして直からしむ、と。何の謂いぞや。子夏曰く、富めるかな、言や。舜《しゅん》、天下を有《たも》ち、衆より選んで皐陶《こうよう》を挙げて、不仁者、遠ざかる。湯《とう》、天下を有ち、衆より選んで伊尹《いいん》を挙げて、不仁者、遠ざかれり。

㊫樊遅が仁とは何かを尋ねた。子曰く、人を愛することだ。次に知とは何かを尋ねた。子曰く、人を知ることだ。樊遅には合点がいかない。その様子を見て、子曰く、正直な人間を登用して、曲った人間の上に据えると、曲った人間が正直になってくるものだ。樊遅が退出した。後に兄弟子の子夏に会って話した。この間、私は先生にお目に掛って、知とは何かを尋ねた。先生が仰るには、正直な人間を登用して、曲った人間の上に据えると、曲った人間が正直になってくるものだ、と言われたが、どういう意味でしょうか。子夏曰く、それは大いに意味深い言葉だ。恐らく舜が天子になって、

大勢の中から選択して皐陶を登用すると、悪者どもが逃げ出した、殷の湯王が天子になって、大勢の中から選択して伊尹を登用すると、悪者どもが逃げ出したようなことを言われたのだろう。

301　**子貢問友。子曰。忠告而善道之。不可則止。毋自辱焉。**

㊟子貢《しこう》、友を問う。子曰く、忠告して善くこれを道《みちび》く。可《き》かれざれば止む。自ら辱めらるるなかれ。

㊞子貢が友人と交際する道を尋ねた。子曰く、相手の為になるように教えて、善い方へ導いて行く。向うがそれを受けつけなければあきらめる。深入りしすぎると自ら恥辱を招く結果になる。

302　**曾子曰。君子以文会友。以友輔仁。**

㊟曾子《そうし》曰く、君子は文を以て友を会し、友を以て仁を輔《たす》く。

㊞曾子曰く、諸君は趣味を中心としてグループを造り、グループが出来たらその力を出しあって仁の道へ進むがよい。

子路第十三（303〜332）

303　**子路問政。子曰。先之労之。請益。曰。無倦。**

(訓)子路《しろ》、政を問う。子曰く、これに先んじ、これを労《ねぎら》う。益を請う。曰く、倦むことなかれ。

(新)子路が政治のやり方を尋ねた。子曰く、部下に先立って働き、思いやりを示すことだ。子路曰く、ただそれだけですか。子曰く、ただそれだけのことを根気よくやればよい。

304　**仲弓為季氏宰。問政。子曰。先有司。赦小過。挙賢才。曰。焉知賢才而挙之。曰。挙爾所知。爾所不知。人其舎諸。**

(訓)仲弓《ちゅうきゅう》、季氏《きし》の宰《さい》となり、政を問う。子曰く、〔有司を先にし〕先の有司は、小過を赦し、賢才を挙げよ。曰く、焉《いずく》んぞ賢才を知りてこれを挙げん。曰く、爾の知るところを挙げよ。爾の知らざる所を、人其れこれを舎《お》かんや。

(新)仲弓が季氏の奉行となり、政治のやり方を尋ねた。子曰く、これまでいた役人は小さな過失があっても見逃してやり、新たに人才をどしどし登用するがよい。曰く、どんな方法で人才を見つけて登用しますか。曰く、先ずお前の見つけた人を登用することだ。そうすればお前の知らない人才は、黙っていても人が推薦してくれるようになる。先有司の句を従来は、有司を先にす、部下の配置が大切だ、という意味に読まれてきた。しかし仲弓が新たに季氏の宰となった立場から考えて、先の有司と読んだ方が一層適切だと思う。そして同じ精神は、470にも見える。

305 **子路曰。衛君待子而為政。子将奚先。子曰。必也正名乎。子路曰。有是哉。子之迂也。奚其正。子曰。野哉。由也。君子於其所不知。蓋闕如也。名不正。則言不順。言不順。則事不成。事不成。則礼楽不興。礼楽不興。則刑罰不中。刑罰不中。則民無所措手足。故君子名之必可言也。言之必可行也。君子於其言。無所苟而已矣。**

(訓)子路《しろ》曰く、衛君《えいくん》、子を待ちて政を為さば、子は将に奚《いず》れをか先にせんとする。子曰く、必ずや名を正さんか。子路曰く、是れあるかな、子の迂《う》なるや。奚《いずく》んぞ其れ正さん。子曰く、野《や》なるかな、由《ゆう》や。君子は其の知らざる所において、蓋し闕如《けつじょ》たり。名正しからざれば、言うこと順ならず。言うこと順ならざれば、事成らず。事成らざれば、礼楽興らず。礼楽《れいがく》興らざれば、刑罰中《あた》らず。刑罰中らざれば、民手足を措くところなし。故に君子はこれを名すれば、必ず言うべきなり。これを言えば必ず行うべきなり。君子は其の言において、苟《いやし》くもするところ無きのみ。

㊗子路曰く、もし衛君が先生に頼んで政治を任されたら、先生は何から着手されますか。子曰く、何をおいてもスローガンを正しくしなければならぬ。子路曰く、いやはや先生のいつもの世間知らずには恐れ入った。どうしてそんなことが直ぐできるものですか。子曰く、粗忽者《そこつもの》の由に恐れ入るのは此方だな。自分の知らないことは、知らないこととして口出ししないものだ。スローガンが正しくなっていなければ、政策に筋道が通らぬ。政策の筋道が通らなければ、政権が安定しない。政権が安定しなければ、教育が進まない。教育が進まなければ、裁判が間違う。裁判が間違ってきたなら、人民は手足を動かすことにも不安がつきまとうことになる。だから良い政治には、スローガンが必要で、スローガンに従って政策が立てられ、政策が立てられたら、必ずそれが実行されなければならぬ。但しその政策はあくまで慎重に議論された上に立てられることが必要だ。

306　樊遅請学稼。子曰。吾不如老農。請学為圃。曰。吾不如老圃。樊遅出。子曰。小人哉。樊須也。上好礼。則民莫敢不敬。上好義。則民莫敢不服。上好信。則民莫敢不用情。夫如是。則四方之民。襁負其子而至矣。焉用稼。

(訓)樊遅《はんち》、稼《か》を学ばんと請う。子曰く、吾れは老農に如かず。圃《ほ》を為《つく》るを学ばんと請う。曰く、吾れは老圃《ろうほ》に如かず。樊遅出づ。子曰く、小人なるかな、樊須《はんす》や。上、礼を好めば、民敢えて敬せざるなし。上、義を好めば、民敢えて服せざるなし。上、信を好めば、民敢えて情を用いざるなし。夫れ是の如くんば、四方の民、其の子を襁負《きょうふ》して至らん。焉《いずく》んぞ稼を用いん。

(新)樊遅が田作りを教わりたいと願った。子曰く、私よりも専門の百姓に聞くがよい。次に野菜作りを教わりたいと願った。子曰く、専門の園芸家に聞くがよい。樊遅が退出したあと、子曰く、樊須という男は目の付け所が小さい。為政者が自身礼義正しくすれば、人民は自然にそれを尊敬するようになる。為政者が正義に外れなければ、人民は自然に信服するようになる。為政者が公約に忠実ならば、人民も自然に真心で答えるようになる。これらの事が出来たなら、四方の外国の人民までが、子供を背負い、夜逃げしてでも移住してくるだろう。為政者が自ら農業に従事するなど何処に必要があろう。

307　**子曰。誦詩三百。授之以政不達。使於四方。不能専対。雖多亦奚以為。**

㊀子曰く、詩三百を誦す。これに授《さず》くるに政を以てして達せず。四方に使いして専対する能わずんば、多しと雖も亦た奚《なに》を以て為さん。

㊁子曰く、詩経の三百篇をまるまる諳誦する勉強をした。さてこの人に政治を任せたが運営できない。外国へ使者に出されたが、自己の決断力で交渉を纏《まと》めることができない、としたならば、長い間の詩経の勉強はいったい何の役に立つのか。

308　**子曰。其身正。不令而行。其身不正。雖令不従。**

㊀子曰く、其の身正しければ、令せずして行わる。其の身正しからざれば、令すと雖も従われず。

㊁子曰く、為政者は、その身の行いを正しくすれば、命令を下さないでも自然に政治が行われる。その身の行いが正しくなければ、命令を下しても人はついてこない。

309 **子曰。魯衛之政。兄弟也。**

(訓)子曰く、魯《ろ》と衛《えい》との政は、兄弟なり。

(新)子曰く、魯の政治と衛の政治は、似たりよったりだな。

310 **子謂衛公子荊。善居室。始有曰。苟合矣。少有曰。苟完矣。富有曰。苟美矣。**

(訓)子、衛《えい》の公子荊《けい》を謂う、善く室に居る、と。始めて有るや曰く、苟くも合せり、と。少しく有れば曰く、苟くも完し、と。富有なれば曰く、苟くも美なり、と。

(新)孔子が衛の公子荊を、家庭に安住しておれる人だと評した。初めて家を持った時に曰く、何とか間にあっています。少し豊かになった時に曰く、何とか揃ってきました。大いに富裕になった時に曰く、何とか恥ずかしくない程度になりました。（そして何時も満足していた。）

311 **子適衛。冉有僕。子曰。庶矣哉。冉有曰。既庶矣。又何加焉。曰。富之。曰。既富矣。又何加焉。曰。教之。**

㊂子、衛に適《ゆ》く。冉有《ぜんゆう》、僕たり。子曰く、庶《おお》いかな。冉有曰く、既に庶し。又何をか加えん。曰く、これを富まさん。曰く、既に富めば、又何をか加えん。曰く、これに教えん。

㊐孔子が衛に行った。冉有が御者となって車を走らせた。子曰く、大勢の人だな。冉有曰く、人が多くても、何か足りないものがありますか。曰く、生活を楽にしてやらねば。曰く、生活が楽になったとします。まだ足らぬものがありますか。曰く、教育することだ。

312　**子曰。苟有用我者。期月而已可也。三年有成。**

㊂子曰く、苟しくも我を用うる者あらば、期月のみにして可ならん。三年にして成るあらん。

㊐子曰く、仮に私に政治を任す人があったら、一年でも、それだけの効果があがろう。三年にもなればひと仕事、完成できよう。

313　**子曰。善人為邦百年。亦可以勝残去殺矣。誠哉是言也。**

(訓)子曰く、善人、邦を為《おさ》むること百年ならば、亦《ま》た以て残に勝ち殺を去るべし、と。誠なるかな、是の言や。

(新)子曰く、善人が続いて国を治めること百年に及べば、始めて無道に打ち勝ち、人殺しをなくすことができるとあるが、この言葉は良く言ったものだとつくづく感心する。

314

子曰。如有王者。必世而後仁。

(訓)子曰く、如《も》し王者あらん、必ず世にして後に仁たらん。

(新)子曰く、如し立派な王者が現われても、やはり三十年たたなければ世間の人気がよくならぬだろう。

315

子曰。苟正其身矣。於従政乎何有。不能正其身。如〔正人〕政何。

(訓)子曰く、苟《いやし》くも其の身を正しくせば、政に従うに於て何かあらん。其の身を正しくする能わずんば、〔如何んぞ人を正さん。〕政を如何せん。

(新)子曰く、もし自身の行いを正しくすることができれば、政治に従事することなど何でもない。もし自身の行いを正しくすることができねば、政治どころの話ではない。

正人の二字は恐らく政一字の誤りかと思われる。政の字の偏《へん》と旁とが二つに分かれ、旁の攵の上部が消えて、人となったのであろう。果して然りとすれば、後半と前半とがよく照応する。前半に政という字があった以上、後半にも政という字がなければ納まらぬ所である。如政何とは、政治どころではない、自身が危いぞ、という意味（『全集四』九〇、一〇七頁、参照）。

316　**冉子退朝。子曰。何晏也。対曰。有政。子曰。其事也。如有政。雖不吾以。吾其与聞之。**

㊟冉子《ぜんし》、朝《ちょう》より退く。子曰く、何ぞ晏《おそ》きや。対えて曰く、政ありき。子曰く、其れ事ならん。如《も》し政あらば、吾を以てせずと雖も、吾其れこれに与り聞かん。

㊗冉子が役所から帰ってきた。子曰く、何故こんなに晏くなりましたか。対えて曰く、政治があったものですから。子曰く、恐らく季氏一家の事務のことでしょう。如し本当に魯国の政治であったなら、皆の方で私を無視しようとも、私の方では是非それに参与しにおしかける義務があるのです。

317 定公問。一言而可以興邦。有諸。孔子対曰。言不可以若是。其幾也。人之言曰。為君難。為臣不易。如知為君之難也。不幾乎一言而興邦乎。曰。一言而喪邦。有諸。孔子対曰。言不可以若是。其幾也。人之言曰。予無楽乎為君。唯其言而莫予違也。如其善。而莫之違也。不亦善乎。如不善。而莫之違也。不幾乎一言而喪邦乎。

㊟定公《ていこう》、問う。一言にして以て邦を興すべきはこれあるか。孔子対えて曰く、言は以て是の若くなるべからざるも、其れ幾《ちか》きか。人の言に曰く、君たるは難く、臣たるは易《やす》からず、と。如し君たるの難きを知らば、一言にして邦を興すに幾《ちか》からずや。曰く、一言にして邦を喪《ほろぼ》すもの、これありや。孔子対えて曰く、言は以て是の若くなるべからざるも、其れ幾きか。人の言に曰く、予れ君たるより楽しきはなし。唯だ其れ言うのみにして、予れに違うなきなり、と。如し其れ善くしてこれに違うなくんば、亦た善からずや。如し善からずして、これに違うなくんば、一言にして邦を喪ぼすに幾からずや。

㊟魯《ろ》の定公が尋ねた。一言にして国を興すような言葉がありますか。孔子対えて曰く、仰ることにそのままぴたりとはまるお答えは出来かねますが、いくらかそれに近いことを申上げることは出来ます。よく言われる言葉に、君主となるのはむつかしいこと

だし、臣下となる方も容易ではない、というのがあります。如し、君主となるのはむつかしいということを悟りましたならば、一言にして国を興すと言って言えぬことはありますまい。曰く、一言にして国を亡ぼすような言葉がありますか。孔子対えて曰く、仰ることにそのままぴたりとはまるお答えは出来かねますが、いくらかそれに近いことを申上げることは出来ます。よく言われる言葉に、君主になるより楽しいことはないと悟った、ただ私の言う通りに、誰も従わぬ者はないからだ、というのがあります。もしその言うことが善くて、誰もそれに従わぬ者がないのなら、それもまた結構なことです。しかし、もしその言うことが悪くて、しかもそれに誰も従わぬ者がなかったなら、それこそ一言にして国を亡ぼすと言って言えぬことはありますまい。

318　**葉公問政。子曰。近者説。遠者来。**

㊟葉公《しょうこう》、政を問う。子曰く、近き者説《よろこ》べば、遠き者来る。

㊕葉公が政治のやり方を尋ねた。子曰く、近い者が悦ぶような政治をすれば、遠方の者まで懐《なつ》いてくるものです。

319　**子夏為莒父宰。問政。子曰。無欲速。無見小利。欲速則不達。見小利則大事不成。**

㊓子夏《しか》、莒父《きょほ》の宰となり、政を問う。子曰く、速かなるを欲するなかれ。小利を見るなかれ。速かならんと欲すれば達せず。小利を見れば、大事成らず。

㊔子夏が莒父の邑の代官となり、政治のやり方を尋ねた。子曰く、成功をいそぐな。目前の小利に惑わされるな。成功をいそぐと息ぎれがする。小利に惑わされると、大きな事業はできぬものだ。

320　**葉公語孔子曰。吾党有直躬者。其父攘羊。而子証之。孔子曰。吾党之直者異於是。父為子隠。子為父隠。直在其中矣。**

㊓葉公《しょうこう》、孔子に語りて曰く、吾が党に直躬《ちょくきゅう》なる者あり。其の父、羊を攘《ぬす》む。而して子、これを証せり。孔子曰く、吾党の直き者は是に異なり。父は子の為に隠《かく》し、子は父の為に隠す。直きこと其の中にあり。

㊔葉公が孔子に話した。私の領内に正直で名を取った者があって、その父が羊を盗んだ時に、子がその事実を証言しました。孔子曰く、私の町内の正直者はそれとは全く違います。子に悪い点があれば父が匿《かく》してやり、父に悪い点があれば子が匿してやりま

す。それが自然の性質に正直に従った行為と言うべきではありませんか。

321　**樊遅問仁。子曰。居処恭。執事敬。与人忠。雖之夷狄。不可棄也。**

㊀樊遅《はんち》、仁を問う。子曰く、居処するに恭しく、事を執るに敬《つつ》しみ、人に与《むか》って忠ならば、夷狄《いてき》に之《ゆ》くと雖も、棄つべからざるなり。

㊁樊遅が仁とは何かと尋ねた。子曰く、休憩中でも慎しみ深く、仕事している時は緊張し、人に対しては誠実をつくすことだ。これなら夷狄の国へ行ってもそのまま通る。居処は安居、閑処と同じく、レジャーの時間を意味する。

322　**子貢問曰。何如斯可謂之士矣。子曰。行己有恥。使於四方。不辱君命。可謂士矣。曰。敢問其次。曰。宗族称孝焉。郷党称弟焉。曰。敢問其次。曰。言必信。行必果。硜硜然小人哉。抑亦可以為次矣。曰。今之従政者何如。子曰。噫。斗筲之人。何足算也。**

㊀子貢、問うて曰く、何如《いか》なれば斯《ここ》にこれを士と謂うべきか。子曰く、己を行うに恥あり。四方に使いして君命を辱しめず。士と謂うべし。曰く敢て其の次を問う。曰く、

宗族《そうぞく》、孝を称し、郷党《きょうとう》、弟を称す。曰く、敢て其の次を問う。曰く、言うこと必ず信、行うこと必ず果。硜硜然《こうこうぜん》として小人なるかな。抑《そも》も亦た以て次と為すべし。曰く、今の政に従う者は何如《いかん》。子曰く、噫《ああ》、斗筲《とそう》の人、何ぞ算《かぞ》うるに足らんや。

㊔子貢が尋ねた。私どもはどのようにすれば求道の学徒たるの名に恥じないことになりましょうか。子曰く、自己の行為に全責任をもつ。外国に使いに出されて立派に使命を果すだけの力量をそなえる。それなら学徒と言ってよい。曰く、もう少し程度の低いところを教えて下さい。曰く、親族が口をそろえて孝行だといい、町内が一様に骨惜しみせぬと賞める人になることだ。曰く、もう一つ下の所を伺いたいと思います。曰く、言ったことは必ず守る。行うべきことに愚図愚図しない。大局的に見れば見識の狭い人間にすぎないが、それでもまだましな方と言えよう。曰く、現在の政治当局者はどの程度でしょうか。子曰く、聞くだけ野暮だ。揃いも揃って小粒な帳面つけ役人で、問題にならぬ。

323　**子曰。不得中行而与之。必也狂狷乎。狂者進取。狷者有所不為也。**

㊞子曰く、中行《ちゅうこう》なるものを得てこれに与《くみ》するにあらずんば、必ずや狂狷《きょうけん》か。狂なる者は

進んで取り、狷なる者は為さざる所あるなり。

㊗子曰く、欠点のない常識的な人間を見つけて仲間になることができなかったら、つむじ曲りか潔癖屋をさがすことだ。つむじ曲りは勉強するものだし、潔癖屋は欲望のために誘惑されることがない。

324　**子曰。南人有言曰。人而無恒。不可以作巫医。善夫。不恒其徳。或承之羞。子曰。不占而已矣。**

㊥子曰く、南人《なんじん》言えることあり、曰く、人にして恒《つね》なければ、以て巫医《ふい》を作《な》すべからず、と。善いかな。其の徳を恒にせざれば、或いはこれに羞《はじ》を承《すす》む、とあり。子曰く、占わずして已まん。

㊗子曰く、南方で行われる諺に、バランスを失った人間は神意を伺う巫《みこ》や医者にかかっても益がない、とあるが、全く同感だ。易経に、行動原理に中心点を欠く人間の将来を占えば、必ず悪い結果が出るのが常だ、とある。子曰く、全く占い以前の問題なのだ。

325　**子曰。君子和而不同。小人同而不和。**

㊗子曰く、君子は和して同ぜず、小人は同じて和せず。

㊅子曰く、諸君は互いに仲良くしてもらいたいが雷同してもらいたくない。大ぜい集ればすぐ雷同するが、必要な時に協力できぬ人間の多いのは困りものだ。

326　**子貢問曰。郷人皆好之。何如。子曰。未可也。郷人皆悪之。何如。子曰。未可也。不如郷人之善者好之。其不善者悪之。**

㊗子貢《しこう》、問うて曰く、郷人《きょうじん》皆なこれを好しとせば何如《いかん》。子曰く、未だ可ならざるなり。郷人皆なこれを悪しとせば何如。子曰く、未だ可ならざるなり。郷人の善き者これを好しとし、其の善からざる者これを悪しとするに如かず。

㊅子貢が尋ねた。町内の人が皆な揃って賞めるような人間がいたら何如ですか。子曰く、それでよいとは限らぬ。子貢曰く、町内の人が皆な揃ってけなすような人がいたら何如ですか。子曰く、それでよいとは限らぬ。町内の善い人が賞め、悪い人がけなすのでなければ本物でない。

327　**子曰。君子易事而難説也。説之不以道。不説也。及其使人也。器之。小人難事而易説也。説之雖不以道。説也。及其使人也。求備焉。**

㊟子曰く、君子は事《つか》え易くして説《よろこ》ばし難きなり。これを説ばすに道を以てせざれば説ばざるなり。其の人を使うに及んでや、これを器とす。小人は事え難くして説ばし易きなり。之を説ばすに道を以てせずと雖も説べばなり。其の人を使うに及んでや、備わるを求む。

㊜子曰く、教養ある君子の下で働くのは働きやすいが、気に入られるのはむつかしい。気に入られようと努めても、道理に叶うのでなければ気に入られないからだ。しかし人を使う時には適当した仕事だけをやらせるから働きやすい。小人物の下では働きにくいが、気にいられるのは容易だ。取りいろうとすれば道理に叶わなくても、すぐ説ぶ。しかし人を使う時には何でもかでも見さかいなく用事を命《いい》つけるから、その下では働きにくいのだ。

328　**子曰。君子泰而不驕。小人驕而不泰。**

㊟子曰く、君子は泰《やす》くして驕《おご》らず。小人は驕りて泰からず。

㊎子曰く、教養ある君子は自信があって而も謙虚だ。小人物は傲慢でありながら自信がない。

329 **子曰。剛毅木訥。近仁。**

㊟子曰く、剛、毅、木《ぼく》、訥《とつ》なるは仁に近し。

㊎子曰く、かたい背骨がとおり、粘り腰がつよく、田舎風まるだしで、口数の少いのは、そのままで仁に通ずるものがある。

330 **子路問曰。何如斯可謂之士矣。子曰。切切偲偲。怡怡如也。可謂士矣。朋友切切偲偲。兄弟怡怡。**

㊟子路、問うて曰く、何如《いか》なれば斯にこれを士と謂うべきか。子曰く、切切《せつせつ》、偲偲《しし》、怡《い》怡如《いじょ》たらば、士と謂うべきなり。朋友には切切、偲偲たり。兄弟には怡怡たれ。

㊎子路が尋ねた。私どもはどのようにすれば求道の学徒たるの名に恥じないものといえましょうか。子曰く、きびしく、思いやりがあり、仲良くすれば、学徒というに値いする。朋友に対しては、きびしいうちにも思いやりがあり、兄弟に対しては、理窟ぬ

きに仲良くすることだ。

331　**子曰。善人教民七年。亦可以即戎矣。**

㊟子曰く、善人が民を教うること七年ならば、亦《ま》た以て戎《じゅう》に即《つ》かしむべし。

㊔子曰く、善意の人が人民を指導すること七年にもなれば、戦争につれて行ってもぶざまな結果にならない。

332　**子曰。以不教民戦。是謂棄之。**

㊟子曰く、教えざるの民を以《ひき》いて戦う。是れ、これを棄つと謂うなり。

㊔子曰く、訓練しない人民を戦争に狩り出すのは、殺されにやるようなものだ。

憲問第十四（333〜379）

333　**憲問恥。子曰。邦有道穀。邦無道穀。恥也。**

㊫憲《けん》、恥を問う。子曰く、邦に道あれば穀す。邦に道なくして穀するは、恥なり。

㊪原憲が名を惜しむ方法を尋ねた。子曰く、道義の行われる国ならば出仕して禄を受けるがよい。非道な国において禄を貰いたさに出仕すると、大へんな恥辱を加えられることがありますぞ。

334　**克伐怨欲不行焉。可以為仁矣。子曰。可以為難矣。仁則吾不知也。**

㊫克《こく》・伐《ばつ》・怨《えん》・欲《よく》、行われざるは、以て仁と為すべきか。子曰く、以て難しと為すべし。仁は則ち吾れ知らざるなり。

㊪（原憲が尋ねた。）仲間に対し競《せ》りあい、自慢しあい、怨みあい、羨みあいを行わなかったならば、それは仁者と言えましょうか。子曰く、滅多にありえないことではある

が、仁者であるかないかとは別の問題だろう。

335　**子曰。士而懐居。不足以為士矣。**

㊟子曰く、士にして居を懐《おも》えば、以て士と為すに足らず。

㊞子曰く、いやしくも求道の学徒として、安楽を願うようでは、学徒たる名が泣くというものだ。

居の一字に安居、閑処の意味がある。この章はまた儒教のストイシズムの一面をよく表わすものである。学問に志しながら、レジャーの時間を欲しいなどいうようでは見込みがないというわけ。

336　**子曰。邦有道。危言危行。邦無道。危行言孫。**

㊟子曰く、邦に道あるときは、言を危《たか》くし行いを危《たか》くす。邦に道なきときは、行いを危くし、言は孫《ゆず》る。

㊞子曰く、道義の行われる国においては、最高に言論し、最高に行動する。道義の行われそうもない国においては、最高に行動するが、言論の調子を下げるものだ。

337　**子曰。有徳者必有言。有言者不必有徳。仁者必有勇。勇者不必有仁。**

㊓子曰く、徳ある者は必ず言あり。言ある者は必ずしも徳あらず。仁者は必ず勇あり。勇者は必ずしも仁あらず。

㊔子曰く、修養して徳を得た人は必ず良いことを言う。しかし良いことを言う人は必ずしも徳のある人とは限らない。最上の人格者は必ず勇気がある。しかし勇気のある人がいつも人格者とは限らない。

338　**南宮适。問於孔子曰。羿善射。奡盪舟。倶不得其死然。禹稷躬稼而有天下。夫子不答。南宮适出。子曰。君子哉若人。尚徳哉若人。**

㊓南宮适《なんきゅうかつ》、孔子に問いて曰く、羿《げい》は善く射、奡《ごう》は舟を盪《くつが》えす。倶にその死然を得ず。禹《う》、稷《しょく》は躬《みず》から稼して天下を有《たも》てり、と。夫子、答えず。南宮适出づ。子曰く、君子なるかな、若《かくのごと》きの人、徳を尚ぶかな、若《かくのごと》き人。

㊔南宮适が孔子に話しかけた。羿は弓術の達人であり、适は力が強く舟を顚《くつが》えすほどであったが、いずれも寿命を全うすることができなかった。禹や后稷は自身で農業に従

事したが、後に天下の主となったそうですね。孔子はそれに相槌をうたなかった。南宮适が退出したあとで、子曰く、立派な教養ある君子がいるとすれば、あの人だな。修養に努めているな、あの人は（『全集四』一五六頁参照）。

339　**子曰。君子而不仁者有矣夫。未有小人而仁者也。**

㊟子曰く、君子にして不仁なる者はあるかな。未だ小人《しょうじん》にして仁なる者あらざるなり。

㊔子曰く、教養ある文化人で通っている人の中には、ひどい食わせ者がいるものだ。しかし始めから小人物と言われている人の中に人格者のいたためしはない。

340　**子曰。愛之能勿労乎。忠焉能勿誨乎。**

㊟子曰く、これを愛しては能く労《ねぎら》うなからんや。忠ならば、能く誨《おし》うるなからんや。

㊔子曰く、愛する友人に対しては、いたわってあげずには居られない。心からの友達ならば、忠告せずにはおられない。

341　**子曰。為命。裨諶草創之。世叔討論之。行人子羽脩飾之。東里子産潤色之。**

(訓)子曰く、命《めい》を為《つく》るには、裨諶《ひじん》、これを草創し、世叔《せいしゅく》、これを討論し、行人子羽《こうじんしう》、これを脩飾し、東里《とうり》の子産《しさん》、これを潤色せり。

(新)子曰く、鄭《てい》国で君主の命令を出すとき、裨諶が草案を造り、世叔がそれを吟味し、行人子羽が修正案を出し、東里の子産が最終的に纏めあげた。

中国に特有な起承転結の四段階のリズムが此処にも現われているのが面白い。63を参照。

342

或問子産。子曰。恵人也。問子西。曰。彼哉彼哉。問管仲。曰□人也。奪伯氏騈邑三百。飯疏食。没歯無怨言。

(訓)或るひと子産《しさん》を問う。子曰く、恵人《けいじん》なり。子西《しせい》を問う。曰く、彼れをや、彼れをや。管仲《かんちゅう》を問う。曰く、□人なり。伯氏《はくし》の騈邑《べんゆう》三百を奪う。疏食《そし》を飯《くら》い、歯《し》を没するまで怨言なかりき。

(新)或るひとが子産について尋ねた。子曰く、慈悲深い人だ。子西について尋ねた。曰く、あんな人ではね、あんな人だとね。管仲を問う。曰く、(?)人とでも言うべきでしょうね。伯氏の騈という邑にある三百戸の知行を没収した。伯氏は食べ物にも不自由しながら、死ぬまで怨みごと一つ言わなかった。

管仲を問う、の次の曰くの下に、一字を脱落していると思われる。論語の中には、仁人、賢人、善人、成人、大人、中人、君子人、若人、斯人、古之人から下って、佞人、小人、斗筲之人など種々の人があるが、単に人と言ってその性質を現わす使い方はない。この場合は、大人、成人あたりが最も近いであろう（『全集四』一〇八頁参照）。

343　**子曰。貧而無怨難。富而無驕易。**

㊟子曰く、貧にして怨むなきは難く、富みて驕るなきは易し。

㊔子曰く、貧乏暮しをしながら愚痴をこぼさぬ人はよっぽど偉い。金がありながら倹約生活を続ける人はいくらもある。

344　**子曰。孟公綽為趙魏老則優。不可以為滕薛大夫。**

㊟子曰く、孟公綽《もうこうしゃく》は趙魏《ちょうぎ》の老たるには優なり。以て滕薛《とうせつ》の大夫となるべからず。

㊔子曰く、孟公綽の器量は趙や魏のような超大国の家老にしても十二分だが、しかし滕や薛のような小国の執事を勤める機略はもちあわせない。

345 子路問成人〔子〕曰。若臧武仲之知。公綽之不欲。卞荘子之勇。冉求之芸。文之以礼楽。亦可以為成人矣。子曰。今之成人者。何必然。見利思義。見危授命。久要不忘平生之言。亦可以為成人矣。

(訓)子路《しろ》、成人を問うて曰く、臧武仲《ぞうぶちゅう》の知、公綽《こうしゃく》の不欲、卞荘子《べんそうし》の勇、冉求《ぜんきゅう》の芸あるが若くして、これを文《かざ》るに礼楽を以てすれば、亦た以て成人と為すべきか。子曰く、今の成人なる者は何ぞ必ずしも然らん。利を見ては義を思い、危きを見ては命を授け、久《きゅう》要《よう》に平生の言を忘れざれば、亦た以て成人と為すべし。

(新)子路が人物としての及第点を尋ねて言った。臧武仲のような知性、孟公綽のような無欲、卞荘子のような勇気、それに冉求のような才芸があって、なおその上に、礼楽の教養で磨きをかけたなら、人物として及第点が与えられましょうか。子曰く、今の及第点は到底そんな贅沢は言っておれないな。ずっと程度を引下げて、利益を前にしては、それが正義か不義かを考えて立止まり、危険な場合には生命を投出す覚悟があり、どんな時にも平生口にしていた言葉を忘れないでいる人があったら、さっさと及第点がつけられるよ。

この章は、よく読んでみると、内容の上から考えても、文勢の上から見ても、前半はどうしても子路の言葉、後半はどうしても孔子の言葉としか受取れない。臧武仲は後の347においで孔子に非難されている人物、冉求は子路よりも二十歳も年下である。だからもしこれらが子路の口から出た言葉としてなら受取れるが、孔子の言葉としては、子路を前にして、難点のある人物、子路よりもずっと年下の人物を成人の例として挙げることはちょっと考えられない。更にこの前半を孔子の言とした上で、後半を子路の言として見る説があるが、これはいよいよおかしい。それでは子路が孔子の言葉をひっくり返した上で更に説教しているみたいである。

冒頭の句は、子路成人を子に問うて曰く云云と、読んで読めぬこともないが、論語の中にそういう用法は見当らぬから、それよりもあっさりと、後に出るはずの子の字が誤って前へ出てきたと見た方がよいであろう。なお子路の問いになっているから、その言葉の最後が矣で終っていても、疑問形で読む上に不自然さはない。

久要を従来の注釈は旧約＝古い約束、と解するが、どうもこれでは意味が通じない。いささか望文生義に類するが、この言葉は不忘を強める副詞に違いない。久は長い時間、要は大事な処であるから、いつまでたっても、まさかの際にもという意味にとって、どんな時にも、と訳しておいた。しかし実際は恐らく、造次とか、顚沛《てんはい》とかいう言葉と同様、当時行われた慣用語で、一字一字に分解すべからざるものであるかも知れない(『全集四』一一七頁参照)。

346 **子問公叔文子於公明賈曰。信乎。夫子不言不笑不取乎。公明賈対曰。以告者過也。夫子時然後言。人不厭其言。楽然後笑。人不厭其笑。義然後取。人不厭其取。子曰。其然。豈其然乎。**

㊟子、公叔文子《こうしゆくぶんし》を公明賈《こうめいか》に問うて曰く、信《まこと》なるか、夫子は言わず、笑わず、取らずとは。公明賈対えて曰く、以て告ぐる者の過《あやま》ちなり。夫子は時にして然る後に言う。人、其の言を厭わず。楽んで然る後に笑う。人、其の笑うを厭わず。義にして然る後に取る。人、其の取るを厭わず。子曰く、其れ然り。豈其れ然らんや。

㊥孔子が公叔文子の人となりを公明賈に尋ねて曰く、あの方は言わず、笑わず、受取らず、という評判ですが本当ですか。公明賈が答えた。それは誰かが間違ったことをお伝えしたのです。ただあの方は、言うべき時に言いますから、人はその言葉に反撥しません。本当にたのしい時に笑いますから、人はその笑うのを苦にしません。当然取るべきものを受取りますから、人はそれを見ても不審に思わないのです。子曰く、い

かにもごもっとも。だが本当にごもっともなんだろうか。

347　**子曰。臧武仲。以防求為後於魯。雖曰不要君。吾不信也。**

㊅子曰く、臧武仲《ぞうぶちゅう》は防《ぼう》を以て後を為すことを魯に求めたり。君を要せずと曰うと雖も、吾れは信ぜざるなり。

㊉子曰く、魯の大夫の臧武仲は自己の家の後継者を立ててくれるよう、自己のもとの領地たる防の邑を楯にとって、魯公に要求した。この要求は強要したのでないといわれているが、私は強要したも同じだと見ている。

348　**子曰。晋文公。譎而不正。斉桓公。正而不譎。**

㊅子曰く、晋《しん》の文公は譎《きつ》にして正ならず。斉《せい》の桓公《かんこう》は正にして譎ならず。

㊉子曰く、晋の文公は権道を用いて常道を知らぬ。斉の桓公は常道を用いて権道を知らぬ。

349　**子路曰。桓公殺公子糾。召忽死之。管仲不死。曰未仁乎。子曰。桓公九合諸侯。不**

以兵車。管仲之力也。如其仁。如其仁。

㊟子路《しろ》曰く、桓公《かんこう》、公子糾《こうしきゅう》を殺して、召忽《しょうこつ》これに死し、管仲《かんちゅう》は死せず。未だ仁ならずと曰わんか。子曰く、桓公は諸侯を九合し、兵車を以てせざるは、管仲の力なり。其の仁を如《い》せん、其の仁を如せん。

㊢子路曰く、斉の桓公が兄弟の公子糾を殺したとき、糾の臣の召忽はこれに殉じたが、管仲は生き長らえた。これを不仁と言ってよいでしょうか。子曰く、桓公が諸侯を会合して覇を唱えた際、兵車の武威を示して嚇したのでなかったのは、管仲の力であった。管仲には管仲なりの仁の一面があったのを忘れてはなるまい。それをどうして無視できよう。どうして一概に不仁ときめつけられよう。

如其仁、を従来は、其の仁に如かんや＝其の仁に如かず、の意味に取り、管仲の仁者たるを認める解釈が普通であった。ところが、如の一字で如何と同じ用法があることから、この場合に適用して、其の仁を如何せん、つまり仁の方は知らない、仁は別問題として其の功業は大いに評価すべきだ、という新しい解釈が現われた。狩野直喜博士『支那学文藪』の中、「孔子と管仲」において、兪樾《ゆえつ》の諸子平議の説を引き、既に漢代の揚雄が、如の一字をもって、如何の意味に用いている例があるので、この場合も、如其仁、は如其仁何、その仁を如何せん、と読むべきだと結論されている。

私も読み方は如を如何とする説を採るが、但し結論は管仲に対して其仁、管仲なりの仁を認める方に解したい。この最後の句、如其仁、は子路の問い、未だ仁ならずと曰わんか、に対する答になっている。もし子路の欲するように一概に、管仲を未だ仁ならずと曰ってしまえば、管仲なりの仁があるのを何処へ持って行ったらよいか、と言って子路の問いを否定したと見たいのである。この場合、単なる仁でなく、其の仁、管仲式の仁であることに注意すべきであろう。因みに曰は謂と同じ意味があって、常に改まって曰く、とばかり読むとは限らないこと、論語の中にも多くの実例が見出せる。あるいはこの所をも、(子路)曰く、の意に取る説や、更にこれを衍字《えんじ》と見る説もあるが、いずれも賛成しがたい。同じ人の言葉に、曰くを二回重ねる用法は確かにあるが、この場合にはその必然性が認められない。

350　子貢曰。管仲非仁者与。桓公殺公子糾。不能死。又相之。子曰。管仲相桓公。覇諸侯。一匡天下。民到于今受其賜。微管仲。吾其被髪左衽矣。豈若匹夫匹婦之為諒也。自経於溝瀆而莫之知也。

㊟子貢《しこう》曰く、管仲《かんちゅう》は非仁なる者か。桓公《かんこう》、公子糾《こうしきゅう》を殺したるに、死する能わず。又たこれに相たり。子曰く、管仲は桓公に相とし、諸侯に覇たらしめ、天下を一匡《いっきょう》す。民、今に到るまで、其の賜を受く。管仲微《なか》りせば、吾れ其れ髪を被り、衽《えり》を左にせん。豈に匹夫匹婦の諒《まこと》を為し、自ら溝瀆《こうとく》に経《くび》れてこれを知る莫きが如くせんや。

(新)子貢曰く、管仲は不仁なる者ですか。斉の桓公が兄弟の公子糾を殺した時に一緒に死ぬことができぬのみならず、かえって桓公の相となりました。子曰く、管仲は桓公の相となり、諸侯に覇を唱え、天下を立て直した。だから人民は今に至るまで、その恩恵を蒙っている。もし管仲のお蔭でなかったら、今の我々は夷狄の風習に同化されて、ざんばら髪にして左前の着物を着せられていたかも知れぬ。名もない男女が義理だてをして、溝の中で首をくくって自殺して、誰にも賞められぬのと比べられては困るのだ。

351　**公叔文子之臣大夫僎。与文子同升諸公。子聞之曰。可以為文矣。**

(訓)公叔文子《こうしゅくぶんし》の臣の大夫僎《せん》、文子と同じく、これを公に升《しょう》さる。子、これを聞いて曰く、以て文と為すべし。

㊗衛の公叔文子の臣であった大夫僎が、公叔の推薦によって、衛公の直参の大夫となり、一緒に公の前へ出て列んで仕えた。それを聞いて孔子が言った。公叔は死後、文と諡《おくりな》される価値がある、と。（果してその通りになった。）

352　**子言衛霊公之無道也。康子曰。夫如是。奚而不喪。孔子曰。仲叔圉治賓客。祝鮀治宗廟。王孫賈治軍旅。夫如是。奚其喪。**

㊟子、衛の霊公《れいこう》の無道を言うや、康子《こうし》曰く、夫れ是の如くんば、奚《なん》すれぞ喪《ほろ》びざる。孔子曰く、仲叔圉《ちゅうしゅくぎょ》、賓客を治め、祝鮀《しゅくだ》、宗廟を治め、王孫賈《おうそんか》、軍旅を治む。夫れ是の如し、奚《なん》すれぞ其れ喪《ほろ》びん。

㊗孔子が衛の霊公の無軌道ぶりを話すと、康子曰く、そのような状態ならば、どうして滅亡せずにいることができるのでしょうか。孔子曰く、仲叔圉が外交を掌り、祝鮀が内政を治め、王孫賈が軍事を統べて、いずれも、成績を挙げている。このような状態だから、どうして滅亡に陥ろう。

353　**子曰。其言之不怍。則為之也難。**

㊟子曰く、其れこれを言いて怍《は》じざれば、則ちこれを為すや難し。
㊮子曰く、言うことをしゃあしゃあと言ってはにかむことを知らない人は、実行の方までは手のまわらぬものだ。

354　**陳成子弑簡公。孔子沐浴而朝。告於哀公曰。陳恒弑其君。請討之。公曰。告夫三子。孔子曰。以吾従大夫之後。不敢不告也。君曰。告夫三子者。之三子告。不可。孔子曰。以吾従大夫之後。不敢不告也。**

㊟陳成子《ちんせいし》、簡公《かんこう》を弑《しい》す。孔子、沐浴して朝し、哀公《あいこう》に告げて曰く、陳恒《ちんこう》、其の君を弑す。請うこれを討たん。公曰く、夫の三子に告げよ。孔子曰く、吾れは大夫の後に従うを以て、敢て告げずんばあらざるなり。君は曰う、夫の三子者に告げよ、と。三子に之《ゆ》きて告ぐ。可《き》かれず。孔子曰く、吾れは大夫の後に従うを以て、敢て告げずんばあらざるなり、と。

㊮斉の陳成子が、その君簡公を弑した。孔子が沐浴して身を清め、参内して魯の哀公に告げて曰く、斉の陳(成子)恒がその君を弑した。願わくは魯の兵を率いてこれを討伐されたい。公曰く、私の三人の大臣に計ってほしい。孔子曰く、私は家老の席末に

列《つらな》っている者ですから、職責上、このように申上げなければならなかったのですが、上のお言葉は、三人の大臣に計ってほしいとのこと、確かに承りました。そこで三人の大臣の所へ行って同じことを申し入れたが、みな却下された。孔子曰く、私は家老の席末に列っている者ですから、職責上、このように申上げなければならなかったのです。（決して差出がましく口を利いたのではありません。）

355　**子路問事君。子曰。勿欺也。而犯之。**

㊟子路《しろ》、君に事えんことを問う。子曰く、欺くなかれ。而してこれを犯せ。

㊫子路が君主に仕える道を尋ねた。子曰く、匿さずに言うことだ。機嫌をとろうと思うな。

356　**子曰。君子上達。小人下達。**

㊟子曰く、君子は上達し、小人《しょうじん》は下達す。

㊫子曰く、諸君は一段と高い次元で物事を考えてほしい。低いレベルに降りて議論しては何にもならない。

357 **子曰。古之学者為己。今之学者為人。**

㊟子曰く、古《いにしえ》の学者は己の為にす。今の学者は人の為にす。

㊔子曰く、昔の学者は自己の内容充実を計るのが学問であった。近頃の学者は人に見せるための学問をする。

358 **蘧伯玉使人於孔子。孔子与之坐而問焉。曰。夫子何為。対曰。夫子欲寡其過而未能也。使者出。子曰。使乎使乎。**

㊟蘧伯玉《きよはくぎよく》、人を孔子に使いせしむ。孔子、これに坐を与えて問うて曰く、夫子は何をか為す。対えて曰く、夫子は其の過ちを寡《すくな》くせんと欲して未だ能わざるなり。使者出づ。子曰く、使いなるかな。使いなるかな。

㊔衛の蘧伯玉が使者を孔子の許へ送った。孔子が使者を座席につかせてから尋ねた。御主人はこの頃、何をなさっておられますか。対えて曰く、主人はなるべく過失を少くする工夫を考えていますが、なかなかよい方法が見つかりませんので、出来ましたらば教えて頂きたいと申しておりました。使者が退出した後で、子曰く、主人が主人な

ら、使いも使い。大したものだな。

359　**子曰。不在其位。不謀其政。**
㊫子曰く、其の位にあらざれば、その政を謀らず。
㊪198と同じ。

360　**曾子曰。君子思不出其位。**
㊫曾子《そうし》曰く、君子は思うこと、其の位より出でず。
㊪曾子曰く、諸君は身分不相応なことを考える必要はない。

361　**子曰。君子恥其言之過其行。**
㊫子曰く、君子は其の言の其の行いに過ぐるを恥ず。
㊪子曰く、諸君は、言葉が実行よりも立派なことは恥辱である、と銘記してほしい。

362　**子曰。君子道者三。我無能焉。仁者不憂。知者不惑。勇者不懼。子貢曰。夫子自道**

也。

(訓)子曰く、君子の道なるもの三あり。我れ能《よ》くするなし。仁者は憂えず、知者は惑わず。勇者は懼《おそ》れず。子貢曰く、夫子自ら道《い》うなり。

(新)子曰く、人間の理想に三箇条あるが、自分はまだどれにも到達できない。仁者となって不安を知らなくなり、知者となって惑いを知らなくなり、勇者となって懼れを知らなくなることだ。子貢曰く、先生ご自身、ちゃんと出来ていらっしゃる。

363　**子貢方人。子曰。賜也賢乎哉夫。我則不暇。**

(訓)子貢《しこう》、人を方《たくら》ぶ。子曰く、賜《し》や賢なるかな。我は則ち暇《いとま》あらず。

(新)子貢は人物評論がすきだ。子曰く、賜は何時の間にか賢者になってしまったな。私はやろうと思っても、だいいち暇がない。

364　**子曰。不患人之不己知。患己無能也。**

(訓)子曰く、人の己を知らざるを患えず。己の能くするなきを患う。

(新)子曰く、人が自分を知らぬのを苦にすることはない。自分にそれだけの力のないのが問題だ（『全集四』一〇〇頁参照）。

365　**子曰。不逆詐。不億不信。抑亦先覚者是賢乎。**

㊇子曰く、詐《いつわ》りを逆《むか》えず。信《まこと》ならざるを億《はか》らず。抑《そもそ》も亦た先ず覚る者は是れ賢なるか。

㊊子曰く、欺されはしないかと疑ってかかったり、嘘ではないかと予防したりする気がなくて、それでいてちゃんと偽りを見抜くことの出来るのが本当に頭のいい人だ。

366　**微生畝謂孔子曰。丘何為是栖栖者与。無乃為佞乎。孔子曰。非敢為佞也。疾固也。**

㊇微《び》生畝《せいほ》、孔子を謂いて曰く、丘《きゅう》は何ぞ是の栖栖《せいせい》たるを為すか。乃《すな》わち佞《ねい》たるなからんや、と。孔子曰く、敢て佞を為すに非ず。固きを疾《にく》むなり。

㊊微生畝が孔子について言った。孔丘は何故あのようにへこへこしているのだろうか。どうも安易に妥協しすぎるように思える、と。孔子曰く、決して妥協したりなどはしない。しかしそう見えるなら、それは固い殻《から》に閉じこもっていないからだろう。

367　**子曰。驥不称其力。称其徳也。**

(訓)子曰く、驥《き》は其の力を称せず。其の徳を称するなり。

(新)子曰く、千里の馬はその血統よりも、調教の効をこそたたえらるべきだ。

徳という字ほど多種多様の意味をもっていて学者を戸惑いさせるものはあるまい。恐らく徳の原義は、徳は得なり、と説明されるように、後得の性をさすものであろう。すなわち本来の生れつきの性質でなく、生れてから後、修養によって得られた性質のことである。そこから修養という意味も、美徳の徳、更に善意の意味も生じたのである。

368 **或曰。以徳報怨。何如。子曰。何以報徳。以直報怨。以徳報徳。**

(訓)或るひと曰く、徳を以て怨みに報いたらば何如《いかん》。子曰く、何を以て徳に報いん。直きを以て怨みに報い、徳を以て徳に報いん。

(新)或るひと曰く、好意を以て怨みに応《こた》えたらば何如でしょうか。子曰く、それでは何をもって好意に応えようか。平心をもって怨みに対応し、好意をもって好意に対応したい。

369 **子曰。莫我知也夫。子貢曰。何為其莫知子也。子曰。不怨天。不尤人。下学而上達。**

知我者其天乎。

（訓）子曰く、我を知るもの莫《な》きかな。子貢《しこう》曰く、何すれぞ其れ子を知る莫からんや。子曰く、天を怨みず、人を尤《とが》めず。下学《かがく》して上達す。我れを知る者は、其れ天なるか。

（新）子曰く、私を知る者は世にないな。子貢曰く、どうして先生は世に知られないと言えましょう。子曰く、運が向かぬといって天に向って愚痴をいわず、社会が悪いといって人に責任を転嫁しない。地味な学問を積み重ねて、精神の向上に努めてきた。こういう点を知ってくれるのは、やはり天の外にはないな。

370

公伯寮愬子路於季孫。子服景伯以告曰。夫子固有惑志於公伯寮。吾力猶能肆諸市朝。子曰。道之将行也与。命也。道之将廃也与。命也。公伯寮其如命何。

（訓）公伯寮《こうはくりょう》、子路《しろ》を季孫《きそん》に愬《うった》う。子服景伯《しふくけいはく》、以て告げて曰く、夫子固《もと》より公伯寮に惑志あり。吾が力、猶《な》お能くこれを市朝《しちょう》に肆《さら》さん。子曰く、道の将《まさ》に行われんとするや、命なり。道の将に廃せんとするや、命なり。公伯寮、それ命を如何せん。

（新）公伯寮が子路のことを魯《ろ》の大臣、季孫に悪しざまに讒言した。子服景伯が孔子にそれを報告して曰く、大臣は前から気に入りの公伯寮に欺されがちなのです。しかし私はあの男をいつか衆人環視の中で叩きのめしてやる力があります。子曰く、私が昔からの道を復興しようとして成功するなら、それは天命だ。私が昔からの道を復興しようとして失敗するなら、それも天命だ。別に公伯寮が天命を動かしているわけではないだろう。

371　**子曰。賢者辟世。其次辟地。其次辟色。其次辟言。**

㊖子曰く、賢者は世を辟《さ》く。其の次には地を辟く。其の次には色を辟く。其の次には言を辟く。

㊔子曰く、(政治が乱れて危険な時には)賢者は世事から遠ざかって隠居する。それでもまだ危険なら、違った土地へひっこしする。それでもまだ危険なら、人相の悪い人間とつきあわない。それでもまだ危険なら、迂闊なことを言う人間と話さない。

普通に其次以下を、次賢者、次次賢者、次次次賢者という風に解釈するが、それでは最後の次次次賢者とはどの程度の人間か分らない。どうもこういう層序法はあまり例を見ない。こういう際には段階に応じて、別の形容詞を用いるか、少くも最後へ行って、下なる者とか、愚者とかで結ばなければ、たれ流しになってしまう。更に色、言の解釈も君主の顔色、君主の言語では、上とのつながりが悪くて納得しがたい。其次を、次の段階では、と副詞に読めば解釈がつきやすくなる。

372　**子曰。作者。七人矣。**

(訓)子曰く、作《た》つ者、七人ありき。

(新)子曰く、世を避けた人、七人の名をあげることができる。

この七人について諸説あるが、恐らく468に見える逸民七人、すなわち、伯夷《はくい》、叔斉《しゅくせい》、虞仲《ぐちゅう》、夷逸《いいつ》、朱張《しゅちょう》、柳下恵《りゅうかけい》、少連《しょうれん》のことであろう。もと論語のこの条の下に七人の名があったのを後人が468と重複するため削ったか、あるいは初めから、単に七人と数だけ記録されたものか、今から知ることはできない。

373　**子路宿於石門。晨門曰。奚自。子路曰。自孔氏。曰。是知其不可而為之者与。**

(訓)子路《しろ》、石門《せきもん》に宿す。晨門《しんもん》曰く、奚《いず》れよりする。子路曰く、孔氏よりす。曰く、是れ其の(為す)べからざるを知りて、これを為さんとする者か。

(新)子路が魯の郭門、石門の外に泊った。翌朝、門を入る時に朝係りの門番が尋ねた。何処の者だ。子路曰く、孔氏の者だ。曰く、ははん、到底実現できない理想をかかげて無理と知りながら、努力してやめられない彼の人のことか。

374 **子撃磬於衛。有荷蕢而過孔氏之門者。曰。有心哉。撃磬乎。既而曰。鄙哉。硜硜乎。莫己知也。斯已而已矣。深則厲。浅則掲。子曰。果哉。末之難矣。**

㊟子、磬《けい》を衛《えい》に撃つ。蕢《ふご》を荷《にな》いて孔氏の門を過ぐる者あり。曰く、心あるかな、磬を撃つや、と。既にして曰く、鄙《ひ》なるかな。硜硜《こうこう》たるや。己を知るなくんば、斯に已《や》まんのみ。深ければ厲《ころもぬ》ぎ、浅ければ掲《すそかか》ぐ、ものぞ。子曰く、果なるかな。これを難《かた》しとする末《な》きなり。

㊎孔子が衛において、あるとき磬の楽器を打ち鳴らしていた。蕢を荷って孔氏の門前を過ぎる人があった。曰く、はて、何か意味ありげだな、あの磬の音は。暫くしてからまた言った。なんだつまらない。ぶつぶつ言う不平声だったのか。誰も認めてくれなかったら、自分の方から引っこむまでじゃないか。深い川を渡るには着物を脱ぎ、浅瀬を渡るには裾からげ、という歌のとおりさ。子曰く、そうだ、その果《はだか》になる方だ。此方はちゃんと前からやってるよ。

果哉の果を従来はほとんど凡ての注釈家は、果敢、果断の果と読んできたから、意味が少しも通らない。しかし果にラ音があり、裸に通ずる位のことを知らなかったはずはない。思うにこの章は、どこか道家的臭味があり、殊に裸生活は道家の賛美したがるところなので、儒教派注釈家は殊更に異を立てて、果断の果の意味で無理に押し切ってきたのであろう。ここに訓詁学の限界が見られる。深則厲、浅則掲の句は、詩経、邶風《はいふう》、匏有苦葉の中に見えている。末之難矣、は文字どおりには、そんなことは少しもむつかしいことではない、の意（『全集四』一三六、一七〇頁参照）。

375　**子張曰。書云。高宗諒陰三年不言。何謂也。子曰。何必高宗。古之人皆然。君薨。百官総己。以聴於冢宰三年。**

㊟子張《しちょう》曰く、書に云う、高宗《こうそう》は諒陰《りょうあん》に、三年言《ものい》わず、とあり。何の謂いぞや。子曰く、何ぞ必ずしも高宗のみならん。古の人は皆な然り。君薨《こう》ずれば、百官は己れを総べて、以て冢宰《ちょうさい》に聴くこと三年なり。

㊞子張が尋ねた。書経に、殷の天子、高宗武丁は父の喪に服すること三年の間、長い話

をしなかった、とありますが、どういう意味でしょうか。子曰く、何も高宗に限ったことではない。昔の人は皆なそうしたものだ。君主が亡くなると、百官は天子から離れて自己の責任で仕事をし、是非必要の場合は最高位の大臣、冢宰の指揮に従うこと三年であった。

376 **子曰。上好礼。則民易使也。**

(訓)子曰く、上、礼を好めば、民、使い易きなり。

(新)子曰く、為政者が礼を尊重すれば、人民は温順で使いやすくなる。

377 **子路問君子。子曰。脩己以敬。曰。如斯而已乎。曰。脩己以安人。曰。如斯而已乎。曰。脩己以安百姓焉。脩己以安百姓。堯舜其猶病諸。**

(訓)子路、君子を問う。子曰く、己を脩《おさ》むるに敬を以てす。曰く、斯の如きのみか。曰く、己を脩めて以て人を安んず。曰く斯の如きのみか。曰く、己を脩めて以て百姓を安んぜん。己を脩めて以て百姓を安んずるは、堯舜《ぎょうしゅん》も其れ猶おこれを病めり。

(新)子路が修養の目標たる君子の如何なるものかを尋ねた。子曰く、己れを正しく保って謹慎を失わぬ人だ。曰く、ただそれだけのことですか。曰く、己れを正しく保てば、自然に周囲の人たちの心を平和にすることができる。曰く、ただそれだけのことですか。曰く、己れを正しくすれば、最後には天下の百姓の心まで平和にすることさえ可能ではなかろうか。天下の百姓の心を平和にすることは、堯舜のような聖天子にとってさえ、容易ならざる難事業であったのですぞ。

この条の終の方で、脩己以安百姓の句が二回繰返されるが、初の句は上を受けて、子路の質問に直接答え、次の句は自分の言った言葉に対する補足的説明のためであって下へ続くから、両者の語気が全く違わなければならない。私の考えではこういう場合、初の句の終に何らかの助詞が必要だと考える。そして助詞を入れるならば焉が最も適当であろう。問い詰められて答える場合にはしばしばこの焉が用いられる。孟子、梁恵王下に次のような文がある。

滕《とう》の文公、問うて曰く、滕は小国なり。斉楚《せいそ》に間《はさ》まる。斉に事えんか、楚に事えんか。孟子対えて曰く、是の謀は吾が能く及ぶ所に非ざるなり。已むなくんば則ち一あり焉。

378　**原壌夷俟。子曰。幼而不孫弟。長而無述焉。老而不死。是為賊。以杖叩其脛。**

(訓)原壌《げんじよう》、夷《あぐら》して俟《ま》つ。子曰く、幼にして孫弟《そんてい》ならず。長じて〔述ぶるなく〕怵〔おそ〕るるところなく、老いて死せず。是れを賊と為す、と。杖を以て其の脛《すね》を叩く。

(新)原壌がうずくまって孔子を迎えた。子曰く、子供の時から目上の者を敬まうことを知らず、成長してからも遠慮会釈することを知らず、老いぼれて死ぬのを忘れた、この穀つぶしめ、と言いながら杖でその脛を叩いた。

二人のこの会合は路上などで偶然出あって、出あいがしらに喧嘩になったのではない。原壌は夷して俟ったのであるから、俟つべき理由があって孔子の訪問を待ちうけたのである。孔子の方はまた訪問すべき義理があって、儀礼上の訪問をした。孔子のことであるから正装して、威儀を正して出かけたところ、原壌は夷して待ちうけた。夷はうずくまるであるが、よく釣人が岸で腰を下した場合のように、片膝、または両膝を立てたらくな姿勢である。本来ならば直立して迎えるところであった。そこで孔子がその無礼を怒って杖で脛をひっぱたいたのである。だから孔子の方にも暴力を振う理由があったわけだ。

述の字はほとんど凡ての注釈は、孔子自身の述而不作、の述本来の意味にとるが、恐らく怵の仮借であろう。発音が同じければ文字の偏《へん》には拘泥しないで相通じて用いるのが古代の習慣であった。こんな場合、たとえ原壌が先王の道を述べることがなかったにしろ、業績がないなど言って相手を責めるのはどう考えてもおかしい（『全集四』一六五頁参照）。

379　**闕党童子将命。或問之曰。益者与。子曰。吾見其居於位也。見其与先生並行也。非求益者也。欲速成者也。**

㊒闕党《けっとう》の童子《どうじ》、命《めい》を将《おこな》う。或るひとこれを問いて曰く、益する者か。子曰く、吾れ其の位に居るを見る。其の先生と並び行くを見る。益を求むる者に非ざるなり。速に成らんと欲する者なり。

㊎闕なる町内の童子が珍しく取次ぎの見習いを勤めた。あるひとが童子について尋ねた。大へん見込みのある子だからですか。子曰く、私が見ているとあの童子は大人と同じように座席を占領していた。また見ていると先達の大人の後に従わず、並列して歩いていた。本気で勉強する気がない。ただ一日も早く大人の扱いをしてもらいたいだけなのが分った。これではいかんと思って使っているのだ。

衛霊公第十五（380〜420）

380 衛霊公問陳於孔子。孔子対曰。俎豆之事。則嘗聞之矣。軍旅之事。未之学也。明日遂行。在陳絶糧。従者病。莫能興。子路慍見曰。君子亦有窮乎。子曰。君子固窮。小人窮斯濫矣。

㊗衛《えい》の霊公《れいこう》、陳《ちん》を孔子に問う。孔子対《こた》えて曰く、俎豆《そとう》の事は則ち嘗《かつ》てこれを聞けり。軍旅の事は未だ学ばざるなり、と。明日《めいじつ》遂に行《さ》る。陳にありて糧を絶つ。従者病み、能く興《た》つことなし。子路慍《いか》り見《まみ》えて曰く、君子も亦た窮するあるか。子曰く、君子固より窮す。小人は窮すれば斯に濫す。

㊗衛の霊公が戦術のことを孔子に尋ねた。孔子対えて曰く、文化に関したことは少しは勉強してみました。しかし戦争のことは学ぼうともしませんでした、と。その明日、前から考えていたように決心して立ち退いた。陳にきたとき食糧がつきてしまい、門人の従う者は病んで立上れない者もあった。子路が腹を立て孔子に面と向って言った。

徳のある君子もこんなに落ちぶれるものでしょうか。子曰く、君子だって落ちぶれるさ。ただ小人のように取りみだすことがないだけだ。

㊉381　**子曰。賜也。女以予為多学而識之者与。対曰。然。非与。曰。非也。予一以貫之。**

㊑子曰く、賜《し》や、女《なんじ》は予を以て多く学んでこれを識る者と為すか。対えて曰く、然り。非ざるか。曰く、非ず。予は一以てこれを貫く。

㊎子曰く、賜よ、お前は私を、多くのことを学んで博い知識を得たと思っているのかね。子貢が答えて曰く、その通りです。それは間違いですか。曰く、間違いだ。私はいつも学問の本質に焦点を絞っているのだ。

382　**子曰。由知徳者鮮矣。**

㊑子曰く、由《ゆう》や、徳を知る者は鮮《すくな》いかな。

㊎子曰く、由よ、修養の大切なことを悟る者は少いな。

この本文には疑問がある。子路に限らず弟子たちに孔子がよびかける時は、多く由也、と也を添えるがここにはない。もっとも33に、由誨女知之乎、という例があるのは、この場合はすぐ次に女で受けているからである。論語の中の子曰、は必ず何人かに向って言った言葉であるが、それが一般的な教訓である場合は、その対話相手を一々列挙することなく省略してしまう。今の場合、孔子の教訓の内容は、知徳者鮮矣、という極めて一般的な事実を述べたに過ぎず、特にそれを子路に語りかけたことを明かにする必要はなさそうに思える。一方、鮮は非常に少いことで強い言葉なので、多くの場合、これに応じた副詞を伴って用いられる。2の例、好犯上者鮮矣、好んで上を犯す者は鮮し、あるいは上を犯すを好む者と訓じても同じ。そこでこの場合、由は能の譌《あやまり》ではないかという疑いが生ずる。字画の数は大差あるが、もし能という字が剝落した場合、縦横に直角に交わる線が多いので、容易に由という字が造られる。能く徳を知る者は鮮いかな、となれば口調もよく、文章がずっとすっきりする。

383 **子曰。無為而治者。其舜也与。夫何為哉。恭己正南面而已矣。**

(訓)子曰く、為すなくして治むる者は、其れ舜なるか。夫れ何をか為すや。己を恭《うやうや》しくして、南面を正すのみ。

(新)子曰く、作為なしで自然のままに政治を行ったのは、恐らく帝舜であろう。最小限にしたことはと言えば、自己の姿勢をあらためた上、天子の南面する座にきちんと坐っただけだ。

無為にして天下を治めるという思想は、道家において最も顕著に現われる。このような道家的思想が論語の中に見られるについて、二つの異った立場をとるのが可能である。一はこのような思想もやはり始めから儒教に内在しており、それが発展、分離して道家の学説となったと考える。他は論語というものが、時代と共に成長し、後出の思想をも取り入れて現今の形になったと考える。私としては第二の立場に共鳴する。

384　**子張問行。子曰。言忠信。行篤敬。雖蛮貊之邦行矣。言不忠信。行不篤敬。雖州里。行乎哉。立則見其参於前也。在輿則見其倚於衡也。夫然後行。子張書諸紳。**

㊟訓 子張《しちょう》、行わるることを問う。子曰く、言うこと忠信にして、行い篤敬《とくけい》ならば、蛮貊《ばんぱく》の邦と雖も行われん。言うこと忠信ならず、行い篤敬ならずんば、州里と雖も行われんや。立てば其の前に参《まじ》わるを見、輿《よ》にありては其の衡《こう》に倚《よ》るを見て、夫れ然る後に行われん。子張これを紳に書す。

㊟新 子張が普遍妥当なる道を尋ねた。子曰く、言忠信、行篤敬の六字、言葉に誠意があり、

行為に誠実のあることだ。それなら世界中、たとえ夷狄《いてき》の国へ行っても妥当する。これに反して言葉に誠意がなく、行為が誠実でなかったなら生れ故郷の町内でも相手にされまい。立てばこの六字が目の前にちらつき、車に乗ればこの六字が車の前の横木に貼りつけられていると思うほど頭の中に叩きこまれるようになって、始めてこの道が生きてくるのだ。子張はこの六字を帯の端に書きつけて、日常それを眺めることにした。

385 **子曰。直哉史魚。邦有道如矢。邦無道如矢。君子哉蘧伯玉。邦有道則仕。邦無道則可巻而懐之。**

(訓)子曰く、直なるかな、史魚《しぎょ》。邦に道あれば矢の如く、邦に道なきも矢の如し。君子なるかな、蘧伯玉《きょはくぎょく》、邦に道あれば仕え、邦に道なければ、巻いてこれを懐《ふところ》にすべし。

(新)衛の国の記録掛りの史魚はなんと真直ぐな性分だ。国に善い点があれば矢の進むように真直ぐに書き、国に悪い点があっても矢の進むように真直ぐに書く。偉いのは蘧伯玉だ。君主が道を尊べば出て仕え、君主が無道なれば、ぐるっと巻いて懐に入るように引っこむ(『全集四』一五六頁参照)。

386　**子曰。可与言而不与之言。失人。不可与言而与之言。失言。知者不失人。亦不失言。**

㊓子曰く、与《とも》に言うべくしてこれと言わざれば、人を失う。与に言うべからずしてこれと言えば、言を失う。知者は人を失わず、また言を失わず。

㊔子曰く、信頼のおける友人だと思ったなら、次第に秘密なことをも打明けるようにしなければ、逃げられる。信頼する価値のない人に、うっかり秘密なことを話すと、失言問題を起して災難を蒙る。知者とは親友に逃げられることもなく、人から裏切られることもないものだ。

387　**子曰。志士仁人。無求生以害仁。有殺身以成仁。**

㊓子曰く、志士、仁人は、生を求めて以て仁を害するなく、身を殺して以て仁を成すあり。

㊔子曰く、道を求めんとする学徒たる志士、道に到達することのできた仁人は、生命が惜しいからと言って道に背くことをしない。むしろ生命を犠牲にしても道を完くすることがある。

388　**子貢問為仁。子曰。工欲善其事。必先利其器。居是邦也。事其大夫之賢者。友其士之仁者。**

㊟子貢《しこう》、仁を為さんことを問う。子曰く、工、その事を善くせんと欲すれば、必ず先ず其の器を利にす。是の邦に居るや、其の大夫の賢なる者に事え、其の士の仁なる者を友とす。

㊟子貢が仁の道の実行について尋ねた。子曰く、職人が良い仕事をしようと思えば、必ずその前に役に立つ道具を揃えてからかかる。ある国で道を行おうとするなら、その国の上流の大夫の賢い者を選んで道を尋ね、その国の若い学徒の仁に志す者を選んで仲良しになり、互いに励ましあうことだ。

389　**顔淵問為邦。子曰。行夏之時。乗殷之輅。服周之冕。楽則韶舞。放鄭声。遠佞人。鄭声淫。佞人殆。**

㊟顔淵《がんえん》、邦を為《おさ》めんことを問う。子曰く、夏《か》の時を行い、殷《いん》の輅《ろ》に乗り、周の冕《かんむり》を服す。楽《がく》は則ち韶舞《しょうぶ》。鄭声《ていせい》を放ち、佞人《ねいじん》を遠ざく。鄭声は淫《いん》にして、佞人は殆《あや》うし。

㊗顔淵が国を治める政治のやり方を尋ねた。子曰く、夏の時代の暦を用い、殷の時代の様式による馬車に乗り、周の制度による冠をかぶり、音楽は舜の時にできた韶の舞曲がよい。鄭の国に現在行われている俗曲を退け、口達者な人間は相手にしない。鄭の曲は下品だし、口達者は信用しがたいものだ。

390　**子曰。人無遠慮。必有近憂。**

㊟子曰く、人、遠き慮りなければ、必ず近き憂えあり。

㊗子曰く、人間は遠い先のことを考えながら行動しないと、きっと思わぬ躓《つまず》きにぶつかるものだ。

391　**子曰。已矣乎。吾未見好徳。如好色者也。**

㊟子曰く、已《や》んぬるかな。吾れは未だ徳を好むこと、色を好むが如き者を見ず。

㊗子曰く、困った世の中だ。異性に関心の強い人間ばかり多くて、修養に心がける人間はさっぱりいないではないか。

222とほとんど同文である。

392　**子曰。臧文仲。其竊位者与。知柳下恵之賢而不与立也。**

(訓)子曰く、臧文仲《ぞうぶんちゅう》は其れ位を窃む者か。柳下恵《りゅうかけい》の賢なるを知りて、与《とも》に立たざるなり。

(新)子曰く、魯の臧文仲は禄盗人《ろくぬすびと》と言えようか。柳下恵の賢人であることを知って、かえってこれを排斥した。

393　**子曰。躬自厚而薄責於人。則遠怨矣。**

(訓)子曰く、躬《み》自《みず》から厚くして、薄く人を責むれば、怨みに遠ざかる。

(新)子曰く、自分では自身を深く反省し、他人に対しては責めることがあっても薄くすれば、怨まれることが少ない。

394　**子曰。不曰如之何。如之何者。吾末如之何也已矣。**

(訓)子曰く、これを如何《いかん》、これを如何と曰わざる者は、吾れこれを如何ともする末《な》きのみ。

(新)子曰く、これを如何しましょう、あれを如何しましょうかと尋ねてこない者は、私もそれを如何ともしようがない。

395　**子曰。群居終日。言不及義。好行小慧。難矣哉。**

(訓)子曰く、群居すること終日、言、義に及ばず、好んで小慧《しょうけい》を行う。難いかな。

(新)子曰く、寄り集って一日中、がやがやと暇をつぶし、言うことに一言も取り柄がなく、やることと言えばつまらぬ人気取りばかり。こんな政府ならばない方がましだ。

396　**子曰。君子義以為質。礼以行之。孫以出之。信以成之。君子哉。**

(訓)子曰く、君子は義、以て質と為し、礼、以て之を行い、孫《そん》、以て之を出し、信、以て之を成す。君子なるかな。

(新)子曰く、教養ある君子になろうと志すなら、正義感を中心にし、礼の精神に違わぬように実践し、初めは謙虚な態度で出発し、最後には言った通りに完成する。これができたら、それが君子だ。

397　**子曰。君子病無能焉。不病人之不己知也。**

(訓)子曰く、君子は能くするなきを病《うれ》え、人の己れを知らざるを病えざるなり。

㊍子曰く、諸君は自分の能力が不十分ではないかと常に気をつかい、人が自分を認めてくれないなどは問題にせぬがよい(『全集四』一〇〇頁参照)。

398　**子曰。君子疾没世而名不称焉。**

㊟子曰く、君子は世を没して名の称せられざるを疾《や》む。

㊍子曰く、諸君はもし死ぬまでの間に、ひとかどの仕事をしたという評判をとらなければ、それは不名誉ですぞ。

399　**子曰。君子求諸己。小人求諸人。**

㊟子曰く、君子はこれを己に求め、小人《しょうじん》はこれを人に求む。

㊍子曰く、諸君は凡て事の成否を自分自身の責任だと覚悟してほしい。ゆめ他人のせいになすりつけてはなりませぬぞ。

400　**子曰。君子矜而不争。群而不党。**

㊟子曰く、君子は矜《ほこ》りて争わず、群して党せず。

(新)子曰く、諸君は自尊心をもちながらしかも排斥しあわず、共同に仕事をしながら、しかも派閥を造らぬように心掛けるがよい。

401　**子曰。君子不以言挙人。不以人廃言。**

(訓)子曰く、君子は言を以て人を挙げず、人を以て言を廃せず。

(新)子曰く、諸君は言葉を聞いただけでその人を評価してはならないし、たとえつまらぬ人でも言うことがよかったら聞き流してはならない。

402　**子貢問曰。有一言而可以終身行之者乎。子曰。其恕乎。己所不欲。勿施於人。**

(訓)子貢、問うて曰く、一言にして以て終身これを行うべきものあるか。子曰く、其れ恕《じょ》か。己れの欲せざる所は人に施すことなかれ。

(新)子貢が尋ねた。簡単に一言で一生涯それを行う価値のあるものがありましょうか。子曰く、それは恕、人の身になることだ。人の身になってみたなら、自分の欲しないことを、人に加えることなどできるものでない。

これと相似た語句が、103 280にも見える。103においては子貢が、人のこれを我に加うるを欲せざるは、吾れ亦たこれを人に加うることなからんと欲す、と言い、孔子から、爾《なんじ》の及ぶ所に非ず、とたしなめられたことになっていて、この条と矛盾するようである。恐らく同一の事実を見聞した人が語り伝える間に、次第に変化して来て、二つの異った伝承が成立したのであろう。想像するに、この条の方が原形に近く、子貢と学派を異にする人たちによって103の記事ができたのであろう。

403 **子曰。吾之於人也。誰毀誰誉。如有所誉者。其有所試矣。斯民也。三代之所以直道而行也。**

㊟子曰く、吾れの人に於けるや、誰をか毀《そし》り誰をか誉めん。如し誉むる所ある者は、其れ試みし所あるなり。斯《こ》の民や、三代の〔直道にして行いし所以〕直きを以て道〔みちび〕いて行かしめし所なり。

㊥子曰く、私は他人に対しては中立で、古い言葉に、誰を呰《そし》り、誰を賞めるということがない、とある通り、よい宣伝も悪い宣伝もしない主義だ。但し例外的に賞める人があったなら、それは前に実際にぶつかってちゃんと証拠がある場合に限られる。現今の天下の人民は、かつて夏・殷・周の三代の盛時に、直きをもって導けば、そのまま

真直ぐについてきた、その同じ人民なのだ。（そういう時代には、誰を訾り誰を賞めることがない、という精神が普遍的に行われていたものだ。）

誰毀誰誉の句は、恐らく佚詩《いっし》の中にあったものであろう。これとよく似た調子の句が、詩経、鄘風《ようふう》、載馳の中にあって、誰因誰極＝誰に因り誰に極《いた》らん、と見えている。以直道而行の句を従来は多く、直道を以て行う、と訓読してきたが、いまは、直きを以て導いて行かしめ、という風に分解した。この方が分りやすいと思う（『全集四』一五二頁参照）。

404　**子曰。吾猶及史之〔闕文〕（記小善？）也。有馬者借人乗之。今亡矣夫。**

(訓)子曰く、吾は猶《な》お史《し》の〔闕文〕（小善を記したる？）に及べり。馬ある者は人に借《か》してこれに乗らしめたり、と。今は亡《な》きかな。

(新)子曰く、私はそれでもまだ、歴史に（小さな善事でも書きこんだ時代のあること？）を見て知っている。例えば馬を持っている人が、無い人に貸して車をひかせたというようなことまで。今はもうそんな歴史の書き方はない。

従来の注釈の多くは闕文《けつぶん》の二字をそのまま本文として読み、歴史に闕文があれば、闕文のままに残した、と解してきた。しかし下文へ行って、その風習がなくなったというのはおかしい。実際はずっと後世まで続いている。例えば闕文の多いことで有名な、漢の陸賈《りくか》の新語の如き書は、到るところに、闕何字、と注している。

そこで闕文の二字を、本当に論語のこの箇所に闕文があったので、闕文と注記したのを、後世の人が誤って本文の中に読みこんでしまったのであろう、という新しい説を荻生徂徠が唱えた。私はこの説をとる。闕文であるからその内容は分らない。しかし例えばどんな文字だったかを想像するならば、下文を生かすために、記小善、という三字を補って見た。その小善の例が、馬あれば人に貸して乗らせる、といったようなことなのである。

公冶長第五117に子路が、友人と車馬を共用にしたことが書いてある。そこで普通の手段ではこの処の、有馬者借人云云の解釈ができない。そこでこの場合は、手におえない荒馬を人に貸して乗りこなしてもらうことだ、と従来の注釈は説明するが実に苦しい。馬を慣らすには昔から調教師というものがちゃんといたことは367を参照（『全集四』七九頁参照）。

405　**子曰。巧言乱徳。小不忍。則乱大謀。**

(訓)子曰く、巧言は徳を乱る。小を忍ばざれば、則ち大謀を乱る。

(新)子曰く、きれいなだけの言葉は、その人の品性を台なしにする。小さな辛抱ができなければ、大きな企画など到底できるものではない。

406　**子曰。衆悪之。必察焉。衆好之。必察焉。**

㊀子曰く、衆、これを悪《にく》むは、必ずこれを察し、衆、これを好むも、必ずこれを察す。

㊁子曰く、皆が悪く言った人は、必ず自分の目でしらべ直す。皆が善く言った人をも、必ず自分の目でしらべ直す。

407　**子曰。人能弘道。非道弘人。**

㊀子曰く、人、能く道を弘む。道の人を弘むるには非ず。

㊁子曰く、人間は努力して正義の道を拡充しなければならない。どうかすると人間は、正義の道に乗りかかって自分の名を売り拡めようとする。

408　**子曰。過而不改。是謂過矣。**

㊀子曰く、過ちて改めず、是れを過ちと謂う。

㊁子曰く、自分の間違ったことに気付きながら、あくまで非を通そうとする人がある。

そこに過失が完成される。

409 **子曰。吾嘗終日不食。終夜不寝。以思無益。不如学也。**

(訓)子曰く、吾れ嘗《かっ》て終日食らわず、終夜寝ねずして、以て思うも益なし。学ぶに如かざるなり。

(新)子曰く、私の若い時、一日中食うことを忘れ、一晩中寝ることをやめて、思索に耽ったが、結局得るところがなかった。そして実事の中に学問があると悟った。

410 **子曰。君子謀道不謀食。耕也〔餒〕餧在其中矣。学也禄在其中矣。君子憂道不憂貧。**

(訓)子曰く、君子は道を謀りて食を謀らず。耕すや、餧《いい》其の中に在り。学ぶや、禄其の中に在り。君子は道を憂え、貧なるを憂えず。

(新)子曰く、諸君は修養に専念して、衣食のことは心配せぬがよい。農夫が耕作すれば自然に食物の収穫が得られると同じく、諸君は学問していれば自然に俸禄が向うの方から歩いてくるものだ。諸君は修養の足りないことに悩むのがよい、貧乏に心を痛めることはない。

餧と餒は甚だ字形が似ている上に、餧と餒とに共通して飢餓という意味がある。そこで筆写の際に誤ったことが十分考えられる。但し餒には飯の意味があるが、餧の方にはない。従来はあくまで餧に固執したために、耕しても餧《う》えることがある、と解し、この文章の意味が途中でねじれてしまい、下文とよくつながらなかった（『全集四』九四頁参照）。

411　**子曰。知及之。仁不能守之。雖得之。必失之。知及之。仁能守之。不莊以涖之。則民不敬。知及之。仁能守之。莊以涖之。動之不以礼。未善也。**

㊟子曰く、知これに及ぶも、仁もてこれを守る能わざれば、これを得と雖も、必ずこれを失う。知これに及び、仁もて能《よ》くこれを守るも、荘にして以てこれに涖《のぞ》まざれば、民敬せず。知これに及び、仁もて能くこれを守り、荘にして以てこれに涖むも、これを動かすに礼を以てせざれば、未だ善からざるなり。

㊮子曰く、智略にすぐれても、仁徳によって維持するのでなければ、一度手にいれた政権も、必ずすぐ喪失してしまうものだ。智略にすぐれ、仁徳によって維持することができても、信念をもって臨むのでなければ、人民は尊敬しない。智略にすぐれ、仁徳によって維持することができ、更に信念をもって臨んでも、自ら礼節に従って動作し

て見せなければ、画龍点睛を欠くものだ。

412　**子曰。君子不可小知。而可大受也。小人不可大受。而可小知也。**

㊟子曰く、君子は小知せしむべからずして、大受せしむべきなり。小人は大受せしむべからずして、小知せしむべきなり。

㊌子曰く、諸君は細かい所には気がつかぬでもそれでよろしい。大局的な判断を誤らぬようになりなさい。もし大局的な判断が正しくできぬなら、どんなに細かい所に気がついても教養ある君子とは言えぬ。

413　**子曰。民之於仁也。甚於水火。水火吾見蹈而死者矣。未見蹈仁而死者也。**

㊟子曰く、民の仁におけるや、水火よりも甚し。水火は吾蹈《ふ》んで死する者を見る。未だ仁を蹈んで死する者を見ざるなり。

㊌子曰く、人民が仁の道を渇望すること、生活において水や火を必要とするが如きものがある。しかし水や火はあまり多すぎると、そこへはまって死ぬことが起きる。しかし仁の道はどんなに多く与えすぎても、それにはまって死んだ人のあることを聞かな

い。

414　**子曰。当仁不譲於師。**

㊓子曰く、仁に当りては師に譲らず。

㊔子曰く、仁に進む道においては、先生より先に進んでも一向構わぬ。

415　**子曰。君子貞而不諒。**

㊓子曰く、君子は貞《てい》にして諒《りょう》ならず。

㊔子曰く、諸君は人物が堅造だと言われても構わないが、頭の固いのは困る。

416　**子曰。事君敬其事而後其食。**

㊓子曰く、君に事うるには、其の事を敬しみて、其の食を後にす。

㊔子曰く、仕官した以上は、その職責を第一と考え、その報酬のことは後まわしにする。

417　**子曰。有教無類。**

㊟子曰く、教えありて類なし。
㊟子曰く、人間の差違は教育の差であり、人種の差でない。

418　**子曰。道不同。不相為謀。**
㊟子曰く、道、同じからざれば、相い為に謀らず。
㊟子曰く、職業が違った同士の間では、商売の相談をしあわない。

419　**子曰。辞達而已矣。**
㊟子曰く、辞は達するのみ。
㊟子曰く、言葉や文章は意味がはっきり通ずれば、それが最上だ。

420　**師冕見。及階。子曰。階也。及席。子曰。席也。皆坐。子告之曰。某在斯。某在斯。師冕出。子張問曰。与師言之道与。子曰。然。固相師之道也。**
㊟師冕《しべん》、見《まみ》ゆ。階に及ぶ。子曰く、階なり。席に及ぶ。子曰く、席なり。皆な坐す。子、これに告げて曰く、某は斯《ここ》にあり、某は斯にあり、と。師冕出づ。子張《しちょう》問うて曰く、

師と言うの道か。子曰く、然り。固より師を相《たす》くるの道なり。

㊎目の不自由な音楽家の師冕が訪問しにきた。階段の前へ来ると、子曰く、階段です。座席の前にくると、子曰く、座席です。全部が各々の座席につくと、孔子が一々紹介して、誰某《たれそれ》はそこにいます、誰某はそこにいます、と言った。師冕が退出した。子張が尋ねた。ああするのが、目の不自由な方と応対する方法ですか。子曰く、その通りだ。但しこういう場合には、応対する方法とは言わないで、助けてあげる方法と言うものだよ。

季氏第十六（421〜434）

421 季氏将伐顓臾。冉有季路見於孔子曰。季氏将有事於顓臾。孔子曰。求。無乃爾是過与。夫顓臾。昔者先王以為東蒙主。且在邦域之中矣。是社稷之臣也。何以伐為。冉有曰。夫子欲之。吾二臣者。皆不欲也。孔子曰。求。周任有言。曰。陳力就列。不能者止。危而不持。顚而不扶。則将焉用彼相矣。且爾言過矣。虎兕出於柙。亀玉毀於櫝中。是誰之過与。冉有曰。今夫顓臾。固而近於費。今不取。後世必為子孫憂。孔子曰。求。君子疾夫舎曰欲之。而必為之辭。丘也聞有国有家者。不患寡而患不均。不患貧而患不安。蓋均無貧。和無寡。安無傾。夫如是。故遠人不服。則脩文徳以来之。既来之。則安之。今由与求也相夫子。遠人不服。而不能来也。邦分崩離析。而不能守也。而謀動干戈於邦内。吾恐季孫之憂。不在顓臾。而在蕭牆之内也。

(訓)季氏《きし》、将に顓臾《せんゆ》を伐たんとす。冉有《ぜんゆう》、季路《きろ》、孔子に見《まみ》えて曰く、季氏、将に顓臾に事あらんとす。孔子曰く、求《きゅう》や、乃ち爾《なんじ》は是れ過《あやま》てることなきか。夫れ顓臾は、むかし先王、以て東蒙《とうもう》の主となせり。且つ邦域の中にあり。是れ社稷《しゃしょく》の臣なり。何ぞ伐つを以て為さん。冉有曰く、夫子これを欲す。吾ら二臣の者は皆な欲せざるなり。孔子曰く、求や、周任《しゅうじん》言えるあり。曰く、力を陳べて列に就き、能わざれば止む、と。危くして持《じ》せず、顚《くつが》えりて扶《たす》けずんば、将《は》た焉んぞ彼の相《しょう》を用いん。且つ爾の言過てり。虎兕《こじ》、柙《こう》より出で、亀玉《きぎょく》、櫝中《とくちゅう》に毀《やぶ》れなば、是れ誰の過ちぞ。冉有曰く、今夫れ顓臾は固くして費《ひ》に近し。今取らずんば、後世必ず子孫の憂えと為らん。孔子曰く、求や、君子は夫のこれを欲すと曰うを舎《お》きて、必ずこれが辞を為すを疾《にく》む。丘や聞く、国を有《たも》ち家を有つ者は、寡《すくな》きを患えずして均しからざるを患え、貧しきを患えずして安からざるを患う、と。蓋《けだ》し、均しければ貧しきことなく、和すれば寡きことなく、安ければ傾むくことなし。夫れ是の如し。故に遠人服せざれば、文徳を脩めて以てこれを来《きた》す。既にこれを来せば、則ちこれを安んず。今由と求や、夫子を相《たす》け、遠人服せずして、来《きた》すこと能わず。邦、分崩離析《りせき》して守る能わざるなり。而して干戈《かんか》を邦内に動かさんと謀る。吾れ恐らくは季孫の憂えは、顓臾にあらずして、蕭牆《しょうしょう》の内にあらん。

(新)魯の大臣の季氏が顓臾の邑を伐つ計画をした。冉有と季路とが孔子に面会して曰く、季氏はいま顓臾を攻めようとしています。孔子曰く、冉求よ、お前は何か考え違いをしていないのではないか。顓臾という邑は、むかし周の祖先が東蒙山を祭るために封じた国であって、魯国の領土に取囲まれているが、独自の社稷を祀る権利をもった属国である。これを攻めるという法はない。冉有曰く、季氏大臣が主張していることで、私等二人は実は不賛成なのです。孔子曰く、冉求よ聞け、周任の言った言葉に、出来る限りの力を出し、位にあって奉仕するが、出来なくなれば退任する、と。足許が危い時に傍から支え、転びかけた時に助けおこすのが、付添人の相《しょう》という者の役目だが、もしそれが出来なかったら相などはいらぬ。その上にお前が今言ったことも心得ちがいだ。(官吏にはそれぞれの職責がある。)動物園の園丁が虎や野牛に檻から逃げ出され、お庫番が預っていた玉器や亀甲が箱の中で毀れていたとしたなら、知らなんだと申してすまされることではない。冉有曰く、しかし多少の理由があります。顓臾の邑は城が堅固で、季氏の根拠地の費の邑のすぐ近くにあります。今のうちに片付けておかなければ、行く行くは子孫の代になって大きな禍の種になるかも知れません。孔子曰く、冉求よく聞け。お前たちは自分の野心から出たことを匿して、空々しい理窟を設けるものではない。私が聞いた言葉に、国なり領地なりを支配する者は、人口の寡いのを苦にせずに、負担の不均等なことに気をくばれ。貧乏なのは心配する必要がないが、不安なのが怖い、とある。考えてみれば、負担が均等ならば、貧乏ということは起りにくい。平和が続けば人口は増え、不安の種が除かれれば、滅亡の危険はなくなる。これは自然の法則だ。だからもし遠方の異国を懐《なつ》けようとすれば、自ら礼儀を守り、平和な手段で、向うから進んで修好に来るのを待ちうけるものだ。そこで向うの人がやってきたなら、安心させるのが第一だ。ところが今聞いていると、由と求とは、大臣季氏の相となって、異国を懐けてこれと修好することができない。自分の国が内部から崩壊する危険があるのを防止することも出来ないでいて、すぐ近くの国に戦争を吹きかけようとしている。私の見るところでは、季氏にとって危険な敵国は、顓臾の邑だと思うのはお門違いで、本当は腹心の子分だと思っている連中の中にいるのだ。

422　**孔子曰。天下有道。則礼楽征伐。自天子出。天下無道。則礼楽征伐。自諸侯出。自諸侯出。蓋十世希不失矣。自大夫出。五世希不失也。陪臣執国命。三世希不失矣。天下有道。則政不在大夫。天下有道。則庶人不議。**

㊟孔子曰く、天下に道あれば、礼楽《れいがく》征伐、天子より出づ。天下に道なければ、礼楽征伐、

諸侯より出づ。諸侯より出づれば、蓋《けだ》し十世にして失わざること希《まれ》なり。大夫より出づれば、五世にして失わざること希なり。陪臣国命を執れば、三世にして失わざること希なり。天下に道あれば、政、大夫にあらず。天下に道あれば、庶人議せず。

㊗孔子曰く、大義名分の行われている時は、天下の政治、軍事は凡て天子が全権を握る。名分が崩れだすと、政治、軍事の権は、先ず大名の手に移る。大名の手に移ってしまえば、天子の家はたいてい十代で滅びてしまう。今度は大名の国で、家老が政治、軍事の権力を握ると、大ていは五代で滅びてしまう。次に家老の臣下が大名の国の政治、軍事を擅《ほし》いままにすると、三代で大てい滅びてしまうものだ。大義名分が行われていれば、大名の家老などは政務に与らない。大義名分が行われていれば、一般人民は政治の議論などしない。

423 **孔子曰。禄之去公室。五世矣。政逮於大夫。四世矣。故夫三桓之子孫。微矣。**

㊗孔子曰く、禄《ろく》の公室を去ること五世なり。政、大夫に逮《およ》ぶこと四世なり。故に夫の三桓の子孫微なり。

㊗孔子曰く、魯の国では君主が内政の権を失ってから五代たった。政権が家老の手に移

ってから四代たったわけだ。そこで今度は家老の家、桓公から出た御三家が衰える番になってきたのだ。

424 **孔子曰。益者三友。損者三友。友直。友諒。友多聞。益矣。友便辟。友善柔。友便佞。損矣。**

㊟孔子曰く、益する者に三友あり、損する者に三友あり。直きを友とし、諒《まこと》あるを友とし、多聞を友とするは益なり。便辟《べんぺき》を友とし、善柔を友とし、便佞《べんねい》を友とするは損なり。

㊍孔子曰く、益ある友人に三種類、損する友人に三種類ある。正直な友人、篤実な友人、物知りの友人は益がある。責任を回避する人、反対をしない人、口先きだけが達者な人は、友人にすると損をする。

425 **孔子曰。益者三楽。損者三楽。楽節礼楽。楽道人之善。楽多賢友。益矣。楽驕楽。楽佚遊。楽宴楽。損矣。**

㊟孔子曰く、益する者に三楽《ごう》、損する者に三楽あり。礼楽《れいがく》を節するを楽《この》み、人の善を道《い》

うを楽み、賢友多きを楽むは益あり。驕楽《きようらく》を楽み、佚遊《いつゆう》を楽み、宴楽を楽むは損なり。

㊪孔子曰く、有益な道楽が三種、損害をうける道楽が三種ある。礼儀、音楽をほどほどに愛好し、他人の善事を吾が事のように吹聴しては喜び、賢友を増やして行っては悦に入るのは有益だ。奢侈を極めた享楽に耽り、物見遊山に遠出する癖がつき、酒をのんで騒いで楽しむのは損害だ。

426 **孔子曰。侍於君子有三愆。言未及之而言。謂之躁。言及之而不言。謂之隠。未見顔色而言。謂之瞽。**

㊑孔子曰く、君子に侍するに三愆《けん》あり。言いまだこれに及ばずして言う。これを躁《そう》と謂う。言これに及びて言わず。これを隠と謂う。未だ顔色を見ずして言う。これを瞽《こ》と謂う。

㊪孔子曰く、主人の側近に仕える者のしてならぬことが三箇条ある。主人がこれから言おうとしていることを先まわりして言うのは軽はずみだ。主人に言えと言われて黙っているのは腹黒だ。主人の機嫌の良し悪しも見定めないでしゃべり出すのは盲目というべきだ。

427

孔子曰。君子有三戒。少之時。血気未定。戒之在色。及其壮也。血気方剛。戒之在闘。及其老也。血気既衰。戒之在得。

㊫孔子曰く、君子に三戒《さんかい》あり。少《わか》き時は血気いまだ定まらず。これを戒むる、色にあり。其の壮なるに及んでや、血気方《まさ》に剛なり、これを戒むる、闘《とう》にあり。其の老いるに及んでや、血気すでに衰う。これを戒むる、得るにあり。

㊪孔子曰く、諸君は生涯に三つのことを警戒せねばならぬ。若い時には情緒が不安定だから、異性関係に注意せねばならぬ。壮年になったならば、気力旺盛となりすぎるので、闘争の危険に注意せねばならぬ。年とってくると体力が衰えてしまうので、死に欲をかかぬよう戒心すべきだ。

428

孔子曰。君子有三畏。畏天命。畏大人。畏聖人之言。小人不知天命。而不畏也。狎大人。侮聖人之言。

㊫孔子曰く、君子に三畏《さんい》あり。天命を畏れ、大人を畏れ、聖人の言を畏る。小人は天命を知らずして畏れざるなり。大人に狎れ、聖人の言を侮《あなど》る。

(新)孔子曰く、諸君は三つのことを尊敬してほしい。不可知な神秘力である天命、有徳の大人、経書に記された超人的な聖人の言葉の三つだ。ところが世の中にはうつけ者があって、天命の存在を知らぬから尊敬もしない。有徳の大人をからかい、聖人の教を鼻であしらう。

430

429 **孔子曰。生而知之者。上也。学而知之者。次也。困而学之。又其次也。困而不学。〔民〕於斯為下矣。**

(訓)孔子曰く、生れながらにしてこれを知る者は上《かみ》なり。学んでこれを知る者は次なり。困《くるし》んでこれを学ぶは、又た其の次なり。困んで学ばず、斯に於いて下《しも》と為す。

(新)孔子曰く、生れつき道を知る者があれば、それは最上だ。勉強した上でそれを知る者が次に位する。行き当ってから必要を感じて勉強しだすのが、またその次だ。行き当っても平気で、勉強しようともせぬのは最低だ（『全集四』九八、一三一頁参照）。

430 **孔子曰。君子有九思。視思明。聴思聡。色思温。貌思恭。言思忠。事思敬。疑思問。忿思難。見得思義。**

㊖孔子曰く、君子に九つの思いあり。視るには明を思い、聴くには聡《そう》を思い、色は温を思い、貌《かたち》は恭を思い、言は忠を思い、事は敬を思い、疑いには問うを思い、忿《いか》りには難を思い、得るを見ては義を思う。

㊗孔子曰く、諸君に九つの心掛けを注文したい。物を見るには細かい所まで見届け、聞く時ははっきりと、顔付きはおだやかに、身ぶりはつつましく、物言うときは真心こめて、仕事をするには注意深く、分らない点は質問を怠らず、腹がたっても後難を考え、最後に一番大事なのは、利益を前にしてそれが正当かどうかを一度考えてみることだ。

431 **孔子曰。見善如不及。見不善如探湯。吾見其人矣。吾聞其語矣。隠居以求其志。行義以達其道。吾聞其語矣。未見其人也。**

㊖孔子曰く、善を見ては及ばざるが如くし、不善を見ては湯に探るが如くす。吾れ其の人を見たり。吾れ其の語を聞けり。隠居して以て其の志を求め、義を行いて以て其の道を達す。吾れ其の語を聞けり。未だ其の人を見ざるなり。

㊗孔子曰く、善を行う機会があれば、逃げられはせぬかと恐れるようにとびつく。不善

を行う誘惑があれば、熱湯の中から物を取り出す時のように急いで手をひっこめる。そういう人間は確かに私のこの目で見届けたことがある。なおその他にも居るという話も聞いている。だが、ひっそりと暮して自分の生き方を生きる、正道を蹈《ふ》んで自分のやり方に満足する、そういう人はこの世にいるという話は聞いているが、まだ実際に会ったことがない。

この所、後世の文章ならば、初の方の、吾見其人矣、吾聞其語矣、の順序を逆にして、聞の方を先に出し、見を後にして、下方の、吾聞其語矣、未見其人也、と対応させ、形式を整えそうな気がする。ところがこの章をよくよく読んでみると、最初の、吾聞其語矣、は実際に見た以外にもまだ存在していることを聞き知ったのであって、結局、第一類の人間ならそう珍しくはない、と言っているのである。古文というものはこのように、巧まざる中に非常に巧緻な論理と技巧がこらされているのであって、後世の形式の完備した文章よりも、かえって用心してかからねばならぬと思われる。

432 〔誠不以富。亦祇以異。〕斉景公有馬千駟。死之日。民無徳而称焉。伯夷叔斉。餓于首陽之下。民到于今称之。其斯之謂与。

(訓)〔誠に富を以てせず。亦た祇《た》だ異を以てするのみ、とあり。〕斉《せい》の景公《けいこう》には馬千駟《し》あり。死するの日、民、徳として称するなし。伯夷《はくい》、叔斉《しゅくせい》は首陽《しゅよう》の下に餓う。民、今に到るまでこれを称す。其れ、斯の謂いか。

(新)誠に富は万能でない。その外にも大事なものがある、という古語がある。斉の景公は個人の財産として馬四千頭もあった。死んだ時、誰ひとりその恩をたたえる者がなかった。周の初めの伯夷、叔斉は首陽山の麓で餓死したが、天下の人民は現今に到るまで、その徳をたたえてやまぬ。古語は正にこのことをいっているのだ。

288の最後の二句はこの条の初めに置かるべきものである。更にこの条のどこかに、子曰、の二字が落ちたと思われる（『全集四』八一頁参照）。

433　**陳亢問於伯魚曰。子亦有異聞乎。対曰。未也。嘗独立。鯉趨而過庭。曰。学詩乎。対曰。未也。不学詩。無以言。鯉退而学詩。他日又独立。鯉趨而過庭。曰。学礼乎。対曰。未也。不学礼。無以立。鯉退而学礼。聞斯二者。陳亢退而喜曰。問一得三。聞詩聞礼。又聞君子之遠其子也。**

(訓)陳亢《ちんこう》、伯魚《はくぎょ》に問うて曰く、子《し》も亦た異聞あるか。対えて曰く、未だし。嘗《かつ》て独り立つ。

鯉《り》、趨《はし》りて庭を過ぐ。曰く、詩を学びたるか。対えて曰く、未だし。(曰く)詩を学ばざれば、以て言うなし、と。鯉、退いて詩を学ぶ。他日又た独り立つ。鯉、趨《はし》りて庭を過ぐ。曰く、礼を学びたるか。対えて曰く、未だし。(曰く)礼を学ばざれば、以て立つなし、と。鯉、退いて礼を学べり。斯の二者を聞く。陳亢退き、喜んで曰く、一を問うて三を得たり。詩を聞き礼を聞き、又た君子の其の子を遠ざくるを聞けり。

㊪陳亢が孔子の子の伯魚(鯉)に尋ねた。先生について何か珍しい話題をお持ちですか。対えて曰く、それほどのことでもありませんが、先日父がひとりでぼんやり立っていました。私がその前の庭を小走りで通りすぎました。詩を勉強したか、と聞かれましたので、まだです、と答えますと、詩を習わねば、物いうすべを知らぬぞ、と言われました。そこで私は自分で詩の勉強をしました。その後また父がひとりぼんやり立っていました。私がその前の庭を小走りで通りすぎました。礼を勉強したか、と聞かれましたので、まだです、と答えますと、礼を習わねば世間で一人前とされぬぞ、と言われました。そこで私は自分で礼の勉強をしました。このくらいのことです。陳亢は退出してから大喜びで話した。一つの質問で三つの知識を得た。詩のことを知り、礼のことを知り、先生は自分の子に手をとって教えないことを知った。

434　**邦君之妻。君称之曰夫人。夫人自称曰小童。邦人称之曰君夫人。称諸異邦曰寡小君。異邦人称之亦曰君夫人。**

㊟邦君《ほうくん》の妻は、君よりこれを称して夫人と曰い、夫人自ら称して小童《しょうどう》と曰い、邦人これを称して君《くん》夫人という。諸《これ》を異邦に称して寡小君《かしょうくん》と曰い、異邦人がこれを称するにも、亦た君夫人と曰う。

㊞大名の妻を、夫がよぶには夫人といい、夫人自らは小童ととなえる。人民はこれを君夫人とよび、他国に対する時は寡小君といい、他国からよぶ時にはやはり君夫人と称する。

この条は論語の他の部分と比べて異質の内容をもつ。礼記にでも出てきそうな記録の断片であるが、論語を記した門人のメモが誤って混入したか、あるいは後世になって別の断簡が混入したものであろう。強いて孔子の言葉としてそこから教訓を引き出そうと努めるにも及ぶまい。

陽貨第十七（435〜460）

435　陽貨欲見孔子。孔子不見。帰孔子豚。孔子時其亡也。而往拝之。遇諸塗。謂孔子曰。来。予与爾言。曰懐其宝而迷其邦。可謂仁乎。曰不可。好従事而亟失時。可謂知乎。曰不可。日月逝矣。歳不我与。孔子曰。諾。吾将仕矣。

(訓)陽貨《ようか》、孔子を見んと欲す。孔子見えず。孔子に豚を帰《おく》る。孔子其の亡きを時として往いて拝す。これに塗《みち》に遇う。孔子に謂《い》いて曰く、来れ、予《わ》れ爾《なんじ》と言わん。其の宝を懐きて其の邦を迷わすは、仁と謂うべきかと曰わば、不可なりと曰わん。事に従うを好みて、亟《しばし》ば時を失うを、知と謂うべきかといわば、不可なりと曰わん。日月は逝く、歳は我と与にせず、とあり。孔子曰く、諾、吾れ将に仕えんとす。

(新)魯の季氏の家臣で権力家の陽貨が孔子に会見を求めたが孔子は会いに行かなかった。そこで孔子に豚を贈った。孔子はわざとその留守を伺って返礼に行ったが、あいにく途中でぶつかった。陽貨が曰く、丁度よかった。君に話したいことがある。大切な宝を持ちぐされにして、国人が戸惑っているのを放っておくのは、仁の道に叶っているかと聞かれたら、そうではないと答える外ないだろう。本当は政治が好きでありながら、何度も出番を失うのは、知者のすることかと聞かれたら、そうではない、と答える外ないだろう。月日はどんどん過ぎ去る、歳月は人を待たない、という言葉をどうお考えか。孔子曰く、もうよい。私も仕官しようか。

この問答において、陽貨と孔子の対話を細かく切らないで、一連の長い言葉の中に、陽貨が孔子に代って自問自答したように読むのは、兪樾《ゆえつ》の古書疑義挙例の説によった。

436　**子曰。性相近也。習相遠也。**

㊟子曰く、性、相い近し。習い相い遠し。

㊎子曰く、生れつきは互いに似たものだが、習慣によって人間がすっかり変ってくる。

437　**子曰。唯上知与下愚不移。**

㊟子曰く、唯だ上知と下愚とは移らず。

㊎子曰く、天才はどんな壁をも突き破ってその天才を発揮し、馬鹿にはつける薬がない。

438　子之武城。聞弦歌之声。夫子莞爾而笑曰。割雞焉用牛刀。子游対曰。昔者偃也。聞諸夫子。曰。君子学道則愛人。小人学道則易使也。子曰。二三子。偃之言是也。前言戯之耳。

㊟子、武城《ぶじょう》に之《ゆ》き、弦歌《げんか》の声を聞く。夫子、莞爾《かんじ》として笑って曰く、雞《けい》を割《さ》くに、焉《な》んぞ牛刀を用いん。子游《しゆう》対えて曰く、昔は偃《えん》や、これを夫子に聞く。曰く、君子道を学べば人を愛し、小人道を学べば使い易し、と。子曰く、二三子《にさんし》、偃の言是《ぜ》なり。前言は之に戯れしのみ。

㊟孔子が武城という小邑に行き、代官の子游の案内で、琴にあわせて歌っている雅楽の練習を見た。孔子は思わず微笑して、曰く、雞を料理するのに秘蔵の名刀を持出したわけかな。子游が対えて曰く、前に私は先生に伺ったことがあります。上に立つ者が道を学べば、人民を大切に扱うようになり、一般の人民が道を学ぶと上に対して従順になる、ということでしたが。子曰く、そうだ、偃はよく言ってくれた。今のは私が思わずロをすべらせたのだ(『全集四』一五五頁参照)。

439　**公山弗擾。以費畔。召子。欲往。子路不説曰。末之也已。何必公山氏之之也。子曰。夫召我者。而豈徒哉。如有用我者。吾其為東周乎。**

(訓)公山弗擾《こうざんふつじょう》、費《ひ》を以て畔《そむ》き子を召す。往かんと欲す。子路《しろ》、説《よろこ》ばずして曰く、之《ゆ》く末《な》からんのみ。何ぞ必ずしも公山氏にこれ之《ゆ》かんや。子曰く、夫れ我を召す者は、豈《あ》に徒《いたず》らなるのみならんや。如し我を用うる者あらば、吾は其れ東周と為さんか。

(新)公山弗擾なる者が費の邑に拠って叛乱を起し、孔子を招いた。孔子が往こうとした。子路は不賛成を唱えて言った。行くには及ばないでしょう。何故、選りに選って公山弗擾などを助けに行くのですか。子曰く、私を見込んで招くからには、きっとそれだけの理由があるに違いない。本当に私の言うことに従うなら、私はそれを東周再興のように仕立てて見せるのだが。

召子欲往の句を、従前の注釈はほとんど凡て、召す、で句を切り、子往かんと欲す、と続ける。これは子を召す、と続けると、何か孔子に対して失礼にあたるように感じた上でのことであろう。しかし下文を見ると、孔子の言葉の中に、我れを召す、という句があり、これはこの外に別な読み方をしようと思っても方法がない。してみれば論語のこの章の筆者は、明かに上文を、子を召す、と読まれることを期待して書いたに違いないのである。

同じく孔子を尊崇するにしても、論語成立の当初と、これを経典として受取った後世との間には、孔子観においてこれだけ大きな隔たりがあることを注意すべきであろう。441も同じ。

440 **子張問仁於孔子。孔子曰。能行五者於天下為仁矣。請問之。曰。恭寛信敏恵。恭則不侮。寛則得衆。信則人任焉。敏則有功。恵則足以使人。**

㊟子張《しちょう》、仁を孔子に問う。孔子曰く、能く五者を天下に行うを仁と為す。これを請い問う。曰く、恭・寛・信・敏・恵なり。恭なれば侮られず。寛なれば衆を得。信なれば人、これに任ず。敏なれば功あり。恵あれば以て人を使うに足る。

㊮子張が仁とは何かを孔子に尋ねた。孔子曰く、五つの事を広く天下に実施したなら仁者と言える。（子張曰く）それを詳しく承りたく存じます。曰く、五つとは、恭・寛・信・敏・恵のことだ。自身が恭倹に謹めば他から侮られない。他人を寛大に取扱えば多勢がついてくる。信用を重んずれば人が仕事を任せてくれる。敏捷に働けば能率があがる。恩恵をたれる人であって始めて他人に命令して動かすことができる（『全集四』一〇三頁参照）。

441　仏肹召子。欲往。子路曰。昔者由也。聞諸夫子。曰。親於其身為不善者。君子不入也。仏肹以中牟畔。子之往也。如之何。子曰。然。有是言也。不曰堅乎。磨而不磷。不曰白乎。涅而不緇。吾豈匏瓜也哉。焉能繫而不食。

㊟仏肹《ひっきつ》、子を召すに往かんと欲す。子路《しろ》曰く、昔は由《ゆう》や、これを夫子に聞けり。曰く、親《みず》から其の身に不善を為す者には、君子は入らざるなり、と。仏肹、中牟《ちゅうぼう》を以て畔《そむ》く。子の往かんとするや、これを如何せん。子曰く、然り。是の言あるなり。堅きを曰わずや、磨すれども磷《すりへ》らず、と。白きを曰わずや、涅《ぬ》れども緇《くろ》まず、と。吾、豈《あ》に匏瓜《ほうか》ならんや。焉《いずく》んぞ能く、繫《かか》りて食われざらんや。

㊟仏肹なる者が孔子を招いたので、孔子が往きかかった。子路曰く、以前に私は先生から承りましたが、自分から進んで不善を為す者とは、諸君は決して仲間になるでない、とのことでした。仏肹は中牟の邑に拠って叛乱を起している所へ、先生が往かれるとは、どうしたことでしょうか。子曰く、そうだ。確かにそう言った。だが別の考えよ うもある。堅いことを形容する言葉に、いくら磨いてもすりへらぬ、というのがあり、白いことを形容する言葉に、いくら墨を塗っても黒く染まらぬ、というのがある。そ

の続きに、匏瓜《ひょうたん》のように味のないことを形容して、ぶらりとさがったまま食われない、というのがあるが、君の言うようにすれば、私はまるで匏瓜のような役立たずということかね。

磨而不磷、涅而不緇、繫而不食の三句は恐らく佚詩《いっし》の中に続いて現われる句であったと思われる（『全集四』一三七頁参照）。

442　**子曰。由也。女聞六言六蔽矣乎。対曰。未也。居。吾語女。好仁不好学。其蔽也愚。好知不好学。其蔽也蕩。好信不好学。其蔽也賊。好直不好学。其蔽也絞。好勇不好学。其蔽也乱。好剛不好学。其蔽也狂。**

（訓）子曰く、由《ゆう》や、女《なんじ》は六言六蔽《へい》を聞けるか。対えて曰く、未だし。（子曰く、）居れ、吾、女に語《つ》げん。仁を好んで学を好まざれば、其の蔽や愚。知を好みて学を好まざれば、其の蔽や蕩《とう》。信を好みて学を好まざれば、其の蔽や賊。直を好みて学を好まざれば、其の蔽や絞《こう》。勇を好みて学を好まざれば、其の蔽や乱。剛を好みて学を好まざれば、其の蔽や狂なり。

（新）子曰く、由や、お前は六つの害を示す六つの言葉を聞いたことがあるかね。対えて曰く、まだです。曰く、そうか、そんなら話してやろう。仁の徳を行おうとしても学問をしてなければ、その害として馬鹿にされる。知恵を尚んでも学問をしてなければ、その害として自信過剰に陥る。信義を重んずるだけで学問をしてなければ、その害として傷つけあう。正直一途なだけで学問をしてなければ、その害として孤立に陥る。勇気に走って学問をしてなければ、その害として自暴自棄になる。強気一本で学問をしてなければ、その害として人間嫌いになる。

443　**子曰。小子何莫学夫詩。詩可以興。可以観。可以羣。可以怨。邇之事父。遠之事君。多識於鳥獣草木之名。**

㊖子曰く、小子、何ぞ夫《か》の詩を学ぶ莫きや。詩は以て興《おこ》すべく、以て観るべく、以て羣《ぐん》すべく、以て怨むべし。これを邇《ちか》くしては父に事え、これを遠くしては君に事え、多く鳥獣草木の名を識る。

㊎子曰く、君たちは是非、詩を学ぶがよい。詩を学ぶと、先ず学問に対する興味をかきたてられ、能率をあげることができ、共同作業を覚え、正義感を養うことができる。身近なところでは親に仕え、世の中に出ては君に仕えるときに役立ち、詩の中に出て

くる鳥獣草木の名で、博物学の知識が獲《え》られる。

444 **子謂伯魚曰。女為周南召南矣乎。人而不為周南召南。其猶正牆面而立也与。**

㊟子、伯魚《はくぎょ》に謂いて曰く、女《なんじ》は周南・召南を為《おさ》めたるか。人にして周南・召南を為めざれば、其れ猶《な》お正しく牆面《しょうめん》して立つがごときか。

㊗孔子が子の伯魚に向って言った。お前は詩経の周南・召南の部分を学んだか。人間として周南・召南を学んだこともないようでは、壁に額をぶつけて動けないでいるようなものだ。

445 **子曰。礼云礼云。玉帛云乎哉。楽云楽云。鐘鼓云乎哉。**

㊟子曰く、礼と云い礼と云う、玉帛《ぎょくはく》を云わんや。楽と云い楽と云う、鐘鼓《しょうこ》を云わんや。

㊗子曰く、礼儀が大切だというのは、玉器や絹帛《けんぱく》の贈り物のことなのだろうか。音楽が大事だというのは、鐘や太鼓の楽器が出す音のことだけなのだろうか。

446 **子曰。色厲而内荏。譬諸小人。其猶穿窬之盗也与。**

㊁子曰く、色厲《はげ》しくして、内荏《やわら》かなるは、諸《これ》を小人に譬うれば、其れ猶《な》お穿窬《せんゆ》の盗のごときか。

㊅子曰く、見たところは厳正らしくて、裏へまわって賄賂をとるような人間は、泥坊の仲間で言えば、せいぜいこそ泥の類いだろう。

447 **子曰。郷原。徳之賊也。**

㊁子曰く、郷原《きょうげん》は徳の賊なり。

㊅子曰く、賞められ者になろうとしている青年ほど鼻もちならぬ偽者はない。

448 **子曰。道聴而塗説。徳之棄也。**

㊁子曰く、道すがら聴きて、塗《みち》すがら説くは、徳をこれ棄つるなり。

㊅子曰く、人にいま聞いてきたことを、すぐ自分の説として吹聴するのは、向上心をすてた人のすることだ。

449 **子曰。鄙夫可与事君也与哉。其未得之也。患得之。既得之。患失之。苟患失之。無**

所不至矣。

㊟子曰く、鄙夫《ひふ》は与《とも》に君に事《つか》うべけんや。其の未だこれを得ざるや、これを得んと患《うれ》う。既にこれを得れば、これを失わんことを患う。苟《いやし》くもこれを失わんことを患うれば、至らざる所なし。

㊍子曰く、さもしい人間と同僚になって宮仕えすると、とんだ目にあうものだ。望みの地位を得ない間は、是非とも得ようと心を砕き、やっと手に入れると今度は、どんなにしてでもそれを失うまいとやきもきする。柄にもなく得たものを失うまいとやきもきしだしたとすれば、どんなことでもやりかねなくなる。

450 **子曰。古者民有三疾。今也或是之亡也。古之狂也肆。今之狂也蕩。古之矜也廉。今之矜也忿戾。古之愚也直。今之愚也詐而已矣。**

㊟子曰く、古《いにしえ》は民に三疾ありき。今や或いはこれ亡《な》きなり。古の狂や肆《し》なり、今の狂や蕩なり。古の矜《きょう》や廉なり、今の矜や忿戾《ふんれい》なり。古の愚や直なり、今の愚や詐れるのみ。

㊍子曰く、昔でも人々の間には三つの癖があったものだが、ただし近頃とはそのありかたが違う。昔、狂といわれた変り者は放言しただけだが、今の狂は精神異常だ。昔、

矜といわれた自信家は孤高を誇ったが、今の矜はただの喧嘩師《けんかし》だ。昔、愚とよばれたお人よしは真正直であったが、今の愚は喰わせ者ばかりだ。

451　**子曰。巧言令色。鮮矣仁。**

㊟子曰く、巧言令色には、鮮いかな仁。

㊕3と同じ。

452　**子曰。悪紫之奪朱也。悪鄭声之乱雅楽也。悪利口之覆邦家者。**

㊟子曰く、紫の朱を奪うを悪《にく》む。鄭声《ていせい》の雅楽を乱すを悪む。利口の邦家を覆《くつが》えす者を悪む。

㊕子曰く、紫が朱だと思われて通っていることがあるから警戒せよ。鄭国の淫らな俗曲が、礼式に用いる雅楽の中に混りこんでいることがある。口達者な人間が国家を滅しかけながら忠臣らしく振舞っていることもあるぞ。

453　**子曰。予欲無言。子貢曰。子如不言。則小子何述焉。子曰。天何言哉。四時行焉。**

百物生焉。天何言哉。

(訓)子曰く、予れは言うこと無からんと欲す。子貢《しこう》曰く、子もし言わずんば、小子何をか述べん。子曰く、天何をか言わんや。四時行われ、百物生ず。天何をか言わんや。

(新)子曰く、私はもう物を言うまいかな。子貢曰く、先生が物を仰らねば、私どもは何と言って弟子たちに取次ぎましょうか。子曰く、天を見たまえ、何も言わぬ。それでいて、四時は滞りなく運行するし、万物はちゃんと生育している。天は何も物言わぬではないか。

孔子学園の生活において、先輩の弟子は後輩の弟子を指導すること、日本の江戸時代における塾生活のごときものがあったと思われる。その際、大先生の言葉を後輩に伝えるのが述であって、孔子の言葉の、述而不作、の述もこれと同じ用法である。なおこの章に現われた天の思想は道家の無為の思想と甚だ近いものがある。あるいは後世の思想が論語の中に混入したのかも知れない。

454 **孺悲欲見孔子。孔子辞以疾。将命者出戸。取瑟而歌。使之聞之。**

(訓)孺悲《じゅひ》、孔子に見《まみ》えんと欲す。孔子、辞するに疾《しつ》を以てす。命を将《おこな》う者、戸を出づ。瑟《しつ》を取りて歌い、これをしてこれを聞かしむ。

(新)孺悲が孔子に面会を求めて来た。孔子は病中であるから、と口実を設けて断《こと》わった。取次の者が孔子の部屋を立去るや否や、大きな琴をひきよせてかきならし、表まで聞えよがしに高い声でそれにあわせて歌ってみせた。

455

宰我問。三年之喪。期已久矣。君子三年不為礼。礼必壊。三年不為楽。楽必崩。旧穀既没。新穀既升。鑽燧改火。期可已矣。子曰。食夫稲。衣夫錦。於女安乎。曰。安。女安則為之。夫君子之居喪。食旨不甘。聞楽不楽。居処不安。故不為也。今女安。則為之。宰我出。子曰。予之不仁也。子生三年。然後免於父母之懐。夫三年之喪。天下之通喪也。予也有三年之愛於其父母乎。

(訓)宰我《さいが》問う。三年の喪は、期して已に久し。君子、三年礼を為さざれば、礼必ず壊《やぶ》れん。三年楽を為さざれば、楽必ず崩《くず》れん。旧穀既に没《つ》きて、新穀既に升《みの》る。燧《すい》を鑽《き》り火を改め、期にして已むべし。子曰く、夫《か》の稲を食い、夫の錦を衣《き》る、女《なんじ》において安きか。曰く、安し。(曰く)女安ければこれを為せ。夫れ君子の喪に居るや、旨きを食えども甘からず、楽を聞けども楽しからず、居処して安からず、故に為さざるなり。今女安ければこれを為せ。宰我出づ。子曰く、予の不仁なるや。子生れて三年、然る後に父母の懐より免《まぬ》がる。夫れ三年の喪は天下の通喪《つうそう》なり。予や、其の父母において三年の愛あるか。

㊍宰我が尋ねた。親に対する三年の喪というのは、一年すんでから更にずっと先まで続きます。為政者が三年間も喪に服して、礼式を行わずにおれば礼式が壊れてしまい、三年音楽を行わずにおれば音楽も駄目になってしまいましょう。前年の穀物が消費された頃には、今年の新穀が丁度よく稔りをつげます。燧石《ひうちいし》を鑽って新しい火をつけ、古い火に代えて用いるのも一年ごとですから、喪においても期、すなわち一年でやめた方がよくはありませんか。子曰く、親が死んで一年たったら、旨い米を食べ、美しい着物を着る普通の生活に返って、それでお前は気が咎めないかね。曰く、別に何ともありません。子曰く、お前が何とも思わぬなら、好きなようにするがよい。いったい昔の人は喪に服している間は、旨いものを食べても味がなく、音楽を耳にしても楽しくなく、安逸に耽ろうとしても気が気でないから、始めからそういうことをしないのだ。ところがお前はそれで別になんともないなら、好きにするがよい。宰我が退出した。子曰く、宰予は何と不人情な男だ。子供は生れてから三年たって、やっと父母

の懐から離れる。だから父母のために三年の喪に服するのは、天下の到る所で通用している原則だ。宰予はその父母に対して、三年の恩を返す人情がないのだろうか。

456　**子曰。飽食終日。無所用心。難矣哉。不有博奕者乎。為之猶賢乎已。**

㊟子曰く、飽食して日を終え、心を用うる所なし。難《かた》いかな。博奕《はくえき》なるものあらずや。これを為すは猶《な》お已《や》むに賢《まさ》れり。

㊞子曰く、腹いっぱい食べて一日中、頭を働かせることのない人は、問題にもならぬ人間だ。博奕などいう勝負ごとの遊戯があるだろう。あれをしてでも遊ぶほうが、まだ何もしないよりはましだろうな。

457　**子路曰。君子尚勇乎。子曰。君子義以為上。君子有勇而無義為乱。小人有勇而無義為盗。**

㊟子路曰く、君子は勇を尚《とうと》ぶか。子曰く、君子は義、もって上と為す。君子、勇ありて義なければ乱を為し、小人、勇ありて義なければ盗を為す。

㊞子路曰く、先生は勇気を大事なこととお考えですか。子曰く、諸君はそれよりも、や

っていいか悪いかの判断力の方を尊重してもらいたい。諸君がもし勇気だけあってその判断力を欠けば武闘を始めるようになるだろうし、ましてや諸君に及ばぬ人たちが勇気だけあって、判断力を欠けば盗賊をもやりかねない。

458　**子貢曰。君子亦有悪乎。子曰。有悪。悪称人之悪者。悪居下流而訕上者。悪勇而無礼者。悪果敢而窒者。曰。賜也亦有悪乎。悪徼以為知者。悪不孫以為勇者。悪訐以為直者。**

㊙子貢《しこう》曰く、君子も亦《ま》た悪《にく》むことあるか。子曰く、悪むことあり。人の悪を称する者を悪む。下流に居りて上を訕《そし》る者を悪む。勇にして礼なき者を悪む。果敢にして窒《ふさ》がる者を悪む。曰く、賜《し》や、亦た悪むことあるかな。‖徼《むか》えて以て知と為す者を悪む。不孫にして以て勇と為す者を悪む。訐《あば》いて以て直と為す者を悪む。

㊌子貢曰く、先生にも人を悪むことがおありですか。子曰く、それはあるさ。人の欠点を人の前で披露する者を悪む。自分の劣ったことを棚にあげて、優れている人を悪くいう者を悪む。向う見ずで無礼を行う者を悪む。決断するそばから腰くだけになって逃げ出す人を悪む。曰く、そう仰れば私も悪む者のあることを申してよいでしょうか。

先取りして頭の良いという顔する者を悪みます。傲慢に振舞うことを勇気のある証拠だと思う者を悪みます。人の嫌やがることを言うのを正直だと思う者を悪みます。

この章の三番目の曰くの下、賜也亦有悪乎、を孔子が言葉を改めて子貢に聞きかえした、と解するのが従来の説であるが、むしろこの所は、子貢の言葉とした方がよいと思う。亦有悪乎、は疑問文によくある形であるが、しかし、乎という字があっても必ずしも常に疑問形とは限らない。子貢が遠慮しながらの発言と解するのがよさそうである（『全集四』一五九頁参照）。

459　**子曰。唯女子与小人為難養也。近之則不孫。遠之則怨。**

（訓）子曰く、唯だ女子と小人とは養い難しと為すなり。これを近づくれば不孫、これを遠ざくれば怨む。

（新）子曰く、妾と奴隷とは使いにくいものだ。大事にすればつけあがるし、よそよそしくすれば恨みに思う。

460　**子曰。年四十而見悪焉。其終也已。**

㊟子曰く、年四十にして悪《にく》まるるは、其れ終らんのみ。
㊞子曰く、年が四十歳にもなって悪しざまに人の口に上るなら、もう悪い評判は一生つきまとうものだ。

この悪という字は、あるいは非常に形の似た惑という字の誤りではないかという気がする。夫子自身は四十になって惑わない自信ができてこの関門を突破している。孔子の考えでは単に悪《にく》まれるということでは、不肖である証拠にはならなかったはずである。326 406の条参照。

微子第十八（461～471）

461　**微子去之。箕子為之奴。比干諫而死。孔子曰。殷有三仁焉。**

㊞微子《びし》はこれを去り、箕子《きし》はこれが奴《ど》と為《な》り、比干《ひかん》は諫めて死す。孔子曰く、殷《いん》に三仁ありき。

㊕微子は殷の紂王《ちゅうおう》の許から逃げ出し、箕子は地位を落して奴隷にされ、比干は諫めて殺された。孔子曰く、殷に三人の仁者があったのはこれだ。

中国古代には奴隷制が行われていたが、論語の中に奴という字が現われるのは此処だけである。奴という字は漢代から盛んに用いられ、それ以前には臣という字を用いた。

462　**柳下恵為士師。三黜。人曰。子未可以去乎。曰。直道而事人。焉往而不三黜。枉道而事人。何必去父母之邦。**

㊞柳下恵《りゅうかけい》は士師《しし》と為り、三たび黜《しりぞ》けらる。人曰く、子は未だ以て去るべからざるか。曰

く、直道もて人に事えば、焉んぞ往くとして三たび黜けられざらんや。枉道《おうどう》もて人に事えば、何ぞ必ずしも父母の邦を去らん。

㊗柳下恵は裁判官に任命されたが、罷免され、同じことを三度繰りかえした。ある人が言った。こんなことなら他国へ行って仕えた方がよくはありませんか。曰く、正しい主義を曲げないで宮仕えすれば、どの国へ往って仕えても免職を繰りかえすことは同じでしょう。主義を曲げて仕えるつもりなら、どこの国に仕えても勤まります。折角生れついた父母の邦を去って、どこへ行けばいい所があるというのでしょうか。

463 **斉景公待孔子曰。若季氏。則吾不能。以季孟之間待之。曰。吾老矣。不能用也。孔子行。**

㊟斉《せい》の景公《けいこう》、孔子を待つに曰く、季氏の若《ごと》くするは、吾れ能くせず。季・孟の間を以てこれを待たん。曰く、吾れ老いたり。用うる能わざるなり、と。孔子行《さ》る。

㊗斉の景公が孔子の待遇について言った。魯の季氏が来たと同じ待遇を与えることは、私としてはできない。(ある人が言った。)それでは季氏と孟氏との中間の待遇を与えてはどうでしょうか。曰く、私ももう年寄りだ。孔子のような新人を登用して働かせ

ることは無理なことだ。これを聞いて孔子は斉から立去った。

464 **斉人帰女楽。季桓子受之。三日不朝。孔子行。**

(訓)斉人《せいじん》、女楽《じょがく》を帰《おく》る。季桓子《きかんし》これを受け、三日朝せず。孔子行《さ》る。

(新)斉の国から魯の国へ、女子の音楽隊を贈ってきた。家老の季桓子がそれを受け、三日間、政治を見ることを怠った。孔子が見切りをつけて魯から立去った。

465 **楚狂接輿。歌而過孔子曰。鳳兮鳳兮。何徳之衰。往者不可諫。来者猶可追。已而已而。今之従政者殆而。孔子下欲与之言。趨而辟之。不得与之言。**

(訓)楚の狂、接輿《せつよ》、歌って孔子を過《よぎ》りて曰く、鳳や鳳や、何ぞ徳の衰えたる。往きし者は諫むべからず、来る者は猶《な》お追うべし。已まんのみ已まんのみ。今の政に従う者は殆《あやう》し。孔子下りてこれと言わんと欲す。趨《はし》りてこれを辟《さ》け、これと言うを得ざりき。

(新)楚国の変り者の接輿が、歌いながら孔子の門に立ち寄った。曰く、鳳凰が来たとさ、鳳凰が来たとさ。こんな衰えた世に、何しに来た。過ぎ去ったことは手直しがきかぬ。これからのことなら、まだ間にあう。よしたがよい、よすがよい。政治などに手出しをすると、ろくなことはない。孔子がそれを耳にし、もっと話を聞こうと、堂から下りて門前に出たが、接輿はもう小走りに足を早めて立ち去ったあとで、つかまらなかった。

466 長沮桀溺。耦而耕。孔子過之。使子路問津焉。長沮曰。夫執輿者為誰。子路曰。為孔丘。曰。是魯孔丘与。曰。是也。曰。是知津矣。問於桀溺。桀溺曰。子為誰。曰。為仲由。曰。是魯孔丘之徒与。対曰。然。曰。滔滔者。天下皆是也。而誰以易之。且而与其従辟人之士也。豈若従辟世之士哉。耰而不輟。子路行以告。夫子憮然曰。鳥獣不可与同羣。吾非斯人之徒。与而誰与。天下有道。丘不与易也。

㊫長沮《ちょうそ》と桀溺《けつでき》と耦《ぐう》して耕す。孔子これを過《よぎ》り、子路《しろ》をして津《しん》を問わしむ。長沮曰く、夫の輿《たづな》を執る者は誰とか為す。子路曰く、孔丘《こうきゅう》たり。曰く、是れ魯《ろ》の孔丘か。曰く、是れなり。曰く、是れならば津を知れり。桀溺に問う。桀溺曰く、子は誰とか為す。曰く、仲由《ちゅうゆう》たり。曰く、是れ魯の孔丘の徒か。対えて曰く、然り。曰く、滔滔たる者は、天下皆な是れなり。而《しか》して誰か以てこれに易《たが》わん。且つ而《なんじ》は其の人を辟《さ》くるの士に従わんよりは、豈に世を辟くるの士に従うに若《し》かんや、と。耰《ゆう》して輟《や》めず。子路行《さ》りて

以て告ぐ。夫子憮然《ぶぜん》として曰く、鳥と獣とは与に羣を同じくすべからず。〔吾は斯の人の徒と与にするに非ずして、誰と与にせん。〕吾は斯の人の徒に非ず。而〔なんじ〕と与に誰に与〔くみ〕せん。〔天下に道あれば、丘は与に易〔か〕えざるなり。〕天下の有道には、丘は与し易〔たが〕わざるなり。

㊢長沮と桀溺とが二人一組になって耕作していた。孔子がそこを通りかかり、（常人でないのを察し、用もないのにわざと）子路に命《いい》つけて渡し場のありかを尋ねさせた。長沮曰く、あの輿《たづな》を握っている男は誰だ。子路曰く、孔丘という者です。曰く、魯国の孔丘だね。曰く、その通り。曰く、そんなら教えないでも知ってる人だ。こんどは桀溺に尋ねた。桀溺曰く、君は誰だ。曰く、仲由という者です。曰く、すると魯の孔丘の仲間だな。曰く、その通り。曰く、滔滔として大勢に順応する者は、天下にいっぱい満ち満ちている。それに逆らおうとするのは誰だろう。君もその一人らしいが、人間ぎらいの孔丘の仲間でいるよりは、いっそこの世間ぎらいの我々の仲間に入ってはどうだ。と言ったまま、長沮が土を掘ったあとへ種を蒔く手をやめなかった。子路が帰ってきて報告した。孔子はしんみりとして言った。鳥と獣とはいっしょに群をつくることはできない。私はあの人たちと仲間になりたくてもなれない。古い言葉に、

而《なんじ》とともに誰の仲間になろうか、とあるが、(私は人間ぎらいどころではない。) 天下の有道者からは、私は決して離れて行かぬつもりだ。

この章の従来の解釈は、いずれも意味がはっきりしない。その理由を考えると、次の三つが挙げられる。第一は、

非斯人之徒与而誰与。

の句の読み方であるが、これは、

262 非夫人之為慟而誰為。 夫の人の為に慟するに非ずして誰が為にせん。

と非常に似通った構造なので、つい、

斯の人の徒と与にするに非ずして誰と与にせん。

と読んでしまったが、すると孔子は、斯人之徒、すなわち長沮桀溺の仲間になってしまいそうである。それでは困るから、そこで、斯人之徒を天下の民衆という風に解釈したが、いったい天下の大衆を斯人之徒などと呼ぶことができるものだろうか。私は、斯人之徒を自然のままに長沮桀溺の徒とするために、右の文中、吾れは斯の人の徒に非ず、で一応句を切ってみた。すると次に、与而誰与、の四字が残るが、このように第一字と第四字が同字であるのは、古語の引用である場合が多い。而の読み方が問題であるが、恰もよし、す

ぐ前に桀溺の言葉の中で而の字を用いて汝と読ませているから、ここでも同じように汝と読んでも唐突の感がない。但しこの箇所は従来のように句読しても、

自分は彼等、長沮桀溺と仲間になることができぬとしたら、誰の仲間になろうか。

と解釈するなら、通じないこともない。

次に有道の二字を従来はいずれも、道あれば、と句にして読んだが、論語の中ではこれを有道者の意味に、名詞として用いることが二回、14 297の中に見える。この場合も名詞として解釈すれば通りがよくなる。前文に天下滔滔者とあるのも事実だが、一方天下に有道者がいるのも事実で、それがいる限り、孔子はその仲間に留まるのである。

更に従来は鳥獣を一群と見て、これに人類を対立させたが、これも文意を不明にする一因である。この場合は鳥が一群、獣が一群と離れているのであって、長沮桀溺と孔子との間に譬えたものである。中国の後世の注釈家はこのような場合、人間を動物に譬えるのは、何か人間冒瀆のような気がして、強いて避けようと努力したらしいが、古代人はそういう点には拘泥しなかったのである。もしこの句の意味をはっきり摑んで、儒家と隠者とが全然別物である立場をとれば、全体の意味をもう少し別の方向へ持って行くことができたであろうと思われる。

なお誰以易之、の易を従来は改易と取り、天下の風俗を改革する意味に解したが、これは唐突であり、かつ大袈裟すぎる。易には違うの訓があり、ここでは天下の滔滔者の行き方と違う意味に解すべきである。すなわち同じ桀溺のすぐ次の言葉の中の、辟人、人を避ける、と近い意味になる。最後の、丘不与易、の易も同じ意味で、有道者に対しては易《たが》うことがないのである（『全集四』一六六頁参照）。

467　**子路従而後。遇丈人以杖荷蓧。子路問曰。子見夫子乎。丈人曰。四体不勤。五穀不分。孰為夫子。植其杖而芸。子路拱而立。止子路宿。殺雞為黍而食之。見其二子焉。明日子路行以告。子曰。隠者也。使子路反見之。至則行矣。子〔路〕曰。不仕無義。長幼之節。不可廃也。君臣之義。如之何其廃之。欲潔其身而乱大倫。君子之仕也。行其義也。道之不行。已知之矣。**

㊖子路《しろ》、従って後《おく》る。丈人の杖を以て蓧《かご》を荷《にな》うに遇《あ》う。子路問うて曰く、子は夫子を見たるか。丈人曰く、四体ありて勤めず、五穀分たず、孰《たれ》をか夫子と為すや、と。其の杖を植《た》てて芸《くさぎ》る。子路拱《きょう》して立つ。子路を止めて宿せしめ、雞《にわとり》を殺し黍《きびめし》を為《つく》りて之に食わしめ、其の二子を見《まみえ》しむ。明日子路行《さ》り、以て告ぐ。子曰く、隠者なり、と。子

路をして反りてこれを見しむ。至れば則ち行《さ》れり。子曰く、仕えざるは義なし。長幼の節、廃すべからざるならば、君臣の義は、これを如何《いかん》ぞ其れこれを廃せん。其の身を潔《きよ》くせんと欲して大倫を乱る。君子の仕うるや、其の義を行わんとするなり。道の行われざるは、已にこれを知れり。

㊥子路が孔子に従行して、後にとりのこされた。追いかけて行く途で老人が杖に竹の篠《かご》を下げて荷《にな》っているのに出会ったので尋ねた。貴方は私の先生に遇いませんでしたか。老人曰く、身体の労働をしたことがなく、五穀の見さかいもない者が、何で先生なものか、と言って杖を地面に立てて、草をむしり出した。子路は両手を組んで敬意を表しながら、老人と立ち話を始めた。老人は子路をひきとめ、家へつれ帰って泊らせ、雞を殺し、黍の飯をつくって御馳走をし、二人の子供を紹介した。明日子路は立ち去って孔子に追いついて、このことを話した。子曰く、隠者だな、（それなら言うことがある）と。子路に命《いい》つけて、もう一度たち戻って面会してこいと言った。子路がその家へ行って見ると、もう行方知れずであった。孔子が子路に言わせようとしたのは次の通りであった。曰く、宮仕えしないという主張には何も根拠がない。尊長と卑幼との間の序列は無視することができぬ。（現に子路は貴方を老人の故に尊敬し、貴方

はまた二子を年長の子路に引合わせて敬意を表せしめたではないか。）それと同じように、君主と臣下との関係は、無視しようとしても無視できぬものだ。貴方は一身を清くしようと思うあまり、無視することのできぬ大事な人間関係を強いて無視しようとなされる。我々の仲間が君主を求めて宮仕えしようとするのは、人間たる者の義務を行おうとするのである。ただその理想がすぐ実現できないものであることぐらいは、万々承知の上だ（『全集四』一一三頁参照）。

468 **逸民。伯夷。叔斉。虞仲。夷逸。朱張。柳下恵。少連。子曰。不降其志。不辱其身。伯夷叔斉与。謂柳下恵少連。降志辱身矣。言中倫。行中慮。其斯而已矣。謂虞仲夷逸。隠居放言。身中清。廃中権。我則異於是。無可無不可。**

㊟訓 逸民《いつみん》には、伯夷《はくい》、叔斉《しゅくせい》、虞仲《ぐちゅう》、夷逸《いいつ》、朱張《しゅちょう》、柳下恵《りゅうかけい》、少連《しょうれん》あり。子曰く、其の志を降さず、其の身を辱しめざるは、伯夷、叔斉か。柳下恵、少連を、志を降し、身を辱しむるも、言は倫《みち》に中《あた》り、行いは慮に中ると謂うは、其れ斯のごときのみ。虞仲、夷逸を、隠居して放言す、身は清に中り、廃は権に中ると謂うは、我は則ち是れに異なる。可とする無く、不可とするも無し。

㊗昔から脱世間の人間には、伯夷、叔斉、虞仲、夷逸、朱張、柳下恵、少連の七人の名が伝えられている。子曰く、自分の理想を低下して妥協することなく、その身を汚すことを許さないのは、伯夷、叔斉のことだろうか。柳下恵、少連のことをば、理想を低下し、身を辱めることはあったが、言うことに道理が通り、行うことと考えることが一致していた、と批評するならば、正にその通りで賛成だ。次に虞仲、夷逸のことをば、隠遁者として無責任な発言をするが、その身の行いは清潔で、世間を棄てたのもやむをえぬ臨機の処置だったと批評するならば、私はそれには異議がある。ただその行為を特に良いとも言わぬし、特に悪いとも言わぬだけだ。

この章の本文、子曰、以下は凡て孔子の言葉である。しかるに従来の解釈では、謂柳下恵少連、謂虞仲夷逸の二句を取り出して、これを地の文と読むために意味が疏通しない。実はこの二句も孔子の言葉の内に含めて解すべきである。そして、其斯而已矣、我則異於是、はいずれも在来の評判に対する孔子の評価で、前者は賛成、後者は不賛成を表明した言葉である。

なおこの章は意味の上で372と接続するものの如くである。孔子の一つの談話を、弟子二人が記憶し別々に筆記したのが二箇所に収められたものと思われる。

469 **大師摯適斉。亜飯干適楚。三飯繚適蔡。四飯缺適秦。鼓方叔。入於河。播鼗武。入於漢。少師陽。撃磬襄。入於海。**

㊞訓 大師摯《たいしし》は斉《せい》に適《ゆ》き、亜飯干《あはんかん》は楚《そ》に適き、三飯繚《りょう》は蔡《さい》に適き、四飯缺《けつ》は秦《しん》に適き、鼓方《こほう》叔《しゅく》は河《か》に入り、播鼗武《はとうぶ》は漢に入り、少師陽《しょうしよう》、撃磬襄《げきけいじょう》は海《うみ》に入る。

㊞新 (殷が滅びる時)指揮者の大師摯《し》は斉の国へ逃げ、第二奏者の亜飯干は楚の国へ逃げ、第三奏者の三飯繚は蔡の国へ逃げ、第四奏者の四飯缺は秦の国へ逃げ、太鼓手の鼓方叔は黄河を渡り、鼓手《つづみうち》の播鼗武は漢水を渡り、副指揮者の少師陽、拍子《ひょうし》係の撃磬襄は海に乗り出して島にかくれた。

この章は恐らく礼楽の師である孔子が、授業の間に弟子たちに語った音楽史の一節であろう。亜飯、三飯、四飯は君主の食事で、その際に楽を奏する係りであると言うが、本当のことは分らない。ただ当時の主楽器は琴であったと思われるので、亜飯以下は琴の奏者であったと想像される。

470 **周公謂魯公曰。君子不施其親。不使大臣怨乎不以。故旧無大故。則不棄也。無求備**

於一人。

㊗周公《しゅうこう》、魯公《ろこう》に謂いて曰く、君子は其の親を施《す》てず。大臣をして以《もち》いられざるを怨ましめず。故旧は大故なければ棄てざるなり。備わるを一人に求むることなかれ。

㊎周公がその子、魯公伯禽《はくきん》の赴任を前に訓戒した。お前は親族の者を無視してはならない。大臣たちに意見が用いられないという不満を起させてはならぬ。前から因縁ある者はよほどの理由がない限り、見棄ててはならぬ。ただ一人の人間に何もかも要求してはならない。

471　**周有八士。伯達。伯适。仲突。仲忽。叔夜。叔夏。季随。季騧。**

㊗周に八士あり。伯達《はくたつ》、伯适《はくかつ》、仲突《ちゅうとつ》、仲忽《ちゅうこつ》、叔夜《しゅくや》、叔夏《しゅくか》、季随《きずい》、季騧《きか》なり。

㊎周の一族に八人の立派な人がいた。その名は云云。

これも孔子の歴史の講義の一節であろうが、筆記者がその説明を書き洩らした。

子張第十九（472〜496）

472　**子張曰。士見危致命。見得思義。祭思敬。喪思哀。其可已矣。**

(訓)子張《しちょう》曰く、士は危きを見ては命《いのち》を致し、得るを見ては義を思い、祭には敬を思い、喪には哀を思う。其れ可なるのみ。

(新)子張曰く、学徒たる者は、危険に際しては生命を投げ出すべきや否やを思い、利益ある時は取るべきか否かを思い、祭の際は敬虔の情を捧げんと思い、喪に臨んでは哀を尽さんことを思う。それができれば及第だ。

この章は、思義、思敬、思哀と、思を三回繰返すが、最初の見危致命、には思字がない。翻って考うるに、危険な際には、事の如何にかかわらず命を致すのは、儒教の本義ではない。ただ命を致すの覚悟は出来ているべきであって、それを実行する前にはやはり一度考えて見る必要があろう。そこで訳にはここにも思の字があるつもりで文を成した。

473　**子張曰。執徳不弘。信道不篤。焉能為有。焉能為亡。**

㊫子張《しちょう》曰く、徳を執《と》ること弘《ひろ》からず、道を信ずること篤《あつ》からずんば、焉んぞ能《よ》く有りと為し、焉んぞ能く亡しと為さん。

㊪子張曰く、折角修養に志しながら視野が狭く、折角道を尊びながら信念が鞏固《きょうこ》でなかったなら、いったいやる気があるのだろうか、ないのだろうか。

474　**子夏之門人。問交於子張。子張曰。子夏云何。対曰。子夏曰。可者与之。其不可者拒之。子張曰。異乎吾所聞。君子尊賢而容衆。嘉善而矜不能。我之大賢与。於人何所不容。我之不賢与。人将拒我。如之何其拒人也。**

㊫子夏《しか》の門人、交わりを子張《しちょう》に問う。子張曰く、子夏は何とか云える。対《こた》えて曰く、子夏の曰えるは、可なる者はこれに与《くみ》し、其の不可なる者はこれを拒め、とあり。子張曰く、吾が聞ける所に異なり。君子は賢を尊んで衆を容《い》れ、善を嘉《よ》みして不能を矜《あわれ》む、と。我の大賢なるか。人に於いて何の容れざる所ぞ。我の不賢なるか。人将に我を拒まんとす。これを如何ぞ其れ人を拒まんや。

㊪子夏の門人が、子張に交際の心得を尋ねた。子張曰く、君の先生の子夏は何と言った

か。対えて曰く、子夏が曰われるには、良い人を選んで交際し、不適当な人は避けて交際するな、ということでした。子張曰く、私が(孔子から)聞いたのは、それと違う。お前たちは賢者を尊敬すると同時に大衆を包容し、善人を賞讃すると同時に足りない人間を憐め、と教えられたが、その通りだと思う。もし此方が大賢人であったなら、どんな他人でも包容できぬはずはない。もし此方が愚者であったなら、向うの方から排斥されてしまう。此方から他人を寄せつけぬどころではないでしょう。

475 **子夏曰。雖小道。必有可観者焉。致遠恐泥。是以君子不為也。**

㊙子夏《しか》曰く、小道と雖も必ず観るべきものあらん。遠きを致すには泥《なず》まんことを恐る。是を以て君子は為さざるなり。

㊍子夏曰く、取るに足らぬ芸事の中にも、何か長所はあるはずだ。だが遠方へ旅行するには泥道にはまりこむのが禁物だ。だから諸君には決して勧められない。

476 **子夏曰。日知其所亡。月無忘其所能。可謂好学也已矣。**

㊙子夏《しか》曰く、日にその亡き所を知り、月にその能くする所を忘るなし。学を好むと謂う

べきのみ。

㊎子夏曰く、日ごとにこれまで知らなかった新しいことを学び、一月たってその間に学んだことを忘れはしなかったかと確認する。それが本当の勉強家のやることだ。

477　**子夏曰。博学而篤志。切問而近思。仁在其中矣。**

㊖子夏《しか》曰く、博《ひろ》く学んで篤《あつ》く志し、切《せつ》に問いて近く思う。仁、其の中に在り。

㊎子夏曰く、博く学んで熱心に理想を追い、切実な疑問を捕えて自身のこととして思索をこらす。学問の目的とする仁は、その中から自然に現れてくる。

478　**子夏曰。百工居肆以成其事。君子学以致其道。**

㊖子夏《しか》曰く、百工は肆《し》に居りて以て其の事を成し、君子は学んで以て其の道を致す。

㊎子夏曰く、商工業者はそれぞれの店を仕事場として職業が成立つ。諸君も同じように学問を仕事として励んで、その理想を達成するのだ。

479　**子夏曰。小人之過也必文。**

(訓)子夏《しか》曰く、小人の過ちや、必ず文《かざ》る。

(新)子夏曰く、諸君は万一、過失を犯したなら、決して言い訳してはならぬ。

480　**子夏曰。君子有三変。望之儼然。即之也温。聴其言也厲。**
(訓)子夏《しか》曰く、君子に三変あり。これを望めば儼然《げんぜん》、これに即《つ》けば温、其の言を聴けば厲《はげ》し。

(新)子夏曰く、諸君に三つのあるべき姿ということを教えよう。遠くから見ると近寄りがたい。ところが実際に近寄って見ると、意外に人あたりがいい。しかしその議論を聞くと穴に入りたいほどきびしい。

481　**子夏曰。君子信而後労其民。未信則以為厲己也。信而後諫。未信則以為謗己也。**
(訓)子夏曰く、君子は信ありて後、其の民を労す。未だ信ぜられざれば、則ち以て己を厲《や》ましむと為すなり。信ありて後に諫《いさ》む。未だ信ぜられざれば、以て己れを謗《そし》ると為すなり。

(新)子夏曰く、諸君が官途についたなら、十分に信頼を贏《か》ちえた後に人民を使役するものだ。まだ信用のない間だと、人民はとんだ災難を蒙ったと思うばかりだ。君主に対しても、十分に信頼を得た後に諫めるものだ。まだ信用のない間だと、ただ悪口を言われたと思われてしまう。

482　**子夏曰。大徳不踰閑。小徳出入可也。**

㊟子夏曰く、大徳、閑《のり》を踰《こ》えざれば、小徳は出入すとも可なり。

㊞子夏曰く、修養の上では大事な点で足を蹈みはずすことがなければ、小さな過不及の誤りは数え立てるに及ばない。

483　**子游曰。子夏之門人小子。当洒掃応対進退。則可矣。抑末也。本之則無。如之何。子夏聞之曰。噫。言游過矣。君子之道。孰先伝焉。孰後倦焉。譬諸草木。区以別矣。君子之道。焉可誣也。有始有卒者。其惟聖人乎。**

㊟子《し》游《ゆう》曰く、子《し》夏《か》の門人小子は、洒《さい》掃《そう》、応対、進退に当りては可なり。抑《そもそ》も末なり。之を本つくるものは則ち無し。之を如何。子夏これを聞きて曰く、噫《ああ》、言游《げんゆう》過《あやま》てり。君子の道は孰《いず》れをか先にして伝え、孰れをか後にして倦《おこた》らん。これを草木に譬うれば、

区して以て別たんや。君子の道は焉んぞ誣《し》うべけんや。始めあり、卒《おわ》りある者は、それ惟だ聖人か。

㊍子游曰く、子夏の門人の誰れ彼れらは、掃《は》きそうじや、口上取り次ぎ、立ち居振る舞いの点は、相当にできる。しかしそれらは、そもそも末だ。その根本にあるものが少しもできていない。どうしたのだろう。子夏がこれを聞いて曰く、へん、言游が言い損ったな。君子になるための修養には、何を先として第一に学び、何を後としてなおざりにしてよいというものがあろうか。例えば草木について、根と葉を区分してどちらが大事だと議論するようなものではないか。修養のやり方を間違えて教えてはとんだことになる。だが始めから終まで筋を通して教えることのできるのは、千年にひとり出る聖人にしか期待できぬものだ。

484　**子夏曰。仕而優則学。学而優則仕。**

㊢子夏《しか》曰く、仕えて優なれば学び、学びて優なれば仕う。

㊍子夏曰く、官位について仕事に自信がついたならば学問を始め、学問をして自信がついたならば官途につく。

孔子の時代の封建制度においては、貴族出身の子弟は学ぶことを竢《ま》たないで世襲的に官位についたが、普通の士族庶民にあっては、伝手《つて》を求めて就職口を探さなければならず、学問はその際の有力な武器であった。

485　**子游曰。喪致乎哀而止。**

㊟子《し》游《ゆう》曰く、喪には哀《あい》を致して止《や》む。

㊥子游曰く、葬式には悲しみを尽すだけで最上だ。

486　**子游曰。吾友張也。為難能也。然而未仁。**

㊟子《し》游《ゆう》曰く、吾が友の張や、能くし難きを為す。然れども未だ仁ならず。

㊥子游曰く、私の兄弟弟子の子張は、人の出来ないことをやってみせる。しかし最上の人格者、仁者と言おうとすればまだ不足がある。

487　**曾子曰。堂堂乎張也。難与並為仁矣。**

㊟曾子《そうし》曰く、堂堂たるかな、張《ちょう》や。与に並んで仁を為し難し。

㊔曾子曰く、子張は態度が堂々として立派なものだ。しかし一緒に修養に励みたいとは思わぬ。

488 **曾子曰。吾聞諸夫子。人未有自致者也。必也親喪乎。**

㊕曾子《そうし》曰く、吾れはこれを夫子に聞く。人未だ自ら致す者あらざるなり。必ずや親の喪か、と。

㊔曾子曰く、私は先生に聞いたことがある。人間はなかなか自分の全力を出し尽すということの出来ぬものだ。もしありとすれば、自分の親の葬式の場合だろう、と。

489 **曾子曰。吾聞諸夫子。孟荘子之孝也。其他可能也。其不改父之臣。与父之政。是難能也。**

㊕曾子《そうし》曰く、吾れはこれを夫子に聞けり。孟荘子《もうそうし》の孝や、其の他は能くすべきなり。其の父の臣と父の政とを改めざるは、是れ能くし難きなり、と。

㊔曾子曰く、私は先生から聞いたことがある。孟荘子の孝行は有名だが、大ていのことは真似ができる。ただ父の使ってきた側近と、父のやってきた方針を改めることがな

かったのは、真似のできぬ点だ。

490 **孟氏使陽膚為士師。問於曾子。曾子曰。上失其道。民散久矣。如得其情。則哀矜而勿喜。**

㊟孟氏《もうし》、陽膚《ようふ》をして士師《しし》たらしむ。曾子《そうし》に問う。曾子曰く、上《かみ》、其の道を失い、民散ずること久し。如し其の情を得んとせば、哀矜《あいきょう》して喜《この》むことある勿れ。

㊠孟氏が曾子の弟子、陽膚をその領内の裁判官に任じた。陽膚が曾子に教えを請うた。曾子曰く、孟氏がその政道を失って、民心が離れ去ったこと久しい。もし人心を恢復しようと思うなら、十分に憐みをかけて、偏《かたよ》ることがあってはならぬ。

491 **子貢曰。紂之不善。不如是之甚也。是以君子悪居下流。天下之悪皆帰焉。**

㊟子貢《しこう》曰く、紂《ちゅう》の不善は、是の如くこれ甚しきにあらざりしなり。是を以て君子は下流に居ることを悪む。天下の悪、皆なこれに帰すればなり。

㊠子貢曰く、紂の暴政といっても、実際は世間で言われるほど甚しいのではなかった。だから諸君も吹き溜りのような場所を避けておらぬがよい。天下の悪名がみなそこへ

集ってくるかも知れぬ。

492 **子貢曰。君子之過也。如日月之食焉。過也人皆見之。更也人皆仰之。**

㊟子貢《しこう》曰く、君子の過《あやま》ちや、日月の食の如し。過てば人皆なこれを見る。更むれば人皆なこれを仰ぐ。

㊥子貢曰く、諸君は過失を犯した時には、日月の蝕のようにしてもらいたい。過失があれば万人がそれに気付く。過失を改めた時はまた万人が皆なそれに気付いて尊敬する。

493 **衛公孫朝。問於子貢曰。仲尼焉学。子貢曰。文武之道。未墜於地。在人。賢者識其大者。不賢者識其小者。莫不有文武之道焉。夫子焉不学。而亦何常師之有。**

㊟衛《えい》の公孫朝《こうそんちょう》、子貢《しこう》に問うて曰く、仲尼《ちゅうじ》は焉《いずく》にか学べる。子貢曰く、文武の道、未だ地に墜ちず、人に在り。賢者は其の大なる者を識り、不賢者は其の小なる者を識る。文武の道あらざることなし。夫子焉《いず》くにか学ばざるあらん。而して亦た何の常師《じょうし》かこれ有らん。

㊥衛の公孫朝が子貢に尋ねた。孔子は誰から学問を受けられましたか。子貢曰く、周の

文王、武王が残した道は全く滅びたのでなく、人民の間に保存されています。賢者はその中から大きなものを発見し、劣った者はその中の小さいものしか見出せない、という相違はありますが、どれも文武の道の保存されたものでないものはありません。先生がどうしてそれを学ばずにおくものでしょうか。従って別に誰を師匠と定めた人はありませんでした。

494　**叔孫武叔。語大夫於朝曰。子貢賢於仲尼。子服景伯以告子貢。子貢曰。譬之宮牆。賜之牆也及肩。窺見室家之好。夫子之牆数仞。不得其門而入。不見宗廟之美。百官之富。得其門者或寡矣。夫子之云。不亦宜乎。**

㊟叔孫武叔《しゅくそんぶしゅく》、大夫《たいふ》に朝《ちょう》に語りて曰く、子貢《しこう》は仲尼《ちゅうじ》よりも賢なり、と。子服景伯《しふくけいはく》以て子貢に告ぐ。子貢曰く、これを宮牆《きゅうしょう》に譬うれば、賜《し》の牆や肩に及ぶ。室家の好きを窺《うかが》い見る。夫子の牆は数仞《じん》なり。其の門を得て入るにあらざれば、宗廟の美、百官の富を見ず。其の門を得る者、或いは寡なしと、夫子の云える、亦た宜《うべ》ならずや。

㊟魯の叔孫武叔が朝廷で同僚の大夫たちと話している間に、子貢は孔子よりも賢《かしこ》い、と言った。子服景伯がそれを子貢に話した。子貢曰く、それはとんでもない。例えば邸

宅の垣根で言うならば、私の垣根は肩の高さにすぎません。誰でも人はその上から、部屋の内部の奥深い所まで窺《のぞ》きこめます。先生の垣根の高さは数メートルもありますから、門から入って行くのでなければ、内部の建物、祖先を祭る宗廟の美しさ、部局に分れた財貨の蓄積の莫大なのを見ることができぬでしょう。かつて先生は、その門に入ることの出来る者は、甚だ少数に限られる、と申されましたが、まことにもっともなお言葉であったと思います。

文中、しかも子貢の言葉の中に夫子という言葉が二回繰返されているのを、従来は、前者を孔子、後者を叔孫武叔と別箇に解釈してきたが、これは少しおかしくはないだろうか。しかも最後に子貢が、不亦宜乎、と言って賛成の意を表わしているのが、叔孫武叔の発言に対してであるならば、理窟の上からもいよいよおかしい。そこで私は、得其門者或寡矣、の句を孔子の言と取り、子貢はこの言に対し、まことその通りではないか、と相槌を打ったものと解した。更に考えるならば、子貢が宮牆云云という譬喩を持ち出したのは、最初から孔子の言葉をふまえた上での発想ではなかったかと思われる。もちろん論語の中には、右のような孔子の言葉は見出せない。しかし学問のことを譬えて、267における、ように、堂に升る、室に入る、と言っているから、門を得る、という表現を用いたであろうことは十分考えられる。

495　叔孫武叔。毀仲尼。子貢曰。無以為也。仲尼不可毀也。他人之賢者。丘陵也。猶可踰也。仲尼日月也。無得而踰焉。人雖欲自絶。其何傷於日月乎。多見其不知量也。

㊟叔孫武叔《しゅくそんぶしゅく》、仲尼《ちゅうじ》を毀《そし》る。子貢《しこう》曰く、以て為すなきなり。仲尼は毀《そし》るべからざるなり。他人の賢者は丘陵《きゅうりょう》なり。猶《な》お踰《こ》ゆべきなり。仲尼は日月なり。得て踰ゆるなし。人自ら絶たんと欲すと雖も、其れ何ぞ日月において傷《やぶ》らんや。多《まさ》に其の量を知らざるを見《あらわ》すのみなり。

㊟魯の叔孫武叔が孔子を悪しざまに言った。子貢曰く、それは全く無用だ。孔子には悪口が通用しないのだ。世間で賢者といわれている人は、いわば小山のようなもので、歩いて乗りこえることができる。ところが孔子の高さは天上の日月のようなものだ。そこまで上って行く手段がない。されぱと言って無視しようとしても、無視された方の日月は平然としていてびくともしない。かえって無視しようとした方が、身の程知らずであったことを暴露するにすぎない。

496 陳子禽謂子貢曰。子為恭也。仲尼豈賢於子乎。子貢曰。君子一言以為知。一言以為不知。言不可不慎也。夫子之不可及也。猶天之不可階而升也。夫子之得邦家者。所謂立之斯立。道之斯行。綏之斯来。動之斯和。其生也栄。其死也哀。如之何。其可及也。

(訓)陳子禽《ちんしきん》、子貢《しこう》に謂いて曰く、子は恭を為すなり。仲尼《ちゅうじ》は豈《あ》に子よりも賢ならんや。子貢曰く、君子は一言、以て知と為し、一言、以て不知と為す。言は慎まざるべからざるなり。夫子の及ぶべからざるや、猶《な》お天の階して升《のぼ》るべからざるがごときなり。夫子にして邦家を得たらんには、所謂《いわゆ》る、これを立つれば斯《ここ》に立ち、これを道《みちび》けば斯に行き、これを綏《やす》んずれば斯に来り、これを動かせば斯に和《やわ》らぐ。其の生くるや栄《はえ》あり、其の死するや哀《かな》しまる。これを如何ぞ其れ及ぶ可けんや。

(新)陳子禽が子貢に言った。貴方は謙遜すぎる。孔子でも貴方より賢いとは言えますまい。子貢曰く、貴殿はただの一言で知者と思われ、また愚者と思われることがありますから、言葉を慎んで頂きたい。先生がお偉かったことは、天の高さにあって梯子をかけて升って行くことができぬようなものでした。もしも先生が一国の政治を自由にする地位を得られたなら、古い言葉に、(人民を)立てようとすればすぐ立ち、導こうとすればすぐ行き、招こうとすればすぐ来る、動かそうとすればすぐ従う、人はみな生きては栄《はえ》あり、死んでは悲しまれる、とある通りにされたに違いありません。どうして、到底他人の及ぶところではありません(『全集四』一二八、一三七、一五三頁参照)。

堯曰第二十 (497〜499)

497 堯曰。咨爾舜。天之暦数在爾躬。允執其中。四海困窮。天禄永終。舜亦以命禹。曰。予小子履。敢用玄牡。敢昭告于皇皇后帝。有罪不敢赦。帝臣不蔽。簡在帝心。朕躬有罪。無以万方。万方有罪。罪在朕躬。周有大賚。善人是富。雖有周親。不如仁人。百姓有過。在予一人。謹権量。審法度。修廃官。四方之政行焉。興滅国。継絶世。挙逸民。天下之民帰心焉。所重民。食。喪。祭。寛則得衆。信則民任焉。敏則有功。〔公〕・。恵則説。

(訓)堯《ぎょう》は曰く、咨《ああ》、爾舜《なんじしゅん》。天の暦数、爾の躬《み》にあり。允《まこと》に其の中を執れ。四海困窮せば、天禄《てんろく》永く終らん、と。舜も亦た以て禹《う》に命ず。(湯《とう》は)曰く、予《われ》小子履《り》、敢て玄牡《げんぼ》を用いて、敢て昭《あき》らかに、皇皇たる后帝《こうてい》に告ぐ。罪あるは敢て赦さず。帝臣蔽わず。簡《えら》ぶこと帝の心にあり。朕《わ》が躬《み》に罪あらば、万方を以てするなかれ。万方に罪あらば、罪は朕が躬にあり、と。周に大いなる賚《たまもの》あり。善人に是れ富めり。周親ありと雖も、仁《じん》人《じん》に如《し》かず。百姓過ちあらば、予一人にあり。権量を謹み、法度を審《つまびら》かにし、廃れたる官を修め、四方の政行わる。滅びたる国を興し、絶えたる世を継ぎ、逸民を挙げ、天下の民、心を帰せり。民に重んずる所は食、喪《そう》、祭なり。寛なれば衆を得、信あれば民任ず。敏なれば功あり、恵あれば説ぶ。

㊢堯は舜に言った。これ親愛なる舜よ。天が放った運命の矢はおん身に定ったぞよ。お前は宇宙の原則をしかと手に握って離すな。天下の人民が困窮するようなことが起れば、天の賜わった幸福はそのまま立去って再び返って来ぬぞよ、と。その舜もまた同じように禹に命じた。（今度は殷の湯王は）曰く、我、不束者《ふつつかもの》の履は決意して黒牛を犠牲にして天を祀り、大胆にも天の皇皇たる主宰者の后帝に物申す。罪人、夏の桀王は最早や許すことができませぬ。后帝の奴隷たる私は何も匿《かく》しだてを致しませねば、凡ては帝の御心で定まります。もし私の身に罪がありましても、それは庶民に関わりのないことであります。もし庶民に罪がありましたならば、それは私自身の責任であります、と。周の代が大いに栄えたのは、善人が多かったからである。（武王は曰く）周《したし》き親類よりも、仁人の方が信頼できる。百姓に過ちがあれば、それは私一人の責任である、と。そこで度量衡の制度を厳密に定め、法律を明確にし、福祉のための官を

再興し、人民のための政治が成績をあげた。滅びた国を復興し、祀りの絶えた家に相続者を定め、隠れた賢者を捜して登用したので、天下の人民が明るい希望を持つようになった。その政治の原理は人民に大切なことは食物、葬式、追善であることを知って不自由させぬにある。また寛容なれば大衆がつき従い、信用を守れば人民が依頼し、骨惜しみせねば能率が上り、恩恵があれば不満がないことを知って政治を行ったのであった(『全集四』一〇二頁参照)。

498

子張問於孔子曰。何如斯可以従政矣。子曰。尊五美。屛四悪。斯可以従政矣。子張曰。何謂五美。子曰。君子恵而不費。労而不怨。欲而不貪。泰而不驕。威而不猛。子張曰。何謂恵而不費。子曰。因民之所利而利之。斯不亦恵而不費乎。択可労而労之。又誰怨。欲仁而得仁。又焉貪。君子無衆寡。無小大。無敢慢。斯不亦泰而不驕乎。君子正其衣冠。尊其瞻視。儼然人望而畏之。斯不亦威而不猛乎。子張曰。何謂四悪。子曰。不教而殺。謂之虐。不戒視成。謂之暴。慢令致期。謂之賊。猶之与人也。出納之吝。謂之有司。

㊟子張《しちょう》、孔子に問うて曰く、何如《いか》なれば斯に以て政に従うべきか。子曰く、五美を尊び、

四悪を屏《しりぞ》くれば、斯に以て政に従うべし。子張曰く、何をか五美と謂う。子曰く、君子は恵んで費さず。労して怨まれず。欲して貪らず。泰にして驕らず。威あって猛からず。子張曰く、何をか恵んで費さずと謂う。子曰く、民の利とする所に因ってこれを利す。斯れ亦た恵んで費さざるにあらずや。労すべきを択んでこれを労す。又た誰をか怨まん。仁を欲して仁を得。又た焉んぞ貪らん。君子は衆寡となく、小大となく、敢て慢《あなど》るなし。斯れ亦た泰にして驕らざるにあらずや。君子は其の衣冠を正しくし、其の瞻視《せんし》を尊《たか》くす。儼然として人望んでこれを畏る。斯れ亦た威あって猛からざるにあらずや。子張曰く、何をか四悪と謂う。子曰く、教えずして殺す、これを虐と謂う。戒めずして成るを視る、これを暴と謂う。令を慢《みだ》りにして期を致す、これを賊と謂う。これを猶《ひと》しく人に与うるなり。出納の吝《やぶさ》かなる、これを有司と謂う。

(新)子張が孔子に問うて曰く、何如にしたならば政治をうまく運用することができましょうか。子曰く、五つの善事に心掛け、四つの悪事に注意すれば、政治を運用するに有効です。子張曰く、五つの善事とは何々でしょうか。子曰く、為政者として、恩恵を与えるが浪費にならない。労働させるが怨まれない。欲望をみたしても貪欲にならない。自信がありながら謙虚にする。威厳があるが怖がられない。子張曰く、それらはどういう意味なのでしょうか。子曰く、人民が価値ありと思う所へ予算をつぎこむ。そうすれば恩恵を与えるが浪費にならない。労働する価値のある工事を択《えら》んで人民を使役すると、誰も怨む者がない。仁政を行おうと欲して仁政の名を得たからには、もうその上に望む何物もない。為政者たる者は人民の衆寡を論ぜず、土地の大小を問うなく、誰をも軽視することはない。これは自信がありながら謙虚だからであると言えよう。次に為政者たる者は、服装をきちんと整え、その顔色を正しくして、離れた所から見ると儼然とおごそかであって、尊敬の念を起こさせる。これは威厳があるが恐くはないと言えよう。子張が更に尋ねた。四つの悪事とはどういうことでしょうか。子曰く、教育しないでおいて悪いことをすれば死刑に処する。これを虐政という。放任しておいて成績をやかましく言う。これを暴政という。ゆっくり命令を出しておいて、実施を急がせる。これをだまし打ちという。官物を支給するのを自分の私物を与えるような顔をして、出来るだけ値切る。これを官僚主義という(『全集四』一〇四頁参照)。

499 子曰。不知命。無以為君子也。不知礼。無以立也。不知言。無以知人也。

㊟子曰く、命《めい》を知らざれば、以て君子と為すなきなり。礼を知らざれば、以て立つなきなり。言を知らざれば、以て人を知るなきなり。

㊥子曰く、天命の存在を悟らなければ、学問をした君子とは言えない。礼を学ばなければ独立できない。物の言い方、聞き方を知った上でなければ、人物を見分けることができない（『全集四』一〇一頁参照）。

後　語

私は経書を読むたびに何時も感ずるのだが、経とその注釈とは必ずしもぴたりと一致するものでなく、一応は別物なのである。だから経は経、伝は伝、注は注、疏は疏で、それぞれに独立した書物である。注釈家は本文に対して従属的な態度をとりながら、根本においては注釈家としての権利、その固有の立場を留保している。

これは歴史事実の上でも同様である。中国の忠臣というものは、日本で言うような滅私奉公を理想としてはいない。ちゃんと自己の個性を守り、個性を守る立場において忠義を尽すのである。もし私を滅するくらいならば、大勢に順応して明哲保身の術を選び、自身を危険に暴すようなことはしないだろう。だから例えば鄭玄《ていげん》は決して孔子に対する無条件な忠臣ではなく、強い自己主張をもっている。既にある程度、経典に対して貢献する所があったならば、今度は同じ舞台を利用して、自分自身の学識をひけらかす権利があることを主張する。論語の本文以外にこれだけ余計なことを盛りこんでみせたぞ、というのが自慢の種であったようだ。鄭玄注という個人の名を出す以上、むしろそうすることが当然なのである。だから例えば経典の本文に誤字があったりすると、むしろその誤を楽しむ風さえ見える。誤があれば解釈不能なはずだが、その不可能を可能にして、自己の力量を世に認めさせようとりきむのだ。朱子が四書の註を書く時も同様で、経典本文と矛盾しない範囲においては、理気の学説をその間に持ちこんでも何ら疚しい所はないのだ。このような操作が繰返されるたびに、経典の内容が知らず知らず変質してくる。論語の原文と、鄭玄ら訓詁学者の解釈と、朱子の理気の学説とが癒着して凡てが渾然たる一体となってしまう。私の研究はこうして出来た合成物を、それぞれの物質に選り分け、どこまでが原形で、どれだけが後からの附着物かを見極めようとした。これはもともと清代考証学者の狙いであったはずであるが、彼らはその途中、漢代まで遡ったところで停滞してしまった。実はそれから先き、まだ訓詁学者の手にかからなかった時代、原始儒教の時期の経書の読み方がどうであったかが、私にとって一番大切な問題であったのだ。

私は論語の注釈家になるつもりはない。だから私はもちろん、孔子の忠臣でもなく、一方また注釈の中に自分個人の意見を混えて世に拡める考も持たない。私は論語を歴史的に観察しようとする。極めて分りやすいはずの論語が、意外に分りにくい形で我々の前に現われているのは、古い中味と古くない外皮とが一体となっているからである。この分りにくくなったテキストのために古来どれだけの研究者が、どれほど無駄な労力を強いられたことであろうか。数千年間読まれてきた古典は、いかに時代が変ったからと言って、一ぺんに読まれなくなるはずはないであろう。その将来の研究者に再びこの無駄な精力の浪費をさせたくない、というのが私の念願である。

もっとも分りにくい文章も多少役に立つ面もある。それは頭脳の訓練ということだ。ある原文について、これまでの注釈家は、訓詁学者を初とし、あらゆる可能性を検討した上で、いちばん興趣のありそうな解釈を採用したらしい。あまり分りやすい解釈は平凡すぎるとして棄てられたのである。そこでその後の研究者は一ひねりも二ひねりもした解釈を見せられて、これは何というむつかしい解釈だろうかと、その真意を汲むに呻吟させられ、それが頭脳の体操になったことは事実であろう。

しかし現今は時代が変った。もはや経書を読むことが学問の最大目的ではなくなった。為すべきことは外にいくらもある。もはや頭の体操のために経典を読む時代ではない。むしろ不自然な古典の読み方のために、自然な頭の働きをこわしたり、思考方法を傷けられぬよう注意しながら、限りある時間でなるべく多くを読みおわることが要求されているのだ。古典を能う限り読みやすくして後世に伝えることが、現今の我々研究者に課せられた義務と言うべきであろう。

従来の研究は経典を読むには、本文に誤がないものと定め、勝手に手を加えてはならぬことが暗黙の了解となっていたようである。いまその枠を取り去ってしまうのは、土俵の俵を撤去するようなもので、それではどんなことでも言えるではないか、という非難が出るかも知れない。これに対して私は答える。実際にやって見ると、そうやすやすと、どんなことでも言えるものではないのである。それにはコロンブスの卵の話を思い出してもらいたい。私は決してでたらめな研究法を提唱しているのではない。そもそも研究に対してその自由を拘束する枠などいうものはあるべきでないと気がついたのである。思えば私が最初に論語を読んだのは、旧制中学校の五年生の時で、それから既に五十年以上を経過している。この頃になって漸く、経典研究には凡ての枠を破るべきだと公言する自信がついたのである。そしてその点がいささか自慢になる功績だと自負しているのである。

論語の研究についてだけ言っても、これから先き、如何にしたらば現行本を古論、魯論、斉論の三部に分解できるか、孔子以後附加された部分は何時まで時代が下り得るか、その他重要な問題が残されている。更に他の経書についても、本来の読み方はどうであったか、その本来の性質如何、その儒教化の過程はどんなにして行われたか、などが考究さるべきであろう。そして私の論語研究法が次の世代の研究者に多少の益あるべきを期待する。それは必ずしも日本人ばかりとは限らない。というのは学問の研究には凡ての枠を打破る必要があるという趣旨に、すぐ素直に同感が得られそうなのは案外、外国の学界ではないか、という気がしてならぬからである。

著者による関係論文一覧

「東洋史上に於ける孔子の位置」(『東洋史研究』第四巻第二号、一九三八年。のち『アジア史研究』第一、一九五七年、に収録)〔宮崎市定全集第三巻、以下全集と略記所収〕

「孔子在東亜史上的地位」蘇民生訳(『北京近代科学図書館館刊』六、一九三九年)〔右論文の中国語訳〕

「津田左右吉著『論語と孔子の思想』批評」(『東洋史研究』第十巻第一号、一九四七年)〔全集第二十四巻所収〕

「宋学の論理」(『東光』第三号、一九四八年。のち『アジア史研究』第三、一九六三年、に収録)〔全集第十巻所収〕

「四書考証学」(『石濱先生還暦記念論文集』一九五二年。のち『アジア史研究』第四、一九六四年、に収録)〔全集第十七巻所収〕

「儒学の革新」(角川版『図説世界文化史大系』十七「中国Ⅲ」一九五九年。のち『アジア史研究』

第五、一九七八年、に収録）〔全集第十二巻、「宋元時代」に所収〕

「中国古代における天と命と天命の思想」（『史林』第四十六巻第一号、一九六三年。のち『アジア史論考』中、一九七六年、に収録）〔全集第三巻所収〕

「論語と孔子の立場」（『西南アジア研究』十四、一九六五年）〔全集第二十四巻所収〕

「学而時習之」（『季刊東亜』一〇三、一九六八年。のち『中国に学ぶ』一九七一年、に収録）〔同前〕

「論語の解釈について」（『古代学』第十六巻第二—四合併号、一九六九年）〔同前〕

「論語の新しい読み方」（『図書』二三九—二四一、一九六九年）〔同前〕

「中国思想の特質」（『岩波講座　世界歴史』月報十三、一九七〇年）〔全集第十七巻所収〕

「呉虞『家族制度為専制主義之根拠論』訳解」（『中国文明選』11「政治論集」一九七一年）〔全集別巻、「政治論集」所収〕

「論衡正説篇説論語章稽疑」（『東方学会創立二十五周年記念東方学論集』一九七二年。のち『アジア史研究』第五、一九七八年、に収録）〔全集第三巻所収〕

「論語を読んだ人たち」（『思想』一九七四年六月）〔全集第二十二巻所収〕

『宮崎市定全集』第四巻自跋

私が初めて『論語』を教科書として学習したのは大正七(一九一八)年の時である。当時私は旧制中学五年生であったが、この五年目は新制により当年で廃止となり、同時にこの年から中学は四年卒で高校へ進学でき、旧五年を経た者と権利は全く同じというから、人をバカにした制度改革であった。何の代償もなく中学五年目を取消した、頗る不公正な政府の仕打であった。しかし当時にはそんなことに抗議する風習もなく、中学生一学級の生徒数は少数にすぎず、みんな集めてみてもそう大した勢力にはならなかったであろう。そこでこんなことを宣言する損な役を引受けた飯山中学校では、一年くらいの損は覚悟せよ、その代りに何物にも換えがたき宝『論語』を贈物にするぞよ、といった態度で教科書として与えたという次第。

この種の古ぼけたお座なりの『論語』に関する箴言《しんげん》の中にも、時には芽を吹いて、本当に倒産した家財を再興したり、なまくら人間が魂を入れかえたりする原動力になったりする話を聞く。そこで私の場合、何と言っても『論語』の研究について最初の着手は、この旧制中学の授業であるから、何かそこに逃れられぬ運命でもあって、私に『論語』研究を命じたかのような造り話も出来ていいかも知れぬが、しかし私自身の自覚の中にはそのようなものが一向に出てこない。旧制中学時代の『論語』の学習は私の中を全く素通りしてしまったように覚える。

高等学校に入って私は再びこの『論語』と邂逅することになった。二回生の時、受持の安藤円秀教授が『論語』を始めから省略なしに読んでみようと提案したのである。各自は四書集註の『論語』の部を教科書として宛がわれた。

『論語』が教科書になることは、春休み以前から分っていたので私は、その間、自家の土蔵の中にある父の図書を検査して、そこに根本通明《みちあき》著『論語講義』(早稲田大学出版部、一九〇六年)を発見した。

根本通明(一八二二―一九〇六年)は幕末明治の漢学者。安政五(一八五八)年に秋田藩校明徳館の教授、ついで学長となり一藩の文教を掌った。初めは程朱の学を修めたが、のちに古説訓詁の学を修め遂に清朝考証学派となり、明治六(一八七三)年に東京に出た。二十八(一八九五)年に文科大学(東大文学部)漢学科の講師、翌年教授となり、死の前年に八十四歳で休職となるまで十年に亘り教壇に立った。また武道に嗜み深く、宝蔵院流槍術の達人としても聞えた。

本を覗いてみると、題名のように講演筆記であるから、いたって分り易く書いてあるらしい。そこで本気になって読み出して見ると、『論語』という本は、そう単純な出版物ではなく、色々な問題を抱えていることが分った。そうなってくると此方もそこへ頭をつきこんで、分るだけは分ってみたい気になった。

頁四十一は『論語』の本文批判の中で、あるいは命取りにもなりかねない、本文脱誤の問題を取上げている。学而篇の終に近い所で、普通本には「貧而楽」とある所が、この本では「貧而楽道」となっている。

根本博士が自ら称する所では、王仁《わに》以来最も古い信用すべき写本を持っているので、それによって現行の宋元以来の官刻本の誤謬を片端から訂正して、信ずるに足る古論語を造りたい、というにある。ただこの古写本とは、博士が特に秘蔵して誰にも見せないから、それを推察するのは困難であるが、恐らく唐代あたりの古写本の一部で、また確かに博士の指摘する個所は、唐代写本のいう所と合致しているという。

二つの文章を読みくらべて見るに、文章そのものについては、根本本が断然勝っている。

貧はしていても、常に人の道に従い、外れたことはしません、と言明するのである。これに対して集註本、貧にして楽しむだけでは百辞、千句を加えなくては、まとまった意味に到達しない。読みついで来た私はここに来て、此処だ！ と決心した。その他の所でも根本本が指摘する集註本の疑問個所は大むねその言う通り正鵠を得ている。それに根本博士は単なる講釈師でなく、それが時々洩らす格好のいい慠語がよい。

安藤教授の論語の時間、例の「貧而楽」の場所に差しかかった時、一番前列にいた私が、思わず、この本は間違っている、と発言したそうである。時の松本高校は新建匆々で図書室も貧弱で、根本論語さえおいてない。教授はしかし特にそれを買求めて、公平に私のためにも捌《さば》きをつけて下さった。但しこの裁《さば》きというものが宗教の下ではあまり公平さを発揮しない。宗教では自派の悪口を言うを許さない、もしその採用する教科書が間違っていることが分っていてもそれを訂正することをせぬ。それは単に二種のテキストが偶然に存在したことにして、いずれかを誤、いずれかを正しいと判断を下すことをせぬ。私の場合も恐らくこのような戦術で、どちらも正しいという結論に落付いたことであろう。この辺私の記憶はあまり確かに覚えていない。しかし先生の読んでいない本を読んでいたということで有名になった。

この時代になると学生も悧巧になって、将来役に立つ語学や法律は真面目に勉強するが、国語漢文など古臭いものは、さわらぬ神にしてただそっとしておく。ところがずっと山間に育った私は、学校の所定課目はみな同列と考えて公平に時間を割いて学習に宛てたから、漢文についての実力もある程度進歩していたらしいのである。高校生になって一年生の頃、口語体の『三国志演義』石印本を手に入れ、夕方から風呂焚きの番のかたわら、何の気なしに頁を繰っていると、どうもそれが自分にも読めそうな気がする。何と言っても漢字はもともと日華同源、一字のもつ意味は大半共通である。そこで本気になって頁に向うと、不思議なことに大体の意味だけは分る。話の筋はもう知っているので、筋を追うて行くと、その漢文の表現法が分ってくる。だんだん本気になって、とうとう『三国志演義』を読み終えたというよりも、筋を辿《たど》り終えた。これが私を段々深みに引きこんで、とうとう専門の中国史家を造り上げてしまった。私本来の志望を申せば、政治家でなければ政治記者、とにかく派手な所を覗っていたのであった。これは家が貧乏であったからその反動として、賑やかな社会にあこがれを持ったためであろう。

私が『論語』について興味を持ち始めた頃、津田左右吉博士が、かの有名な論語研究書『論語と孔子の思想』を著した。この書は題名の「てにをは」を変更することで色々な名になっているが、別に本質的なことではない。本質的な問題は著者が如何なる態度で臨むかである。この点について私は少なからず悲観した。そしてその不満を私としては珍しく雑誌に投載した。

日本では京都で内藤湖南先生のことを賞讃すると、東京では殆んど定って津田先生を持出して対抗しようとする癖がある。ところが両者は学風がまるで違っていて、対照する場所が殆んどないのだ。あれば両者に対する全く別な所での人気の比較ぐらいの所である。

ついこの頃古書目録にこれまでの有名人の全集が列べられてあり、別に比較するともなしに読んで行くうちに色々の感慨が浮んだ。全集も古書になると古書なりの販売価格が自然に定ってくるが、これには色々な条件が伴うから一概に比較は出来ない。例えば出版年月、出版部数、冊数、出版社など、幾重にも絡みあった上で定まるからである。しかしされぱと言って人気などは全く無視できるかというとそうでもない。読書界ほど人気に左右される場所は外にあまりないからである。そこで最後的に言えることは、古書の価格は決して正確に人気を表わすものではないが、さりとて全く無視するわけにも行かぬものだ、ということである。少くも茶呑み会の話題にして結構通ずる。多くの古書目録に掲げる本の価格を綜合すると、津田全集三十三冊にて六万五千乃至八万円、内藤全集は十四冊にて十五万乃至二十万円となっている。

私の『論語の新研究』で新たに提出した課題は、『論語』の読み方、すなわち本文に対する解釈はそもそも誰が考案して、今の形に定めたか、ということである。もちろん儒教側からは昔から定っており、それは孔子であり、孔子の外にはあり得ないのである。しかし、その孔子は責任ある形において名前を表わし、著書を残しておかなかったから、儒教一般を代表した孔子には、何処まで責任を持たせることが出来るかが問題である。

『論語』の初めの方に出てくる言葉に「賢々易色」とあり、これは『詩経』のような古典から採用したに違いないから、「賢々たるかな、蜴《とかげ》の色や」と読むべきで、『論語』の中でも最初はそう読んでいたに違いないのでこの方が最もよく下文に通ずる。然るに何者の老狡ぞ、これを分解して、賢を賢として色に易う、という新解釈を持出した。これでは反って下文との連絡を断絶してしまう。その上、文辞形容の点でも極めて拙劣である。ただ儒教の宣伝には一条でも、一口でも多く教義を宣揚する役に立つかも知れない。しかし結局出入を計算すると、多大のマイナスが生ずると私は考える。さてこの際、このような小細工を孔子自身が発意したとは私には考えられぬ。恐らくその後孔子を笠に衣る小儒老狡の仕業であろうが、さてその真の信奉者はどれほどの数に上るか、その手法の優劣などの点については皆目見当すらつかない。ただ「賢々易色」の場合はその手法があまりにも拙劣なるがためにかえって、当然かくあらねばなるまいという正当な疑問を誘発した結果となったが、このような僥倖は必ず常に存在するものとは限らないのである。

私が『論語』に対してとった態度は、先ずその最も古い形式、解釈を探すことである。たとえ『論語』が如何様に読まれても、最も古い形と言えば一つに限られる。そこを出発点として、その後の解釈の変化などを追っているうちに、そこに極めて模糊としてではあるが、孔子を含めたいわゆる儒家の団体の作業が、朦朧として姿を現わすのである。

私の津田論語に対する批評は、一九四七年『東洋史研究』第十巻第一号に掲載された「津田左右吉著『論語と孔子の思想』批評」〔『宮崎市定全集』第二十四巻所収〕で、どこにもある雑誌だが誰も読んでくれない。あるいは読んでくれたのかも知れないが、話題として私の耳に届いたことは一度もない。一方、津田論語そのものは時流の方向に合致し、史学、哲学の枠を超えて、各方面文壇の論評の標的に選ばれ、津田の名を見かけぬ論壇を見かけぬほどになった。その折互いに相手の論評をも怠らず、互いに切磋琢磨するはよいとして、この場合も私の小論などは誰の目にも留った形迹がない。もちろん私のような青二才に津田の深奥な哲学が分るものではない、という態度にも理由のないことはない。両者は始めから性質が異って、水と油のようで、話の筋が交叉する点がないのだ。

いわゆる理論家たちの津田史学批判は、我々から見て、いったい何のためか理解に苦しむことが多かった。論争の題目として津田史学が取上げられるが、ただそれだけで真の目的は別にあり、自分たちの学問の吹聴にあるらしいのだ。その多くは共産党員、若しくはその同調者であって、津田史学の是非も、それがどこまで党と共存できるか否かが採点の基準となっている。津田博士は自身が共産主義者などとは申されず、そこが問題の出発点となり、共産主義者ではないが立派な理解者であるとするのと、やはり共産主義とは異質で、従って危険なものだ、という二つの方向に向って議論が進められる。ただそれだけのことだから、最後の採点にかかって、共産主義者ではないが、よく共産主義を理解し同情すること党員と変らない、という甲上の採点が下ろうと、始めから共産主義と関係ない真っ白な資本主義者で、ただ共産主義の語彙を振り回しただけだ、という丙丁の評価に終ろうと、津田史学にとっては、始めから何の関係もない他所事《よそごと》だとして平気で居られるわけだ。

かえって本当に一所懸命なのは、評論家自身である。よほど共産主義を勉強したつもりでも、理解が足りない、誤解があるなどと上級者から指摘されると、もうその座に居られなくなり、少くも以後の評論には誰も相手しなくなるからだ。結局津田史学批判とは言うものの、評論者自身の学の見せ所以外、何の意義も持たないことが、次第に分ってきた。評論というものが、元来そういうものかも知れない。

津田史学論評に対する最後の打撃は、津田博士が文部省方面と妥協した、という新しいニュースが入ったことだ。これをしも津田博士の裏切りだなど称するのは笑止の至り。誰も何も津田史学批判をお願いしたことはないはずなのだ。それにしても紆余曲折の末、文化勲章とはお目出たい限り。これなどは日本における評論家というものが、如何に無益な空論で大騒ぎするかの好例となったのみである。しかし我々としては本当の史学家として、津田史学の価値を認識しておく必要がある。それでないと、後に続いて『論語』を問題とする足場になり得ないからだ。そしてどうやら津田史学では次の研究段階に入る時に利用したくても危くて、とてもそれが出来ぬことになりそうな気配が濃厚なのだ。

時まさに無責任言論の黄金時代。たしかに第二次大戦における独・日の敗北は、連合国側の主張が正当であったかの証拠のように思えた。特にその中でも共産主義は、ひとえにこれ共産主義の予言が的中し、世界が共産主義と共に進化するものだ、と宣伝し、世人はこれを否定する理由をもたないと共に、共産側に同調するのが最も賢明であるかの如く思われた。これまで過激派と言われて敬遠された共産主義が今度はいずれよりも真理と思われてきた。スターリンは世界の帝王を以て任じ、その前に跪《ひざまず》くことが当然と思われた。日本にもスターリン崇拝が流行して若者たちの心を捉えた。祖国ソビエトと公然唱道しても誰も怪しまなくなった。

その幸福感に浸っている日本共産主義にとってただ一つ欠けたるものがあった。それは日本を代表するに足る公正なる第三者から、共産主義は確かに真理である、と証言してもらうことであった。それまで共産主義は自己の造りたる共産同志圏の中で言論し、日本全国民からは特殊人と思われがちであった。それをこの際この枠を破って、日本共産主義は公正なる知識人からも、真理集団として認知を受けなければ、将来の発展はおぼつかなしと考えられたのである。そこで最も早くこれを実現するには日本一公正で、まだ共産化していない中立知識人を探し出して、この役を演じてもらうことである。こういう折しも第三者の中で最も公正なる知識人としての選に入ったのが津田博士であった。

このような人選は決して間違っていない。博士はその非戦主義を堅持して、理論界でも殆んど全く孤立しながら、政府や右翼の圧力に屈することなく、自己の信念を守ってきた稀にみる剛毅の士であったからである。だから共産主義者としてでなくても自己の仲間に迎えいれることが出来れば、どれほど陣営強化に役立つか知れない。このような動きは博士の『論語と孔子の思想』の出現によって一層高められてきた。

しかしどうして『論語と孔子の思想』だけが津田博士の代表作のように持ち上げられるのか、その理由が分らない。津田博士の専攻は本来は国文学で、白鳥博士の影響を受けて中国学に関係をもつようになったと言っても、それが本来の専門の国文学を上回るほどとは思えない。実際にその『論語と孔子の思想』を読んで見ても、ここぞと思われる箇処は発見しにくい。この書は、殆んど何も新しいことを教えない。それもそのはず、博士の研究には分析が全然ないからだ。津田博士の『論語』の読みは、従来の集註本そのままである。

この間にあって京都では内藤湖南博士が、新しく『論語』の研究を始められた。博士は古典研究には須らく本文批判より入るべしとの主張のもと、『論語』もまた同列に入る。本文批判には分析が必要であり、分析が根底にあってこそ本文批判が有効さに疑いをもたれない。ところで内藤博士の論語分析はその篇目の考証から始まった。『論語二十篇』、これが孔子直筆の著書でない限り、その成立、若しくは編入について先後があるはずである。何の篇が最も早く成立して、現今の『論語』に似た形式をとり、弟子たちが伝承して後世に伝えるための原本としたか、その中の最も有力な弟子は誰であったか。恐らくこれに対立するような原本が別々に現われて、互いに優劣を競ったことも考えられるが、それが何時頃になって妥協が功を奏して、現今のような『論語』になったか。それらの事柄が明かにされれば、ここに原始儒教の発達が大体迹づけられることになり、儒教史の根本が定まる。なるほど確かにその通りであり、我々も大なる期待を抱いたのであったが、但し事は仲々理論の通りには運んでくれぬ。さすがの内藤博士の卓見も、別の『尚書』の研究のように、そこから直ちに満足すべき答えが出てくるとは限らなかった。

内藤博士の研究に刺戟され、いたくこの問題に興味をもったのが、博士正系の弟子の第一人者を以て自ら任ずる武内義雄教授であり、その研究の努力は結実して、名著『論語之研究』となって現われた。但し幾分行き過ぎの傾向があることは、私がかつて指摘したところである(「論衡正説篇説論語章稽疑」『宮崎市定全集』第三巻所収)。

私が『論語』に関心を持つに至ったのは前述のように高校生時代からであり、内藤、武内両博士の研究をも深い興味を以て迎えたのであるが、私は更にこの後を受けて同じような方法で研究しようという気にはなれなかった。私の脳裏には何故か根本博士の『論語講義』がこびりついていて離れない。よく考えてみると、博士の学は、正統的な清朝の考証学のやり方に近く、古典を研究するには、先ず徹底的に本文の意味を究明する所から始めるのである。私も『論語』を読む度に、現今の朱子学者はもちろん、古い時代の解釈家が果してどれほど良心的に、学問的に実行したかについて疑問を抱いた。そこで何か別に解釈の方法があるのではないか、という謀叛気が絶えずあり、それがかえって私に『論語』への関心を益々深める結果となった。そして折々に気付いた点を、いわば日知録風に書きためたものが相当の分量に達した。そこで停年を前にした頃になって一度講義に使ってみたい心持になり、遂に実行に踏切ることになった。そして私の公開さよなら講義にも敢てこの題を採用した。

当時現役の教授として吉川幸次郎博士も居られ、博士は忠実なる儒家の継承者を以て任じ、私のような異端には与《くみ》せられないことも分っていた。そしてごく側近者には不満を洩されたことも聞知していたが、但し私がそれに対し反駁を加えるとか、討議を求めなければならぬような事には遂に運ばなかった。そこで私は私として知らぬ顔をして押通すという形で今日まで続いて来ている。

『論語の新研究』が出ると、思いがけない方面から、支持や激励の言葉を頂き、読者とは何と親切な人たちが多いものか、今更ながら感激の極みである。しかし『論語』の研究はこれで終ったのではない。『論語』はやはり儒教の教科書として儒教と並行して論ぜらるべきである。そして『論語』の読み方がそのまま当時の儒教のあり方として理解して然るべきである。私は決してこの事実を忘れたのではないが、如何せん、老齢と健康不安の故に、この新しい題目に向って、改めて突進する勇気は持合わせていないのは遺憾の極みである。

一九九三年六月

宮崎市定

解　説

礪波　護

本書『現代語訳　論語』は、東洋史家の宮崎市定(一九〇一・八・二〇—九五・五・二四)が、数え年七十四歳の一九七四年に岩波書店から上梓した、第一部「歴史篇」第二部「考証篇」第三部「訳解篇」の三部からなる、『論語の新研究』の第三部を文庫化したものである。『論語の新研究』が出版されて以来、しばしば谷澤永一によって、「初めて現代人の心臓の鼓動に合う、現代語訳の論語」と推奨されて、〈宮崎論語〉と称されてきた名著が、ここに簡便なかたちの岩波現代文庫に入って、新たな読者をもつのは、親本ができあがる過程を側近くで見てきた門弟として嬉しい限りである。底本には『宮崎市定全集4　論語』(岩波書店、一九九三年八月)を用い、全集の巻末に付された「自跋」も併載された。

『論語の新研究』が出版された直後、宮崎が『朝日新聞』(七月二十七日)の〈近況〉欄に、「長年の懸案解決」と題して昨年の七夕の日に手を離れた原稿『論語の新研究』がようやく岩波書店から出た。あえて「新」と銘打った理由は、それが経書であるから、聖人の話であるからと言って特別扱いせず、また訓詁学であるからと言って、その説を頭から信用してかかることをせず、私自身の研究態度を貫いたつもりだからだ。

と書いている通り、儒教の開祖である孔子の言行録『論語』を、聖典であるからとして特別視せず、ほかの古代文献に対するのと全く同じように、史家の態度で読み進めた成果なのであった。同僚であった吉川幸次郎の訳注『論語』が中国文明の伝統の中での解釈を忠実に伝えんとしたのに対し、宮崎は歴史的人物としての孔子の思想の本来の意味を明かにしようと努力したのであって、どちらの立場も大切であることは言を俟たない。

『毎日新聞』(八月十二日)の〈わたしの新刊〉欄には、五年間『論語』とにらめくらのすえ、書き下ろした新著は、随所に新説を盛り込んである、と紹介した後、「会心の訓みといえば、〈回や、其心(そのこころ)三月、仁にたがわず〉と古来、読まれてきたところですね。〈其心〉と二字に分かれていたのを〈甚〉(教エル)と一字に改め、〈回や、教うること三月にして仁にたがわずなりぬ〉顔回は三月で仁の道(儒教最高の徳目)を会得してしまった、と訓みました。まず古今を通じてだれもいったことがないでしょう」という宮崎の談話を伝えている。

「著者による関係論文一覧」からも分かるように、孔子と論語に関する宮崎の最初の論考は、一九三八年十二月に『東洋史研究』第四巻第二号に発表された「東洋史上に於ける孔子の位置」(宮崎『論語の新しい読み方』所収)であって、ただちに「孔子在東亜史上的地位」と題して中国語に訳された。それは二年半におよぶフランス留学から帰国した直後に執筆されたもので、その参考文献には掲げていないが、聖書解釈の歴史に一時期を画した、フランスの言語学者であった宗教史家エルネスト・ルナンの『イエス伝』(一八六三年刊)の研究法を強く意識したものであったことは明かである。明晰、流麗な文体で有名な伝記の第一章は「世界史上に於けるイエスの位置」と銘打たれていた。

その後の宮崎は、制度史や社会経済史の領域で活発に論陣を張ることに忙殺され、一九四七年に津田左右吉の『論語と孔子の思想』の手法に対して不満を表明する書評を認めはしたものの、論語と本格的に立ち向かうのは、還暦をすぎた頃であった。京都大学の停年を前にした一九六四年度の文学部東洋史の学部生の演習の題目として「論語」をとりあげた。大学院生であった私も、出席した。いっしょに受講した教室の後輩で、今や文筆家としてハワイで活躍中のハロラン芙美子さんが、『宮崎市定全集』の第十五巻『科挙』に挿入された月報15に、「シムノンと論語」と題して、当時の雰囲気を彷彿とさせる文章を寄稿しているので、引用しておこう。

宮崎市定先生の「論語」の演習といえば、三回生の私達にとってはこわい時間であった。戦後の学校教育のせいで、漢文は高校に入ってはじめて習いだしたという学生ばかりだったから、予習はしばしば半徹夜であった。

初冬の寒い日、石造りの教室で待っていると、廊下の暖房ラジエーターのかすかな音にまじって、遠くから先生の靴音がこつこつとひびいてくるのをみんなが息をつめて聞いていた。次々と指名される学生の答が満足のいくものであれば、先生は「え」と一言、おっしゃる。そうでなければ、その「え」がいつまでも出てこない。その沈黙は、永遠かと思われるほど長かった。

先日、東京に帰り、久振りに大学時代の同級生達と集った時、先生の論語のクラスの思い出話が出た。その一人によれば、予習してきた成果を述べると、先生は「それは〇〇という学者の解釈です」、「あ、それは〇〇教授の説です」と片端から見破られ、「君はどういう意味だと思いますか」と問われ、いつも苦しんだそうだ。

私達のクラスは、宮崎先生が退官される前の一年間、先生の教えを受けただけである。それにもかかわらず、先生の思い出がかくも強烈であることには、教育という行為の恐ろしさが現れている。

この月報にはハロランさんとともに、考古学の小野山節の文章が寄せられたので、一九二五年十二月の京都大学文学部陳列館前での集合写真を掲げた。その〈陳列館職員による宮崎副手入営壮行会〉というキャプションから分かるように、若き日の宮崎は考古学の濱田（青陵）耕作からいたく嘱望されていた。宮崎の古代史研究法は、内藤（湖南）虎次郎の〈文献学〉と、ロンドン大学のエジプト学者ペトリーに師事した濱田の〈考古学〉を、併せ継承したものであった。宮崎が「中国城郭の起源異説」（一九三三年）で紙上考古学からえた結論と称して、中国の古代にもギリシアと同じような都市国家が存在したという説を世界で初めて提唱した時、面白いことをいうとして賞めたのが、濱田なのであった。

フランス留学を了えた宮崎がアメリカ経由で帰国したのは、京都大学総長在職のままに急逝していた濱田の大学葬の直前で、式には列席できた。それから二十年の歳月を閲し、『濱田耕作先生追悼古代文化論攷』への寄稿を求められた宮崎は「『論語』の解釈について」を仕上げ、文末に（昭和43年11月稿）と記した。この論文の序論と結語に当たる部分は、「私の論語解釈と濱田先生」と改題し、随筆集『独歩吟』（岩波書店）に収録された。

割愛した本論は、学而篇の賢賢易色の章、泰伯篇の曾子臨終の章、顔淵篇の君君臣臣の章の三節からなる。中でも最初の学而篇の子夏の言葉とされる「賢賢易色」以下の文を、従来は「賢を賢として色に易えよ」と訓んでいたのを退け、この四字は詩経の逸文と見做し、「賢賢」はオノマトペア、「易色」とは原義どおり蜥易《トカゲ》の色と解釈するのが自然である、と述べた。かくて「子夏曰く、(詩に)『賢賢たるかな易の色や』ということあり。蜥易は境遇に応じて、身の色を変えることをいう。(人もそのように)父母に仕える時は、その力のありたけをつくし(て孝子となり)、君に仕える時はその身を投げ出して勤め(て忠臣となり)、……蜥易の徳にそむかぬ」という見事な新解釈を提案していた。

この現代語訳では全体に通し番号がつけられていて、「その番号は必然的に、同じ立場に立つ魚返善雄氏の『論語新訳』のそれと一致する」と述べている。魚返の『論語新訳』とは、一九五七年五月に学生社新書29として出版された魚返善雄訳『「論語」新訳』のことで、宮崎の没後、書斎に残されていたのの全ページに、朱筆と青インクによる極細字の厖大な書き込みがあり、これを傍らに置いて現代語訳を書き進めたことが判明した。

本書の巻末に収めた全集の自跋は、数え年九十三歳の時点で書かれ、『論語の新研究』

を執筆するまでの経過を知ることができる。ただし、文章の流れに、宮崎らしい迫力がないことに気づかれるであろう。実は、次の配本であった第十六巻『近代』の自跋の末に、この年の一月十七日に心不全で入院し、二月中から三月初にかけて、最大の危機に直面すること再度、家族も覚悟して、葬儀屋と連絡を取る羽目に追い込まれたが、全く奇跡的に立ち直って、六月十日に退院することが出来た次第を書き綴っている。そして、

自跋の執筆の如きもその一であるが、如何せん現状の下では空しく恥を暴す結果になりはせぬかと虞れる。着想はもちろん筆力も低下し、時には文を成さぬこともあって、読者は直ちにそれを看取されることであろう。数々の至らざる点は、病床よりの発信として、大めに見て頂くより外はない。

とわざわざ断り書きし、(一九九三年七月)の日付をつけていたのである。

ちなみに、宮崎は九死に一生をえて五カ月ぶりに退院した当日、なんと出迎えた家族の方といっしょに、タクシーで肉料理のスエヒロに駆けつけ、大好物のビフテキを平らげたそうで、この食欲旺盛さこそ、宮崎の強靱な筆力の源泉だったに違いない。

(京都大学教授)

本書は、『論語の新研究』(一九七四年六月、岩波書店刊)の「訳解篇」である。底本には『宮崎市定全集』第四巻(一九九三年八月、岩波書店刊)を使用した。

現代語訳 論　語

2000年5月16日　第1刷発行
2010年12月24日　第13刷発行

著　者　宮崎市定《みやざきいちさだ》

発行者　山口昭男

発行所　株式会社 岩波書店
〒101-8002 東京都千代田区一ツ橋2-5-5

案内 03-5210-4000　販売部 03-5210-4111
現代文庫編集部 03-5210-4136
http://www.iwanami.co.jp/

印刷・精興社　製本・中永製本

ISBN 4-00-600017-0　　Printed in Japan

岩波現代文庫の発足に際して

新しい世紀が目前に迫っている。しかし二〇世紀は、戦争、貧困、差別と抑圧、民族間の憎悪等に対して本質的な解決策を見いだすことができなかったばかりか、文明の名による自然破壊は人類の存続を脅かすまでに拡大した。一方、第二次大戦後より半世紀余の間、ひたすら追い求めてきた物質的豊かさが必ずしも真の幸福に直結せず、むしろ社会のありかたを歪め、人間精神の荒廃をもたらすという逆説を、われわれは人類史上はじめて痛切に体験した。

それゆえ先人たちが第二次世界大戦後の諸問題といかに取り組み、思考し、解決を模索したかの軌跡を読みとくことは、今日の緊急の課題であるにとどまらず、将来にわたって必須の知的営為となるはずである。幸いわれわれの前には、この時代の様ざまな葛藤から生まれた、人文、社会、自然諸科学をはじめ、文学作品、ヒューマン・ドキュメントにいたる広範な分野のすぐれた成果の蓄積が存在する。

岩波現代文庫は、これらの学問的、文芸的な達成を、日本人の思索に切実な影響を与えた諸外国の著作とともに、厳選して収録し、次代に手渡していこうという目的をもって発刊される。いまや、次々に生起する大小の悲喜劇に対してわれわれは傍観者であることは許されない。一人ひとりが生活と思想を再構築すべき時である。

岩波現代文庫は、戦後日本人の知的自叙伝ともいうべき書物群であり、現状に甘んずることなく困難な事態に正対して、持続的に思考し、未来を拓こうとする同時代人の糧となるであろう。

（二〇〇〇年一月）

岩波現代文庫[学術]

G197
源氏物語
大野晋

五四巻の物語が巻数順に執筆されていないことは、何を意味するか。ほのかな言葉遣いから主題の展開をどうつかむか。画期的源氏論。〈解説〉丸谷才一

G198
国際政治史の理論
高橋進

権威主義体制、開発独裁、国家の生成と機能、古典的権力政治、帝国主義という五つのテーマについて、長年の研究を集成する。

G199-200
明治精神史(上)(下)
色川大吉

大学紛争が全国的に展開し、近代の価値が厳しく問われた時代に刊行され、大きな共感をよんだ、戦後歴史学・思想史の名著。〈解説〉花森重行

G201
スルタンガリエフの夢
——イスラム世界とロシア革命——
山内昌之

ロシア革命がはらむ西欧中心主義の限界をいち早く見抜いていたスルタンガリエフ(一八九二—一九四〇)。その「ムスリム民族共産主義」を詳説。〈解説〉中島岳志

G202
定本 日本近代文学の起源
柄谷行人

明治二十年代文学における「近代」「文学」「作家」「自己」という装置それ自体を再吟味する。古典的名著を全面改稿した決定版。

2010.11

岩波現代文庫[学術]

G203
新版 地球進化論
松井孝典

いかなる偶然によって、地球は生命を育む天体となりえたのか。地球の起源、海の誕生、大気の進化など、近年の研究成果を踏まえ考察する。

G204
民衆の大英帝国
—近世イギリス社会とアメリカ移民—
川北 稔

一七・一八世紀イギリス社会の貧民層にとって、帝国の形成は何を意味したか。人の行き来の側面から大英帝国をヴィヴィッドに描きだす社会史。

G205
自我の起原
—愛とエゴイズムの動物社会学—
真木悠介

生命史における「個体」発生とその主体化の画期的意義とは何か。遺伝子理論・動物行動学等の成果から「自我」成立の前提を解明する。〈解説〉大澤真幸

G206
近代日中関係史断章
小島晋治

アヘン戦争以後の日本と中国の歴史がどのようにからみあい、両国国民はお互いをどう認識したかをさぐる比較近代思想史の試み。

G207
広告の誕生
—近代メディア文化の歴史社会学—
北田暁大

広告とは何か。日本近代のメディア・消費文化の生成から検討し、その社会的意味と「ねじれた」政治性を浮き彫りにする力作論考。〈解説〉遠藤知巳

2010.11

G208
私はどうして私なのか
―分析哲学による自我論入門―
大庭　健

自分がいる、とはどういうことなのか？「私」とは何？「あなた」がいて「私」がいる意味を、分析哲学の手法で鮮やかに検証する。

G209
マッド・マネー
―カジノ資本主義の現段階―
スーザン・ストレンジ
櫻井公人
櫻井純理
髙嶋正晴　訳

世界金融危機をどう認識するか。前著『カジノ資本主義』でカジノ化した市場に警鐘を鳴らした著者が、「マッド」になった市場を告発する。

G210
新版 ディコンストラクションⅠ
J・カラー
富山太佳夫
折島正司　訳

気鋭の文芸理論家が、テクストの理論、読書行為論、フェミニズム論等を中心に、思想・哲学の最新配置図を描いた現代思想の名著。

G211
新版 ディコンストラクションⅡ
J・カラー
富山太佳夫
折島正司　訳

脱構築の思想でテクストの独自な論理を解読し、メルヴィル等の文学作品やフロイトを具体的に批評する。ポスト構造主義の必読書。

G212
江戸の食生活
原田信男

大繁盛した大都市江戸の食べ物商売、武士の日記にみる日々の献立、肉食の忌避とその実態など、食から近世に生きる人びとの暮らしと心を探る。〈解説〉神崎宣武

岩波現代文庫［学術］

G213
イエス・キリストの言葉
―福音書のメッセージを読み解く―
荒井献

イエス・キリストの言葉は、現代においてどのような意味を持っているか。それぞれの福音書記者の立場や時代背景にそって読み解く。

G214
国民の天皇
―戦後日本の民主主義と天皇制―
ケネス・ルオフ
木村剛久
福島睦男 訳
高橋紘 監修

皇室の行動様式は戦後いかに変容したか。現天皇即位後の二〇年、象徴としての天皇制がいかに推移してきたかを歴史的に考察する労作。〈解説〉原武史

G215
日本国憲法の誕生
古関彰一

現憲法制定過程で何が問われたか。ＧＨＱ側、日本側の動向を解明する。現憲法に対する立場の違いを超えて、憲法を学ぶ人々にとっての必読書。大幅に加筆。

G216
家父長制と資本制
―マルクス主義フェミニズムの地平―
上野千鶴子

階級闘争でも性解放運動でも突破しえなかった、近代資本制社会に特有の抑圧構造を明快に分析する代表作。

G217
セクシィ・ギャルの大研究
―女の読み方・読まれ方・読ませ方―
上野千鶴子

もの欲しげな目に半開きの唇、しなりくねらせた肢体。世に流布するお色気広告を、ズバリ分析！　キケンで快感いっぱいの処女作。

2010.11

G218
近衛文麿
―教養主義的ポピュリストの悲劇―
筒井清忠

戦前の人気政治家は、戦争の時代にどう向き合ったのか。近衛の栄光と挫折を教養主義とポピュリズムの連関から究明する。待望の現代文庫オリジナル版。

G219
デモクラシーと国民国家
福田歓一
加藤節編

丸山眞男とともに戦後日本の政治学を理論的にリードした著者(一九二三―二〇〇七年)の不朽の政治哲学論集。

G220
〈心理療法〉コレクションⅠ ユング心理学入門
河合隼雄
河合俊雄編

日本で最初のユング心理学に関する本格的入門書。著者の処女作でもあり、河合心理学の出発点がわかる本。〈解説〉茂木健一郎

G221
〈心理療法〉コレクションⅡ カウンセリングの実際
河合隼雄
河合俊雄編

実際のカウンセリング場面で必要なカウンセラーの心構えとは? 著者自らのカウンセリング体験を踏まえて語る心理療法入門の実践編。〈解説〉鷲田清一

G222
〈心理療法〉コレクションⅢ 生と死の接点
河合隼雄
河合俊雄編

人生の様々な転機における危機を、古今東西の神話や伝説などを織りまぜて読み解く、河合心理学の傑作。〈解説〉柳田邦男

2010.11

岩波現代文庫[学術]

G223
〈心理療法コレクションⅣ〉心理療法序説
河合隼雄
河合俊雄編
心理療法の第一人者が、その科学性、技法、諸問題、療法家の訓練から教育や宗教との関連までを考察。〈解説〉山田慶兒

G224
〈心理療法コレクションⅤ〉ユング心理学と仏教
河合隼雄
河合俊雄編
ユング派を学んで帰国した著者が、臨床経験や牧牛図、禅や華厳の世界など、心理学と仏教との関わりを本格的に論じた初めての書。〈解説〉末木文美士

G225
〈心理療法コレクションⅥ〉心理療法入門
河合隼雄
河合俊雄編
心理療法にとって不可欠の様々な事柄について、第一人者がわかりやすく解説した入門書。心の問題に携わるすべての人に役立つ本。〈解説〉河合俊雄

G226-227
ヒロシマを生き抜く(上・下)
―精神史的考察―
R・J・リフトン
桝井・湯浅
越智・松田訳
被爆一七年後に行なった被爆者へのインタビューに基づき、人類への最大の破壊行為の影響、特に、生き残った者の心理的側面に初めて光をあてた記念碑的著作。〈解説〉田中利幸

G228
近代日本の国家構想
―一八七一―一九三六―
坂野潤治
廃藩置県から二・二六事件までを多様な政治体制構想の相剋の過程として描き出す出色の近代政治史論。

2010. 11

G229
国際政治史
岡 義武

東京大学法学部で政治史・外交史を講じた著者が、一九五五年に岩波全書の一冊として著した先駆的で独創的な名著。〈解説〉坂本義和

G230
宇宙誌
松井孝典

古代ギリシャから現代のホーキングまで、二〇〇億光年の時空を天才たちと共にたどる魅惑の知的大紀行。我々はどこから来たのか。

G231
日本型「教養」の運命
—歴史社会学的考察—
筒井清忠

教養主義が衰退した今こそ、教養が輝いていた時代と社会を省察して未来への指針を見出したい。斬新な視角で教養と社会との接点を問う。「再考・現代日本の教養」を付す。

G232
戦後日本の思想
久野 収
鶴見俊輔
藤田省三

〝戦後〟がまだ戦後であった一九五〇年代末、戦争によって混迷に陥った日本人の思想の建直しをめざす白熱の討論。〈解説〉苅部直

G233
トランスクリティーク
—カントとマルクス—
柄谷行人

カントからマルクスを読み、マルクスからカントを読む。社会主義の倫理的=経済的基礎を解明し来るべき社会に向けての実践を構想する。英語版に基づき改訂した決定版。

2010.11

G234
心を生みだす遺伝子
ゲアリー・マーカス
大隅典子訳

ゲノムは青写真ではなくレシピのようなもの。遺伝子が実際に何をしているかを見ることで、「生まれと育ち」の真の関係が明らかになる。

G235
江戸思想史講義
子安宣邦

無自覚に近代の眼差しのもとで再構成されてきた江戸期の思想を読み直し、新たな江戸像によって近代を反照する。「方法としての江戸」の実践。

G236
新編 平和のリアリズム
藤原帰一

冷戦終焉から9・11事件、イラク戦争を経て、日米の民主党政権の誕生までの論考を収める。二〇〇四年の旧版を全面的に再編集。

G237
脳の可塑性と記憶
塚原仲晃

記憶はいかに蓄えられるか。本書は記憶を蓄える場シナプスに注目し、脳の記憶と学習のメカニズムを探求し続けた著者の遺著である。〈解説〉村上富士夫

G238
転校生とブラック・ジャック
—独在性をめぐるセミナー—
永井均

「私が私である」とはどういうことか？ SF的思考実験をもとに、セミナー形式で綴られる第一級の哲学的議論。〈解説〉入不二基義

2010.11

G239
久野収セレクション
佐高 信編

平和問題談話会、ベ平連、「週刊金曜日」などを通じて市民の先頭に立って活動を続けてきた久野の論考十六篇をオリジナル編集。

G240
ヒルベルト
―現代数学の巨峰―
C・リード著
彌永健一訳

天才的数学者の独創性はいかに培われたか。本書は、現代数学の父としてあまりに著名なヒルベルトの生涯と学問を描き出す。待望の文庫化。〈解説〉H・ワイル

G241
竹内好 ある方法の伝記
鶴見俊輔

魯迅を読むことを通して自分の問題をみつけ、自分で解こうと努力しつづけた竹内への深い尊敬と共感をもって書きあげた知的評伝。〈解説〉孫歌

G242
偉大な記憶力の物語
―ある記憶術者の精神生活―
A・R・ルリヤ
天野 清訳

直観像と共感覚をもつその男は、忘却を知らなかった。特異に発達した記憶力は、男の内面世界や他者との関わりに何をもたらしたのか。〈解説〉鹿島晴雄

G243
王 羲 之
―六朝貴族の世界―
吉川忠夫

偉大な書家としてあまりに著名な王羲之(おうぎし)は、四世紀の傑出した知識人である。その生涯と生活、思想と信仰の全体像を時代と共に描く。新稿も収録。

2010.11

岩波現代文庫[学術]

G244
光の領国 和辻哲郎
苅部直

和辻のテクストを同時代の言説状況の文脈のなかで丁寧に読みなおし、〈人間と政治〉の問題をどのように考えてきたかを検証する。和辻の全集未収録論考も併載。

G245
内田魯庵山脈(上)
―〈失われた日本人〉発掘―
山口昌男

明治から昭和初期にかけて市井を遊歩した「学問する自由人たち」。内田魯庵を手がかりに近代日本の埋もれた知の水脈を発掘する。
(全二冊)

2010. 11